ナチズムと教育

ナチス教育政策の原風景

増渕幸男
Masubuchi Yukio

東信堂

まえがき

二一世紀の国際社会は混乱のうちに始まり、今なお混迷の度を深めている。ニューヨークの貿易センタービルを崩壊させたテロ、アフガニスタンへのアメリカ軍中心に展開された侵攻、そして日本も自衛隊を派遣している米英中心のイラク侵攻、さらにはインドとパキスタンの緊張と北朝鮮の核問題、何時終わるとも予測できないパレスチナ問題、毎日のように飛び込んでくる爆弾テロ、といった具合に、いま世界史の歯車は狂っている。思想が時代を反映する鏡であるならば、この数年間の出版物はそうした国際社会を受け止めたものが多いことも納得できる。国民国家、国際政治、民族紛争、ナショナリズム、グローバリズムという文字が並んでいる中に、人権、公共性、平和、多文化といった文字が見え隠れしている。ところが、世界の動静に無関心でいることが許されない現実に生きているにもかかわらず、頭のどこかではそれが他人事に思えてしまうほど、国際社会の混乱を実感できていないのではないか。

こうした今日的状況は、戦争の世紀と言われた前世紀、それも一九二〇―三〇年代と多くの点で重なって見えてくることはないのか。当時は不況が世界経済を襲い、失業問題に政治も対応を迫られ、結局は力による問題の解決に訴える選択がなされたことによって、人類は余りにも大きな代償を払うことになった。ファシズム、全体主義、ナチズム、軍事政策がもたらした罪の重さである。そのことへの反省の上に立って、戦後の世界をどう築いていくかという問いに対して人類は責任を負ったのであるが、今また再び同じような代償を払おうとしていないだろうか。そして教育はそのために何をしてきたのだろうかと問わざるをえない。

今さらながら自分が学んできた教育学は、右の責任を果たしてきたと言えるのかどうかが気になり出したのである。とりわけ、二〇世紀のドイツ教育学はどのような責任を遂行してきたのか、教育学者たちの自覚はどうであったのかにかんしてである。この問いに対する答えを見つけるためには、もつれ合っている複雑な要因を解きほぐしていかなければならないだろう。もちろん、すべての教育学者を十把一絡げに見立てて、個々の教育学者の思想を断罪するわけにはいかない。思想構築は時代背景を無視して成立しないと同時に、時代を超えて取り組む場合もあるから、ある種の確信犯の場合を除けば、一概に特定の教育学者の思想内容をナンセンスと決め付けるわけにもいかないであろう。それでもなお、割り切れないものが残るのも事実である。

以上のような疑問を抱えつつ、本書は、われわれが直面している現実世界の混迷した状況は、その原型ともなる典型的な歴史的過去として、ナチズムをめぐる一連の現象に重ね合わせると、意外な事実が見えてくるのではないかという予感に応える試みである。副題の「原風景」に込められた意味は、独裁政権やテロリズムの非を唱え、人類の平和と民主主義を人類共通の国際政治の課題とする時、そこに立ち塞がる諸問題の生起してくる源泉には何があるのかを考えたからである。そのことの幾分なりとも受け止めていただければ幸いである。

著　者

ナチズムと教育——ナチス教育政策の「原風景」——／目次

ナチズムと教育――ナチス教育政策の「原風景」――

第一章

ユダヤ人問題から見えてくる教育の課題

すでに前世紀の八〇年代から声高く唱えられてきた共生社会の実現という課題に対して、教育の果たす役割がますます大きくなってきている。グローバル化時代の共生の問題は、国家や民族を超えた地平での異質な他者との関係構築の問題として考えてみる必要がある。とりわけ、宗教がからんだ国家間・民族間の問題をはじめ、人種差別や民族紛争が絶えることのない今日の世界情勢を直視するとき、共生社会の実現を目標とする教育には、ますます複雑な様相が強く浮かび上がってくる。そこでこの問題を考察する際に、二〇世紀に最も先鋭的な形で異質な他者排撃を現出させたナチズムとその対ユダヤ人問題を取り上げ、それを前世紀の特殊な現象として清算してしまうのではなく、戦後処理問題を引きずっているわれわれ自身の課題としても捉え返し、共生社会の実現に取り組む教育のあり方として受け止め直してみたい。

宮田光雄の詳細な探究（『西ドイツの精神構造』一九六八年）にもあるように、潜在的と顕在的との区別を問わず、戦後のドイツではナチズムへの根強い信奉と傾斜が見られる。ドイツ以外の国々でも、民族自立の理念を掲げた全体主義ないしは国家主義への運動が見え隠れしている。ブッシュ政権下でのアメリカの世界制覇主義はアフガニスタン、イラクへの政治的・軍事的介入をめぐって露骨化し、フランス大統領選挙での極右翼の躍進、オーストリアをはじめ、ヨーロッパの国々では移民排斥政策に結びついた親ナチズムへの傾斜が赤裸々となってきている。その一方では、イスラム原理主義やパレスチナ問題がテロという過激な自決的運動を引き起こしている。わが国においても国旗・国歌法の制定から歴史教科書問題、教育基本法の「改正」、有事立法、イラク復興支援特別措置法といった、戦後の平和な国情下に生まれた世代には理解し難い流れが加速化して立ち現れ、落ち着かない生活世界が生み出されている。

リベラリズム、ナショナリズム、グローバリズムといった言葉が飛び交う時代にあって、新世紀の日本が歩む方向を決定する基本要因として教育に託されているものは多いと言わなければならない。率直に言えば、足下はナショナリズムで固め、指さす方向はグローバリズム、そして生き方はリベラリズムという妖怪の姿をしている国民国家が、われわれの生活現実を取り巻いているのである。あえて戦後日本の半世紀を図式化すれば、デモクラシーを掲げてリベラリズム↓グローバリズム↓ナショナリズムという流れに棹さす国策が取られてきた。こうした状況下に置かれている教育が問いただす共生社会のあり方について、一見無関係に見えるナチズムおよびユダヤ人問題を手がかりにすると、意外な教育的課題が見えてくる。こうした問題に対して、世界的視野で捉えられるべき新世紀の共生教育＝異質な他者理解教育の課題について考えてみよう。

一　ナチズム下での公と私

ナチスの国家社会主義体制のなかで、私事性と公共性、個人と国家の緊張関係を体験したドイツ人は少なくなかったであろう。当時のドイツ人にとって、私＝個人を優先すればナチス・ドイツを裏切るか、否定することになり、ナチス・ドイツを承認すれば私＝個人を偽ることになるような矛盾に満ちた状態のなかで、良心に従うか悪魔に魂を売るかの岐路に立たされた人は多いと思われる。悪魔に魂を売ると見せかけて、ぎりぎりの境界で良心を保持しようとした主人公を描いた映画『シンドラーのリスト』は、まさにそうしたドイツ人の苦悩を教えてくれる。しかし、ほとんどのドイツ国民がヒトラーを信じるように仕組まれていった経緯を読み込めずに、結果的には国民全体が世界的犯罪に荷担していった状況下にあって、ヤスパース（K. Jaspers. 1883-1969）は一九六五年三月一〇日号の『シュピーゲル』に掲載されたアウクシュタイン（R. Augstein）との対談の中で、ナチス政権が成立した一九三三年に作られた洒落について語っている。すなわち、「知的である、誠実である、国家社会主義的である、という三つの性質があります。そのうち常に二つだけがいっしょになれて、三つともいっしょということは決してありません。知的で誠実であれば、その男は国家社会主義者ではない。知的で国家社会主義者であれば、その男は誠実でない。誠実で国家社会主義者であれば、その男は知的でなく、脳が弱いというのです。」[1] しかしまた、実際にはナチスの台頭を静観視したり、あるいはナチスの本質を見抜けずに楽観視していて、やがてはその非人間的な諸政策を容認できずに転向していった知識人も多数存在したであろう。アーレント（H. Arendt. 1906-1975）は「知的エリートたちが全体主義に絡めとられたのは偶然の現象ではない」[2] と言っているが、他方ではナチスの独裁に抵抗した者がいたことも確かである。祖国に同一化することの真の意味を知っていた人は、ナチズムが支配する祖国には同一化できず、個人的アイデンティティを保持するためには国家に対して差異化せざるをえず、その結果は国内亡命、国外亡命せざるをえなかった。こうした国内亡命をアーレントは「内的移住」と称して、その両義性について述べているが、知的で誠実な人々の精神的状態を次のように表している。「それは一方で、ドイツ国内にありながらもはやこの国に属するものではなく、国外移住者であるかのように振る舞うことを意味しますが、同時に他方では、現実には国外移住などしておらず、内面(ein Inneres)へ、つまり思考と感情の不可視性へ引きこもったということを意味しています。」[3] そしてそうした国内亡命をせずに抵抗を試みた者は、迫害や追放そして収容所送りという悲劇に遭遇するのである。

こうした個人的アイデンティティのあり方にかんして、ナチズムに絡め取られた哲学者たちにはゲーレン(A. Gehlen. 1904-1976)やハイデガー(M. Heidegger. 1889-1976)を代表者として実に多くの大学人がいることは周知のとおりであろう。ここではその影響力の大きさから見て、ハイデガーを取り上げておこう。

二〇世紀のドイツ哲学界でヤスパースと双璧と称されるハイデガーは、一九三一年にヒトラーの『わが闘争』(Mein Kampf. 1925-1927)を読んで共感し、かなり以前から熱烈なナチ信奉者であった婦人の影響もあり、ナチ党員(一九三三年五月―一九四五年五月)としてフライブルク大学総長職も務めた、いわば学問の世界でのナチス・ドイツの擁護者であった。ハーバーマス(J. Habermas. 1929-)は、「ハイデガーは、ヘルダーリンとニーチェから出発して、二〇年代の法外な情念と個人的ならびに民族的な使命についての常軌を逸した自己意識とをもって、ブルジョアに対しては選ばれた強者を対立させ、常識に対しては源的な思索を対立させ、危険のないものがもつ凡庸さに対しては並はずれたものがもつ決死的な勇敢さを対立させ、前者を呪詛し後者を賞揚するのである。……このような人間は、二〇世紀の諸条件のもとでは、イデオロギー的な扇動者として作用せざるを得ず、一九三五年の熱狂した諸状況のもとでは、予言者として作用せざるを得なかった」[4]と批判する。そうした民族主義的アイデンティティと個人的思想のそれとが、ヒトラーの人種差別思想において一致していたハイデガー夫妻と、妻がユダヤ人であったがゆえに窮境に立たされていたヤスパース夫妻とでは、対照的な人生観・価値観・世界観をみることができる。ヤスパースは戦後バーゼル大学からの再三の招聘に応じてスイスへ居を移し、いち早く戦争の『罪の問題』(Schuldfrage. 1946) を書いて、ドイツ人としても個人としても、否むしろコスモポリタンとして、自らの政治的・哲学的叙述をとおして積極的に世界政治へとまなざしを向けていったのである。

ナチズムの被害者であるヤスパースは、上記の著書でナチス・ドイツが犯した二〇世紀最大の犯罪を、刑法上の罪、政治上の罪、道徳上の罪、形而上的な罪の四つの罪概念から論じながら、ドイツ国民としての罪だけでなく、この犯罪を阻止できなかったことに対して自らも責めを免れないと表明する。[5]そこにはソクラテス的殉教者の姿を見て取ることができるが、ヤスパースの選択した人生観・価値観・世界観からは、理性に基づいてのみ個人のアイデンティティは国家のアイデンティティとの統一を保持することができ、そのことによって自己の哲学的思考も生きた実体をもつと熟知していたことがわかる。

一方、法哲学者のバウムガルテン (A. Baumgarten. 1884-1966) やフッサール (E. Husserl. 1859-1938) 等のユダヤ

人の大学人を追放する任務を担って反ユダヤ主義を推進したハイデガーは、戦後フライブルク大学の非ナチ化委員会で査問されたときに改悛も自責の念も示すことなく、理性に基づかない哲学者のアイデンティティの欺瞞性を露見している。もっとも、ハイデガーはユダヤ人学生であったアーレントを弄んだその人間性から見ても、彼の言動には真意を測りがたいものが多い。一九三五年の講義『形而上学入門』のなかで、ナチスを指して「この運動の内的真理と偉大」と語った文言を、戦後も修正することなくそのまま出版している（一九五三年）わけで、後に批判の的になるのも頷ける。たしかに、ハイデガーのフライブルク大学総長就任演説（一九三三年五月）は親ナチスそのものを表明しており、「全ドイツの学生がすでに進軍の途上にある。かれらの求めるのは、だれであろう、かの統率者である」[6]とヒトラーを奉っている。だから翌年二月に総長を辞任して、やがてシュヴァルツバルト（ドイツ南西部にあるライン上流の森林地帯）の自然のなかに身をおき、「なぜわれらは田舎に留まるか？」（一九三四年）という講演をするが、これを「ハイデガーのナチスへの決別」[7]とみなすのは早計であろう。むしろ彼のこの講演は、自己を相対化できずにナチスの犯罪に罪の意識ももつことなくユダヤ人の最終解決に中心的役割を果した戦争犯罪者アイヒマン（K.A. Eichmann. 1906-1962）とある意味で好対照をなしている。と言うのは、アイヒマンの裁判記録を克明に著したアーレントの『イェルサレムのアイヒマン』（一九六四年）は、ハイデガーのアイデンティティとはおよそ対極にある人間を浮き彫りにしているからである。アーレントは、一九四一年に宣伝相ゲーリング（H.W. Göring. 1893-1946）がゲシュタポ長官のハイドリヒ（R. Heydrich. 1904-42）にユダヤ人絶滅計画を指示し、それをガス室設置の決定(一九四二年一月二〇日)をもってこの計画を忠実に実行した国家保安本部幹部のアイヒマンが、裁判においてもナチの誇りと無知を同居させていることを見事に描いているのである。それに対して、ハイデガーの場合は、かなり確信犯であったと言わねばならない。

そもそも、ナチスの犯罪に対して理性と良心が活動する場合には、個人のアイデンティティの確立がたんに時流に迎合するか否かによって決定されてしまうような問題ではなくなり、自己の内にいる他なるものとの関係性を見据え、自己存在の根底においてその他者を認識できるかどうかの問題として、さらに自己の外にいる他なるものとの関係性を引き受けることができるかどうかの問題として、個人の実存に問いかけてくることになる。いわば理性によって「私＝個人と公＝国家」が統合されるかどうかにかかわる次元の問題なのである。

ハーバーマスもまたドイツ人として、自らも避けては通れない忌まわしい過去に対する責任意識の問題としてナチスのユダヤ人問題を受け止め、ユダヤ人の大量殺戮というドイツが犯した人類的犯罪に対して、ヤスパースの政治哲学的な発言と類似した立場をとっている。ヤスパースとハーバーマスがコミュニケーション理論を思想形成の核心に据えて、私と公、自己と他者の関係を自由な主体間の対話的関係として見いだす背景には、ナチズムとユダヤ人問題に対するドイツ人としての責任意識と歴史認識があると言えるであろう。ヤスパースは公明正大なコミュニケーションへの意志を支える実存理性の役割を示唆した『哲学』(一九三二年)から出発したが、この時期はまだナチスの脅威を自覚していなかったこともあり、著作の全体をとおしてナチズムを見据えた論述にはなっていない。しかし、この実存理性の役割を反理性批判をとおして鮮明にした『理性と反理性』(一九三五年)を踏まえ、さらに人類的・普遍的次元での開かれたコミュニケーションへと広がりをもたせる『真理について』(一九四六年)を著して、世界的広がりでの超越的公共性の実現を理性的対話に託そうとするが、そうした思索が結実していく経緯のなかにはドイツ人相互が世界人類に対して共通に背負うべき第三帝国の罪の克服問題を暗々裡に引きずっているのである。否、むしろ、『哲学』以降の彼の著作は、ナチズムに直接言及しているものは言うまでもなく、たとえ表向きは指示していなくてもナチズムとの対決と反省を踏まえた思想構築である点を看過してはならないであろう。そのことを見誤ると、ヤスパースの哲学の背景、時代と葛藤している思想的根拠を捉えそこなうことになる。

このように展開された彼の哲学思想のなかから読み取ることができる政治的視座は、過去のナチス体制下のドイツだけに該当するのではなくて、現代のアラブ諸国への歩み寄りや朝鮮半島での緊張緩和のための努力が対話を不可欠とする状況に照らしてみても、地平(国境)を超えて他なるものとの関係性を築くことの妥当性を示しているであろう。「強制による統一は何の役にも立たない。……語り合って理解すること、互いに寛容をもって譲り合うことによって生まれる和合一致こそ、強固な共同体を生むものである。」[8] このようなヤスパースの主張には、理性的かつ自由な対話をとおしてのみ、個人および国際社会における国家の平和も形成されることを指示している。そこには反理性的な過去を反省し、人類の未来を意識してはじめて出てくる思想として、国際化時代に生きるわれわれ自身が実現すべき「私と公、自己と他者」の正しい承認問題を読み取ることができると言える。

ナチス独裁政権の樹立とその後の犯罪的経緯に対して、ドイツ国内のみならず諸外国が政治的レベルでナチズムに迎合して犯した誤謬について負うべき責任の内容は、野田宣雄『ヒトラーの時代』(一九七六年)に詳しい。そうしたナチス独裁政権に対して実際に抵抗活動を展開し、戦後も『全体主義の起源』(一九六四年)においてその成立根拠と内実にかんして積極的に告発してきたユダヤ人として、アーレントがいる。彼女自身の波乱に富んだ人生史についてはエリザベス・ヤング゠ブルーエル『ハンナ・アーレント伝』(一九九九年)が教えているが、とにかく自らの境遇をつねに前向きに受け止めて生きたアーレントは、「左翼としてではなく、政治的に目覚め、抵抗するようになった」[9]と言われる。それはアーレント自身のアイデンティティの確立であったと同時に、世界市民的な精神性に支えられた私心のない政治思想性に基づく活動であった。彼女が実存理性の哲学者ヤスパースの愛弟子であったことを想起すれば、それも頷けるであろう。だから反ユダヤ主義に対してユダヤ人がとるべき態度として、アーレントは(1)反ユダヤ主義の存在そのものを頭から否定すること、(2)反ユダヤ主義の存在を認め、それとともに生きること、という二様の選択肢があることを指摘しながら、彼女自身は後者の立場をとっている。そこには多民族・多文化国家であるアメリカに亡命して市民権を獲得した事情もからんでいるであろう。すなわち、「彼女は同化したユダヤ人であったが、『自分がユダヤ人であることを一度も否定し』なかった」[10]からである。

自己と他者の存在をめぐる根本的問題は、「私＝個人」と「公＝国家」の緊張関係のなかで発生してくる。それは「私のなかでの他者」と「公のなかでの他者」をどのように認識し、承認していくかという問題である。こうした他者の承認問題（Recognition）はナチ政体下のドイツ人にもっとも先鋭的に突きつけられた問題であったと言えるが、それをナチス・ドイツないしは過去の世界史的・例外的な現象とみなすのではなく、グローバル化が進行し国家間・民族間の紛争が激化している今日でも、同じ性格のものとして受け止める必要がある。したがって、ナチズムとそのユダヤ人問題から、われわれは国際化時代における共生社会を築くための教育的課題を解明する手がかりを見いだすことができるのである。

以上のようなナチズム下における個人と国家の関係においては、個人は国家に同一化あるいは差異化することとの実存的決断を迫られることになる。その決断の内実を規定する要因は、「私＝個人」と「公＝国家」とのリアルな関係から現出してくるが、そこに生起する緊張関係は、家庭・学校・コミュニティを巻き込んで、個人と文化的・社会的・政治的なシステムとの間に展開される支配—被支配、同一化—差異化の選択へと個々人を追い込んでいく。そうした問題をわれわれ自身の歴史的事実に基づきながら捉えようとするとき、個人を飲み込む国家のアイデンティティという「公」の性質をもつ理念や精神は、個々人の意識や心情や価値観に支えられていると同時に、個人を超えた見えざる手によって操作されていることも確かである。社会の構造が複雑多岐の要因によって成り立つシステム社会であれば、システムそのものが個人を超えた見えざる手として機能することになる。そしてそれが肥大化し複雑化すればするほど、個人の意志のみならず国家の意志によっても動かしようのない独立した機能を発揮してくる。「いわゆるナチスだけでなくふつうのドイツ人も、ヒトラーの意に沿って自発的にユダヤ人の迫害や虐殺に加わった」[11]とも言われる。こうして、システムがいわば生きた独自のアイデンティティを形成して、一人歩きするようにもなる。だからと言って、国家システムの中枢で統治に関わる人間が責任を免れてよいことにはならない。

個人と国家の関係に妥協的配慮と躊躇を許さないほど、見えざる手としての非人間的システムが最大の機能を発揮した歴史的事例こそ、ナチズムなのである。と言うのは、ナチズムはみずからの世界観を貫徹させるために、個人的アイデンティティを民族的アイデンティティへと統合化しながら国家を生きたシステムと化し、そのシステムが極度に偏ったナショナリズムの精神を個人と国家の双方に強固に根づかせていったものだからである。ヒトラーは「あらゆる組織のもっとも内面的な本質は、個々人が自分の個人的意見や関心を主張するのを断念し、両方ともに、多数の人間のため犠牲とすることに基づいている」[12]と語り、第三帝国建設のために個人的アイデンティティの放棄を要求した。こうした国家システム下で展開された政治の実践形態は、国家政策に融合しないあらゆるものに対しては過激に振る舞い、そのことがドイツ的精神の根底に潜む暗部をえぐり出しながら、もっとも先鋭的には反ユダヤ主義を推進する新たなシステム化を可能にしていったのである。もちろん、反ユダヤ主義だけがナチス・ドイツの見えざる手としての国家システムによって生み出された犯罪ではない。すなわち、①国民に対する弾圧と迫害、これには共産主義者と反ナチス的政治活動家および精神障害者に対するものがある、②ユダヤ人に対する非人間的行為、③ヨーロッパ諸国への侵略と住民・捕虜に対する残虐行為、が同時進行でなされたからである。そして戦後処理問題の一つとして、国家体制の正常化および経済的制裁と並んで、①についてはドイツ人自身の裁きが、③についてはニュルンベルクの国際軍事法廷が裁いているが、②については個人からの告発、他国からの情報、国連からの通報をもとに、いまなおナチス犯罪追跡センターが容疑者の追跡と逮捕、起訴、公判を行っている[13]。とりわけ、ユダヤ人を迫害する目的でなされたさまざまな法的措置や蛮行については数多くの関連図書が教えてくれるが、まずは当面の関心事として教育の問題、そしてそれの戦後処理問題について考えてみよう。

二　反ユダヤ主義と大学人の苦悩

ナチス政権下ではユダヤ人教師の講義は妨害され、あまりにもドイツ的であるヘーゲル（G.W.F. Hegel. 1770-1831）を中心とするドイツ観念論の講義さえも否定された。ナチス政権が誕生した前後の時期（一九三〇―三五年）に国際ヘーゲル協会会長職にあって、当時の人文・社会科学の思想を輩出した学術雑誌『ロゴス』を創設した（一九一〇年）、ユダヤ人哲学者のクローナー（R. Kroner. 1884-1974）も迫害を受けた。彼はさまざまな抵抗を試みはしたが、結局はキール大学を逐われてイギリスへ（一九三八年）、その後アメリカへ（一九四〇年）へと亡命した一人である。「学生団体の一部には、キール大学での哲学の唯一の正規の講座が、一時にせよユダヤ人によってしめられていることに、明らかに心の中で反抗している」[14]状況下では、ドイツ観念論の講義は否定されたのである。それゆえ、クローナーと同じく研究の基盤をヘーゲル哲学に置く教育学者のリット（Th. Litt. 1880-1962）は、クローナーが遭遇していた事態を知って怒りを隠さず、特にローゼンベルク（A. Rosenberg. 1893-1946）の人種観念に反対した。リットはナチス体制に対する批判的な意志表示として自発的にライプチッヒ大学での講義を止め、「ヒットラーのあの独裁を許したのは、ヒットラーが独裁権をふりまわした時に初めておきたことではなく、それはドイツ国民の多年の伝統として持ちつづけられたあの態度——自分と違った人々の考えを胸をひらいて聴き、理解することをせず、違った考えの人を無情にも異端者扱いをする、ドイツ人全体のあの非民主的な態度——」[15]にあったと言明している。ヘーゲリアンのリットもまた個人と国家の関係性を正しく熟知していた一人であったし、ナチ政権時代にドイツの教育学者で良心の声に誠実であった代表的人物と言えるであろう。その意味では、その時代にドイツの大学で教育学を講じていた者は、基本的にナチ信奉者であったと考えてよい。国内亡命という態度決定については、評価は分かれるが、その常套語として用いられる「アンビヴァレンス」ほど、ナチ問題の本質を覆い隠してしまう言葉はないことも確かである。

また、キール大学でのクローナーの剥奪された講座を代講したのはガダマー（H-G. Gadamer. 1900-2002）であるが、彼はこの時（一九三四―三五年）の様子を回顧して、「キールは当時、ナチの文化革命のあたかも前哨だった」[16]から、クローナーがユダヤ人排斥論というユダヤ民族の運命を背負わされたと見ている。当のガダマー自身も、ハイデガー学徒でありながら、キールから戻ったときに「大学教師のナチス的組織である『講師同盟』が結成されてい」て、彼は「『政治的に信用のおけない者』とみなされ、とりわけユダヤ人との私的な交際を理由に、教授称号の授与を拒否され」たために、私講師用にあった政治的講習を受けるため「自発的にこの『訓練所』に入所」[17]したのである。ナチスに対する抵抗運動については他章で触れるが、神学者のブルトマン（R.K. Bultmann. 1884-1976）やカール・バルト（K. Bart. 1886-1968）をはじめ、ユダヤ人でない大学人がナチス体制に抵抗したけれども、基本的には保安部秘密報告書が述べているように、「彼ら［学者たち］は第三帝国の政治的発展とその強化に殆ど貢献していないという共通した感情を持っているので、……知識人としてまた世間知らずとして立ち所に除け者にされないことにせいぜい感謝すべきである」[18]といった厄介者の扱いを受けるのである。

こうしてユダヤ人でなくても、反ユダヤ主義の立場を取らない研究者は仲間から「白いユダヤ人」と蔑視されて、精神的アイデンティティを危うくされていた。まさに反理性の時代である。ただし、ヒトラーにとっては計算外のことも結果した。つまり、自然科学のレベルで他国を抜いていたドイツの研究は、「ゲッチンゲンの量子力学グループは散りぢりになったために、そのことが合衆国における原子爆弾製造の発展過程に必然的に結びついた」[19]とも言われる。ユダヤ人のアインシュタイン（A. Einstein. 1879-1955.

一九三三年アメリカに亡命）もその一例である。

大学におけるこうしたユダヤ人排斥の傾向は、ナチス政権誕生以前にも、すでに学生団体がアイゼナハ決議（一九二〇年）によって、祖父母のうち一人でもユダヤ人がいれば当人をユダヤ人とみなすという、後のニュルンベルク法を先取りするような決定をしていることに始まり、プロイセンの学生総数の七七％が学生協同組合から非アーリア人を排除するという大学自治憲章に投票する事態にまで至る（一九二七年）。さらに大学生のナチズムに対する支持率は総数の六〇％にも達して一般国民の二倍となり（一九三一年）、同年五月にはベルリン大学の門を占拠してユダヤ人学生を襲撃するという暴挙に出ている。そうした反ユダヤ暴動がベルリンやハレやキールをはじめ、一一の大学で生じたことからもその異常さがわかる。増加する学生の野蛮な行為に対して大学教授会の非難宣言が出されるけれども（一九三二年）、良心の覚醒を唱えた教育学者のシュプランガー（E. Spranger. 1882-1953）でさえ、ナチス党員ではなかったにもかかわらず、ヒトラーが『わが闘争』で徹底的に敵対したマルクス主義や、当時興隆してきた精神分析学に対抗するための手段としてであれ、ナチズムを非難せずに次のような見解を述べている。「学生たちの愛国運動は本質的に純粋なもので、形の上で無統制なだけであると思う。……その運動は当時はまだ健全とされる要素を沢山持っていたし、また最も希望に溢れる期待を抱かせたのであった。」[20] シュプランガーは「一九三三年」論文でナチス体制に対する両義的見解を表明することになるが、田代尚弘が言明するように、「国家社会主義支配体制に馴化・適応的スタンスを取っている」[21]ことは確かである。やがてナチスが学問研究についても政治的に干渉してきたことに抗議してベルリン大学を辞任することになるシュプランガーでさえ、研究者としてのアイデンティティが脅かされてはじめてナチズムの本質に気づくといった始末である。だから、シュプランガーに対して、「自由主義的な保守的教養主義者であり、教育における国家の役割を重視していたが、ナチの首脳部とはたしかに意見が合わず、大学を休職して、ドイツ帝国の文化使節として一年間日本に滞在していた（一九三六年）。その意味では、それほど過去に問題があるわけではないが、やはり文化保守主義者である以上、ナチを可能にした旧ドイツの体制の一員であった」と批判されるのも理由がないわけではないのである[22]。

以上の例はいずれも、人々の生活世界と価値観の間に隔絶が露見し、精神的な閉塞状態にある現実を打破しようとする即効薬的方途を求める時、その内容と効果のいかんを問わず、個人は全体の見えざる手に絡めとられて、国家を動かすシステムの機能に吸収され、それに加担する者となるのである。経済恐慌や失業者の増加に伴う社会不安を利用して、いわばユダヤ人をスケープゴートにしながら、無理やり押しつけられたナチスの戦略的な国家と民族の歪んだアイデンティティ論を見抜けないということは、研究者の理性的判断もいかに脆いものであるかを教えている。

こうした事情は当然大学に関係する諸機関にも及んでいる。諸科学の代表的なユダヤ系および左翼系の研究集団が所属していたフランクフルト社会研究所（後にフランクフルト学派と呼ばれた）に対する迫害がその代表的なものであろう。この研究所はアルゼンチンで富豪となったドイツ系ユダヤ人のヴァイル

(H. Weil. 1868-1927)が出資し、息子のフェリックス(F. Weil. 1898-1975)によって一九二三年にフランクフルト大学に設立されたもので、社会研究所の主要メンバーはほとんどがユダヤ人であり、知的で批判的精神に満ちた研究活動をしていた。「フランクフルト学派を全体としてみると、彼らはドイツ・ユダヤ人の〈教養〉と啓蒙主義の伝統に属していたのであり、この伝統を社会主義運動に導入した」[23]左翼知識人の集団と言ってよいであろう。この研究所の活動内容については、徳永恂『フランクフルト学派の展開』(二〇〇二年)に詳しく述べられているが、研究所のメンバーはヘーゲル、ユダヤ人のマルクス(K. Marx. 1818-83)やフロイト(S. Freud. 1856-1939)の思想を基礎に据えて市民社会批判を展開していたために、彼らがナチスの攻撃の的にされたことは想像に難くない。学問分野からみてもナチス政権は歴史学、文学、語学のようなドイツ学研究を優遇して、社会学を問題視していたという事情もあり、また大学人の多くが思想的にナチズムに賛同、転向あるいは沈黙したのに反して、研究所のメンバーはそうではなかったからである。国家に同一化しない個人的アイデンティティは、学問研究においても承認されなかったのである。ユダヤ人とわかってしまう名前ヴィーゼングルントを使わずに、母方のイタリア姓を用いたアドルノ(Th. W. Adorno. 1903-1968)をはじめ、マルクーゼ(H. Marcuse. 1898-1979)、フロム(E. Fromm. 1900-1980)、ティリッヒ(P. Tillich. 1886-1965)、ブロッホ(E. Bloch. 1885-1977)はアメリカへ、研究所長のホルクハイマー(M. Horkheimer. 1895-1973)もスイス・パリ・アメリカへ、ヴィットフォーゲル(K.A. Wittvogel. 1896-1988)はイギリス・アメリカへ、マンハイム(K. Mannheim. 1893-1947)はイギリスへ、というように亡命する。とりわけ悲劇的な人物は、ユダヤ人の亡命に対するナチス・ドイツの外交的圧力の影響を受けて国境封鎖に手を貸したスペインの国家的措置の被害者として、亡命者の拒絶から受容へと方向転換がなされる運命的な一日を境にして、ピレネー山中で自決したベンヤミン（W. Benjamin. 1892-1940）であり、また彼の遺稿となる『歴史の概念について』（一九四〇年）を託されてニューヨークのフランクフルト研究所に身を寄せたアーレントがいることは周知のとおりである。その他にも芸術家や作家等々、ユダヤ人であるがゆえにドイツから追放されたり亡命した教養人は枚挙にいとまがない。著名な人物としては小説家のトーマス・マン（T. Mann. 1875-1955）、法学者のケルゼン（H. Kelsen. 1881-1973）、哲学者のカッシーラー（E. Cassirer. 1874-1945）といった具合である。

三　ナチズム下の学校の迷走

次に、家庭と学校の問題を取り上げてみよう。ナチス独裁政権の樹立と当時の事情を『残忍者たちの学校』（一九三八年）で告知したエーリカ・マン（E. Mann. 1905-1969）は、ナチス政権下で家族相互の精神的絆が切り裂かれてしまった当時の家庭の状況をリアルに描いている。つまり、家族の人間的絆の瓦解であり、それは同時に親・子各々の健全な心的生の喪失を意味している。そして彼女は「第三帝国において父親、母親、子どもはみな用心深く、無愛想なのだ。彼らは、たいていは見知らぬ人のように、敵どうしのように、互いにわれ関せずの暮らしをすることになる」[24]と書いている。そうしたナチズムの及ぼす影響が国民全体に行き渡り、国家のシステムに青少年を組み込んでいくようになるにつれて、ナチスの体制は着実に堅固なものとなっていく。これが青少年へと浸透していくと、彼らはヒトラー・ユーゲントから労働奉仕団、さらにナチ党員、国防軍へと通じている道を歩むことになる。国家によるそのための条件整備は反ユダヤ主義と平行してなされるが、とりわけ人種主義政策が諸学校で徹底されるにつれて、民族主義的思想が彼らの世界観を確実に形成していくのである。ヒトラーは「子供を後継者、次の世代の代表と判断しており、従って子供らしさそのものより、子供の見かけ(ブロンド、炯《けい》眼)、体位(強く、たくましい)、あるいは知性(新鮮、機敏)のほうを楽しんだ」と言われている[25]。一方、大人はと言えば、血統と家庭環境を重視して突撃隊から選抜されたヒトラーの親衛隊はアーリア人と決められ、結婚に際しても条件があった。今日ナチス記録センターに保存されている結婚誓約書の資料のなかには、相手の健康診断書があり、「婚約者は健康なゲルマン人」と記載されている[26]。しかも、ヒトラーの「わが政治遺書」(一九四五年四月二五日)には、アーリア人の子どもだけを子どもとして認めている文言がある。「この殺人ゲームの本当の犯人であるその民族は、ともに責任をとらされるであろうということである。その民族とはユダヤ民族である。」[27]

学校にかんする法的措置だけをみても、ドイツの学校へのユダヤ人の通学一部禁止(一九三七年七月二日)、ユダヤ人の子どものドイツの学校からの退学(一九三八年一一月一五日)、大学へのユダヤ人の修学禁止

（一九三八年一二月八日）、ユダヤ人の全学校の閉鎖（一九四二年六月二〇日）、といった具合である。ドイツの最高の教育目標として掲げられた信念は、ヒトラーが「人種堕落の時代に自国の最善の人種的要素の保護に没頭した国家は、いつか地上の支配者となるに違いない」[28]と『わが闘争』を結んでいる言葉に集約されている。すなわち、アーリア人を文化創造の人種とみなし、世界文化を破壊する民族はユダヤ人であるとの観念に基づいて、ユダヤ人の排斥を最重要視した教育が規定されていくのである。こうして国家と国民のアイデンティティが極端な人種差別主義に基礎づけられたときに、国家社会主義の教育原理は公的なものとして個々のドイツ人のアイデンティティの内に取り込まれていったのである。こうした一連の教育政策について、宮田光雄は次のように述べている。すなわち「第一期の段階……帝国内相フリックの行った演説（一九三三年五月）にみることができよう。それは、学校教育の新しい課題を『民族全体への奉仕』と人びとを『防衛能力あるものにつくりあげる』こと……。帝国教育省を設立する措置［によって］……ドイツ史上はじめて、全国的に学校制度全体を統一化する中央集権的な教育政策への道が開かれる」のを可能にした点についての指摘である[29]。

以上の指摘は、ナチ政権下にのみ当てはまることではない。反ユダヤ主義をユダヤ人の問題としてではなく、われわれ自身の問題と受け止めるサルトル（J.P. Sartre. 1905-1980）は、ユダヤ人問題を解決するためには、「反ユダヤ主義を絶滅しなければならない。……普通行われている方法、特に宣伝と教育は、おろそかに［しては］ならない。子供が学校で、この問題に関して感情的誤謬を起さぬような教育を受けることは望ましい」と述べ、さらに続けて、「宣伝や教育や法的禁止によって、反ユダヤ主義者の自由に呼びかけるだけでは不充分であろう。他の人間同様、彼もまた状況の中における自由体なのであるから、完全に改革しなければならないのはその状況なのである」[30]と指摘する。

ところで、人種論の問題は優生学と不可分の関係にあり、また宗教とも深く関係していた。優生学にかんしてはイギリスのゴルトン（F. Galton. 1822-1911）が提唱して以来（一八八三年）、ダーウィン（C.R. Darwin. 1809-82）の進化論を経て、現代では拡大された観点のもとにＤＮＡやゲノムの問題ともからんでくる人間理解の根幹に関わることであるので、章を改めて論じることにするが、宗教との関係では古くは古代ギリシア・ローマ時代にまで遡る長い歴史的経過をもっている。とりわけユダヤ人については、すでにローマ帝国支配下で厳しい迫害にあっていたキリスト教の側から、エルラビでの宗教会議によって教会法上ユダヤ人を信徒から隔離する決定がなされ、次のような内容の規制が布かれている。①キリスト教徒の娘はユダヤ教徒と結婚してはならない。②信徒はユダヤ教徒と食卓をともにしてはならない。③結婚している男性信徒がユダヤ人女性と情交した場合には破門される[31]。これを厳密な意味での人種論の問題と言えるかどうかは疑問がないとは言えないが、こうしたキリスト教会のユダヤ人観が「中世、近代の先駆的範例となった」だけでなく、「反ユダヤ思想」を形成し、「四世紀の教会内部では、《ユダヤ人Judaei》という言葉がすでに罵りを意味する用語になっていた」[32]とすれば、この四世紀にはコンスタンティヌス帝（Constantinus. I. 274-337）がローマ皇帝としてはじめてキリスト教を公認したことで、ヨーロッパがキリスト教圏になるのであるから、その後西洋世界においてユダヤ人が蔑視され続けることの端緒は、実にローマ時代にあったと考えられよう。そしてそうした傾向は同じ四世紀にアウグスティヌス(A. Augstinus. 354-430)が「キリスト殺しのユダヤ人」として刻印するに及んで、教会をとおして、さらに教育をとおしてユダヤ人に対する一定の方向づけがなされてくるとき、決定的な意味をもつものとなる。ナチスは「世界支配を企むユダヤ人」として烙印を押すことによって、ユダヤ人迫害を正当化してきたが、そのために最大利用されたのが学校教育であった。すなわち、人間存在の価値評価を基準化する力を内包している教育こそが、個人のアイデンティティを集団のアイデンティティへと統制する際に、公的権力が最大の戦略として利用する常套手段となるものだからである。公的権力が青少年を手中にすれば、国家の歴史を為政者の思い通りに作り出すことが可能となる確率は極めて高いと言わなければならない。

さて、一九三三年の冬にはユダヤ人と非アーリア人出身の教師は免職され、同年二月にナチス党員のルスト(B. Rust. 1883-1945)がプロイセン文相になると、彼は翌年の四月には教育の独裁者となり、七月に国家社会主義のイデオロギーが学習義務となる布告を出す。この布告の基にあるのは、『わが闘争』の第二巻第二章「国家」の中の次の主張であろう。すなわち、「民族主義国家は、人種を一般的生活の中心点に置かねばならない。民族主義国家は人種の純粋保持のために配慮しなければならない。民族主義国家は子どもが民族の最も貴重な財宝であることを明らかにせねばならない」という観点から、将来の国家を担う子どものために「巨大な教育活動をなすべきである」[33]と結論づけているのである。こうしたヒトラーの主張は着実に具体化されていき、一九三四年八月頃にはドイツの国内からヒトラーに反対する勢力もほとんどいなくなり、ヒトラーが特に力を注いだ教育支配の野望は当然のごとく実現されていく。そしてこの年にヒトラーの教育綱領も実施されて、ルストは「学問・教育および民族教育の帝国国務大臣」に任命され、やがて「国家社会主義ドイツ教師同盟」を結成するに至る。プロイセンでは小学校教員になるためにはナチ戦闘組織のメンバーとなることが一一月に決定される。したがって、ドイツの教育者はナチス体制の代表者とみなされるほど、青少年たちをナチズムの運動の担い手へと駆り立てることになるのである[34]。ユダヤ人の公務員が全員解雇されるのも一九三五年九月三〇日のことである。

では一体、こうした歪んだ人種観に同一化していくようなドイツ人を育成した教育とはどのようなものだったのだろうか。全体主義国家の教育は必ずと言ってよいほど、歪んだ人種観を集団的アイデンティティ形成の契機に据えるが、その理由の何たるかを知るためには、教育の場で具体的にどのような人種観を展開しているかを見るとわかる。他者を排斥するプロパガンダの戦略として、感情的・心情的な側面に訴えることと並んで、知的・科学的な側面での理解をも促す方法が採られると、その戦略は成果を確かなものとするからである。前者の方法は知的判断を停止させ、後者の方法は知的判断を基礎にするという、一見矛盾しあう方法である。しかし、日常の生活世界では感情に訴える形での他者排斥運動を展開し(あらゆる情報手段を用いて、非買運動、犯罪のでっち上げ等による社会的混乱を引き起こし、ユダヤ人をスケープゴートにする)、人々に可視的・感覚的に嫌悪感と憎悪感を植え付けることが成功すると、そこで意識化された価値観がベースになって知的判断を見誤らせるように作用するのである。そして一方では、知的判断は感性的判断を操作・固定化して、より強固なものにするための道具と化すことになる。この辺の事情をオルポート（G.W. Allport. 1897-1967）が戦後まもなく分析しているので参考にすると、「知能的知識は感情的な知識と同じものではない……。拘束的なコンプレックスをもたない健全な心あってはじめて、書物から得た知識を国際的な理解にまで転じうるのである。……知識というものは、望ましい価値の中に深く根をおろしていてこそはじめて社会的に効果あるものとなる」[35]という卓見を示している。

ナチズムによって他者排斥のための手段として学校教育が利用されると、青少年をとおして家庭や社会の価値観も正常に機能しなくなり、彼らは心身共に国家の思うがままに色づけされることになる。その典型的なプロパガンダとして、ヒトラーが『わが闘争』で執拗なまでに繰り返して使用する「民族主義国家」という言葉と概念は、国家社会主義のシンボルとして図案化された例の国旗を想起すればよいであろう。「国家社会主義者としてわれわれは、われわれの旗の中に、われわれの綱領を見る。われわれは赤の中に運動の社会的思想を、白の中に国家主義的思想を、ハーケンクロイツの中にアーリア人種の勝利のための闘争の使命を、そして同時にそれ自体永遠に反ユダヤ主義であったし、また反ユダヤ主義的であるだろう創造的な活動の思想の勝利を見るのだ。」[36]ヒトラーのこの反ユダヤ的世界観はすでに政権獲得よりも一三年前（一九二〇年）に現れていたものであるが、ハーケンクロイツが青少年たちの視覚をとおして彼らのアイデンティティ形成に果たした役割は計り知れないものがある。

ところで、血の純粋性にこだわったヒトラーの歪んだ優生思想は、次のような報告にも顕著である。原田一美は『ナチ独裁下の子どもたち』(一九九九年)で、当時の算数の計算問題集にある例を挙げている[37]。(原典は不明なので、多少長いがそのまま引用する。)

なぜ遺伝病をもつ子孫を防止しなければならないのか。

遺伝病に劣等な家族は、経験的に見て、遺伝的に健全な家族に比べて子どもの数が多い。一つの国で、同数の遺伝的に健全な夫婦(A)と、劣等な夫婦(B)がいたと仮定する。それらの夫婦がAグループ三人、Bグループ五人の割合でそれぞれ結婚適齢期の子どもをもっているとする。A、Bの子どもが再び平均三人、五人の子どもをもつとすると、一〇〇年後(三世代後)、二〇〇年後にはそれぞれのグループの子孫の数の比率はどれほどになるか。

この例からもわかるように、国家の未来が優生学的認識によって決定されるという暗黙の了解を子どもたちに植え付けることになり、子どもたちも知的活動を介在させることによって、計算問題を解くこととは別次元での判断能力を育成するプログラムに組み込まれている。そこでは子どもたちが否定すべき対象はユダヤ人に他ならないと結論づけるプログラムが用意されているのである。

さて、ナチス・ドイツにおいては、生徒を評価する基準はヒトラーの考え方で決められていくが、その価値順位をみると、⑴遺伝因子と人種の一般像、⑵性格（国家社会主義的性格）、⑶身体（戦争に役立つ身体）、⑷知識、という具合である[38]。まさに人種生物学的な人間観と世界観を第一義的に、次に肉体的鍛錬を重要視するという基準のもとに、国家のための個人、全体のなかでの個として彼らの人間的価値は位置づけられている。トーマス・マンが娘エーリカの著書（『残忍者たちの学校』）の序文で語ったドイツ的なものの喪失である。すなわち、「古き良き時代に由来するあの定義、ドイツ的であるとは、理想を純粋に実現することだという定義は、まったく通用しなくなってしまった。ドイツの青少年は、理想のために貢献することなど決してできない。……客観的な真理感覚を厳しく抑圧されて、理想の実現などできるはずもなく、ドイツ的意志たるべきナチの意志、つまり国内で人々を支配する絶対的な国家の権力意志と国外に向けた国家の権力拡大の意志に、がんじがらめにされているのだ。」[39] こうして学校教育を受けている年代に歴史的伝統を学び、それを未来像の形成へと結びつけていくという崇高な理想が踏みにじられてしまうならば、目の前の現実にしか関心を示さなくなるのは青少年のみに当てはまることではなく、教える側の教師においてもまた同じことが言えたのである。

学校教育がこのように優生学的観点から歪められていった具体的内容をみると、ほとんどの教師がナチ教員連盟（NSLB）に取り込まれて、教育に対する教会の影響力を排除するための役割を果たすべく、心身共に洗脳されたことがわかる。「一九三八年までにドイツの総ての教師の三分の二がキャンプに送り込まれ、一ヶ月間の強制的な研修に組み込まれたが、……演習と講義は参加者の人格否定を目的とするものであった。」[40] 出生の増加や動員による教師の不足、代用教員の質の低下が見られる一方で、ナチ・エリートの育成をめざしたカリキュラムへと転換が謀られた。「ナチ党の闘争時代についての特別講義が教義問答の代わりを勤めた」[41]と言われるように、宗教教育を犠牲にして体育関係の科目が重視され、いわゆる教練という肉体的訓練が知的・精神的な教科よりも優先されていく。教育相ルストとヒトラー・ユーゲント指導者シーラッハ（B.v. Schirach. 1907-74）の協調路線が成立してからは、「カリキュラムにのっとった授業は行われず、国民政治教育の授業を行うことが決定された」（一九三五年九月）から、また「遺伝学と人種学を生物などの授業に盛り込むようにとの指令が出され」[42]ることもあって、上位にあった宗教科目は通知簿でも最下位にランクされ、やがて一九四一年以降は一四歳以上の生徒の宗教教育はうち切られてしまうのである。

しかし、ヒトラー自身は少年時代にランバッハ（現オーストリアのリンツ）のベネディクト大修道院でミサ聖祭の待者として、また少年聖歌隊に所属していたこと、さらに『わが闘争』でも「もし人々が宗教教育を全廃してしまい、そして、宗教と等価値のものによって補うこともせず、今日の人類から宗教教育によって保たれている宗教的＝信仰的な規準――それはその実際的意味では倫理的＝道徳的原則であるが――をとりさってしまうと仮定するならば、人々はその結果、人間存在の基礎が強く動揺することがわかるだろう」[43]と述べていたことを無視するわけにはいかないであろう。そうかと言って、ヒトラーの意向を無視して権力機構の一部の者が勝手に教育政策を決定できるとも考えられず、一九三三年七月にヴァチカンとの間に宗教的活動の保護を約束する政教条約を締結していたヒトラーにとって、教会を抵抗勢力に回すことは得策でなかったはずである。だとすれば、ナチスが宗教教育を排除した理由の背景には、国民国家のアイデンティティを確立するために、ボルシェヴィズムの危険性と律法主義を堅持するユダヤ教との敵対関係が利用されたと考えるのが自然である。もちろん、カトリック教会(特に最大の組織構成員を有したカトリック青少年団体も)からの激しい抵抗運動があったことは言うまでもない。「福音に生きるキリスト教徒にとって、戦争程大きな罪はあり得ない」[44]からである。そこでカトリック教会のナチス対応について一言しておこう。

ローマ教皇ピウスⅡ世(在位一九二二―三九年)は在任期間中に、①政教条約の増加、②ローマ問題の解決、③海外伝道活動の進歩、という点で大きな貢献をしているが、ヒトラー政権下で教会の権利を維持するための政教条約の締結(一九三三年七月二〇日)によって、ローマ教会は「信仰の全面的自由、教皇の司教任命権、教会権の道徳的人格(修道会)の承認、宗教教育の自由」を獲得したのである。その場合に、宗教教育の自由にかんしては、「公立学校で行われる宗教教育に対する監督権」の獲得が注目される[45]。その経緯については、A・ラトレイユの論述を参考にして指摘すれば、ヒトラー政権が誕生したことにより、カトリックの影響の強い中央党出身のパーペン(F.v. Papen. 1879-1969)副首相がヴァチカンに政教条約の締結を申し出てきたことに始まる。これよりも前にすでにバイエルンやプロイセンとの間で政教条約が締結されていたが、元ドイツ駐在教皇使節で聖庁国務大臣のパチェリ枢機卿(後の教皇ピウス12世、在位一九三九―五八年）とただちに交渉がもたれ、先の条約よりも踏み込んだ内容で調印されたのである。と言うのは、宗教教育が青少年運動の行われている学校でも許されるものであり、カトリックの新聞も廃止されず、ローマと各司教、司教と聖職者・信者との関係も自由が認められるものであった。ただし、そうした政教条約がナチ政体とのあいだに結ばれた背景のひとつとして注意すべきことがある。それは「元来カトリックとナチは、大ドイツ建設、ヴェルサイユ条約反対で一致し、ナチ党員にはカトリック教徒が多かったし、双方とも『政党国家』に反発して『組合国家』を基調とした一致があった」[46]ことである。だから、ヒトラーもヴァチカンを表面上は無視することはできなかったと言われる。

ピウスⅡ世とパチェリ枢機卿はナチズムの内情を承知していて、人種偏重論者の強い毒性もヒトラーのほとんどの取り巻きがユダヤ・キリスト教に対して敵意を抱いていることを知っていたので、一般世論は上記のような内容の条約を見て、教皇が権力に取りつかれているナチスに屈しなくてもすむと思ったようである。しかしもちろん、締結された条約の法文がドイツの教会を擁護する最後の砦になるとは期待できなかった[47]。

歴史が示すとおり、まもなくヒトラーはカトリック教会を圧迫し始めるのである。まずカトリック教会の諸活動に対して弾圧を加え、公私立学校を閉鎖し、青少年を家庭から奪い取って教会より遠ざけ、そして彼らをナチス政体の諸団体に組み入れると共に、カトリックの指導者を圧迫していくのである。こうして信教の自由が次第に否定されていくこととなり、カトリックも強い抵抗運動を展開する。ちなみに、プロテスタント教会では、その青少年組織の指導者ミュラー（L. Müller）と、ヒトラー・ユーゲント指導者シーラッハとのあいだで、協力関係を築き、「福音派ユーゲント団体を、『ヒトラー・ユーゲント』に組み入れる協定に署名」がなされ（一九三三年一二月一九日）、新たにプロテスタントの青少年七〇万人が加入したのである[48]。キリスト教の内部にはさまざまな思惑と矛盾が行き交っていた。そうした流れから教会を正道に戻すための運動を精神的に指導した者に、ニーメラー牧師（M. Niemöller. 1892-1984）、司教ファウルハーバー（ミュンヘン）、V・プライジンク司教（ベルリン）、V・ガーレン司教（ミュンスター）がいる。特にV・ガーレン（C.A.Gv. Galen. 1878-1946）はナチスが強いる無条件服従の公式論を公然と非難して、勇敢にも次のように述べている。「魂を奴隷とし、人間自由の最も尊い神聖なもの、即ち良心に背く服従は、最も甚しい奴隷化である。これは殺人よりもなお悪い。何故ならばそれは人間人格の弾圧であり、人間の心の中にある神の姿を破壊しようとするものだからである。」[49] その上、一九三六年の終りには、ついに聖職者全部が合同して抗議の声を発し、教皇もドイツの三枢機卿、ベルリンとミュンスターの司教達を召集して協議するに至る（一九三七年一月）。この直後（三月一四日）には、ピウスⅡ世自らがドイツ語で起草した「激しい憂慮をもって」という回勅も公表される。教皇ははっきりとドイツ政府に対して、政教条約を骨抜きにしたと批難し、ナチスが反キリスト教的精神を隠すためにキリスト教の言葉を濫用・冒瀆したと言明するのである。そしてその年のクリスマスに「ドイツはこの地上で、かつてなかったような甚だしい迫害のさ中にある」と宣言するに至る[50]。

このように、ヒトラーがカトリック教会に対してさまざまな面で弾圧を加えてきたことは言うまでもない。そして民族主義を最優先することにより、宗教的と民族主義的との両概念の類似性を指摘しながら、ヒトラーはこうも言っている。「すべての世界観というものは、それがまったく正しい、人類のためにこの上もなく価値あるのであっても、その根本原則がある闘争運動の旗印にならないときには、民族生活の実際の形成にとっては無意味なものであろうし、……そのドグマが一民族の共同社会の新しい国家的原則を形成しないかぎり、党として存在していかねばならないのだ。」[51] それゆえ、宗教が異質な他者や弱者を受け入れる精神に普遍的価値を見いだす世界観をもっていること、そのことがまた個人と集団のアイデンティティを統一する精神的公共性ないしは真のコスモポリタニズムの立場に通じるものがあることに対して、世界制覇を謀るヒトラーにとっては、宗教は異質な他者を承認するもの、つまり彼の信じている優生学と人種論を否定するものとして、認めたくなかったのであろう。しかもユダヤ人の宗教が世界支配をもくろんでいると思いこんでいたヒトラーにとって、ユダヤ人からヨーロッパ世界を解放するための戦闘的組織を軍事的手段によって整備することは当然の要求だったのである。

こうしてナチ・エリートを養成するために寄宿学校である国家政治教育施設(National politische Erziehungs-anstalten. 通称「ナポラ」)も創設され、学校の存在理由そのものがヒトラー・ユーゲントの存在と不可分な関係に置かれたのである。「ナポラ入学の条件は極めて単純であった。ヒトラー・ユーゲントの団員であること、健康状態が良好であること、教練において優秀な成績を修めたこと、疑問の余地なくアーリア系の出であること、さらに党の地区指導者の身元保証のあること」[52]というように、身体的条件と出自、そしてナチ体制への同一化が条件であった。グルンベルガーが指摘するとおり、政府や国防軍の幹部を養成するこの寄宿学校と、さらに将来の政治の指導者を養成するアドルフ・ヒトラー学校（ＡＨＳ）という、いわば党と国家の二重構造を支えるために教育は存在し、組織されていったのである。しかもヒトラー・ユーゲントは、すでに一九三三年八月には家庭と共に第三の教育機関と宣言されていたから、こうした一連の教育政策は混乱を引き起こすこともなかった。しかし、教育から自由と独立性が奪われるとき、その最大の被害者は国家と国民の未来である子どもたちなのである。

このような人間の価値規準として人種を最優先するヒトラーの思想は、彼独自の世界観から出てくる。そうした彼の世界観を根拠づけているのが「きわめてプリミティヴな人種論」[53]であったが、その要点のみを挙げてみると次のようになる。⑴人間の価値を決めるのは彼が属している人種であり、そこで重要なのは血である。⑵人種間には優劣があり、最優秀の人種は文化創造的なアーリア人種で、最劣等の人種は文化破壊的なユダヤ人である。中間に文化維持的な日本人がいる。⑶人種の歴史は人種間の闘争の歴史であり、優秀な人種が劣等な人種を屈服させて文化は発展する。⑷アーリア人種が劣等の人種を奴隷化し、ユダヤ人を根絶することがドイツ民族の使命である[54]。ただし、ユダヤ人の根絶・絶滅にかんしては、最初は国内追放、次にヨーロッパからの追放があり、そして一九三九年の一月三〇日の帝国議会において「ヨーロッパにおけるユダヤ人種の絶滅」を宣告するのである[55]。この絶滅作戦に至るまでヒトラーは対外関係を配慮して幾度となく躊躇したことがあるが、ついに九月一日のポーランド攻撃をもって第二次世界大戦へと突入するに及んで、ポーランドは数のうえでも旧ソ連に次いでユダヤ人が多く在住しており、その制覇の条件の一つが、在外ドイツ人のための領土確保と並んで、このユダヤ人の絶滅作戦にあったのである。まさに「血と土」をめぐる人類的犯罪の開始であった。

ヒトラーは自らの唱える人種論を実現するために、一九三三年に優生法を、一九三五年には婚姻健全法を制定し、さらにニュルンベルク法によってユダヤ人のドイツ国籍を剥奪し、アーリア人とユダヤ人の結婚を禁止するに至る。その他、枚挙にいとまがないほどユダヤ人に対する容赦のないディアスポラ排撃の諸政策がなされていく。その影響が一九三六年の「ローマ・ベルリン枢軸」の成立に伴い、ムッソリーニ (B. Mussolini. 1883-1945) によるイタリアでの反ユダヤ主義をも引き起こすことになったことは歴史の示すとおりである。この「枢軸」の形成によって、オーストリアのカトリックの解散も承認されてしまうのであるが、そうしたドイツとイタリアの暴挙に対して「教皇はファシスト当局に、反ユダヤ主義の法律発布に対して警告した」[56]が、効果は期待できないものであった。ナチスが侵攻した国々ではどこでも、ハーケンクロイツを翳《かざ》した党員たちがユダヤ人排斥運動を忠実に遂行したのである。ドイツを逃れたアーレントもフランスで収容所に入れられ、抵抗運動に身を投じることになる。

さらに、当時の事情を一般国民の立場から可視的にするために、エーリカの冷静な時代分析を手がかりにすると、ナチス政権下におけるドイツの青少年の教育的問題をとおして、ナチズムの非人間的施策が際立ってくる。当時のドイツの国情と国民の生活状況を簡潔に表すかのように、「精神、真理、正義、自由な認識、教養といったものはもはや存在しない」といった、いわば伝統的なドイツ人の精神的アイデンティティが喪失されていく現実に対して、彼女の父トーマス・マンは容赦なくナチズムを批判する。「ドイツ民族とその指導者たちは、国家社会主義的な教育計画の要求するように、道徳的な犠牲と知的な犠牲を払うヨーロッパの制覇を、どう考えているのだろうか。……『世界』を手に入れようとして、己の卑劣なもの、凶悪なもの、非精神的なもの、精神の敵対物を何よりも優先し、それを絶対的なものとする民族とは、いったい何であるのか？」[57] そしてトーマス・マンはエーリカと共に、ドイツ民族が世界から軽蔑される精神的・道徳的に貧しい民族へと堕落の道を突き進んでいること、換言すれば知的・精神的な公共的空間としての教育の場が解体して、個人と集団のアイデンティティが迷走している様子を伝えているのである。

四　家庭と子ども

子どもたちの教育にとって家庭の問題は決定的に重要である。ナチス・ドイツにおいては、「子どもたちほど、ナチ独裁下での生活の変化に、広く決定的に巻き込まれた人間集団もなかった」し、「子どもはもう今日、ナチの子どもであり、それ以外の何ものでもない」[58]と言われるほど、両親の教育権は剥奪されていた。エーリカは一九三七年六月になされた「国家社会主義的教育者」と題するヒトラーの発言を取り上げて、そこではナチス党を支え維持する後継者の育成が唱えられていることに注目する。彼女は人種差別の迫害に怯えるユダヤ人たちの姿を描写すると同時に、家庭よりもナチの学校とナチ青少年組織が子どもの支配権をもっており、そのことが日常生活のあらゆる場面で証明されている具体的内容を伝えている。突撃隊員がユダヤ人経営の商店を封鎖している姿や、ユダヤ人の出入りを禁止する看板を見ながら、子どもたちは日常的光景としてユダヤ人排斥の既成事実を脳裏に刻んでいく。「ハイル・ヒトラー」を挨拶の言葉とし、ヒトラー・ユーゲントの制服を身につけている彼らにとって、家庭では何があっても両親に対して決して弱音をはくことはない。エーリカは家族のそれぞれが互いに本音で話ができずに、息苦しく生活している様子を伝えている。「ナチス政権下のドイツは牢獄であった。」[59]

当時の家庭の一般的状況を言えば、父は突撃隊、母はナチ婦人連盟、息子はヒトラー・ユーゲント、娘はドイツ少女団といった具合に、最大の集団である国家が最小の集団である「家庭のきずなにくさびを打つためのあらゆる圧力を加え」[60]、ナチスに協力的でない家庭の子どもは後見人裁判所で別の家庭に移すことさえ請求できた。ユダヤ人と交際したり、ヒトラー・ユーゲントに入団させない家庭の子どもがその対象であった。シーラッハが伝統的な学校教育体系を押さえ込もうとして組織したヒトラー・ユーゲントこそは、ナチスの基盤を支えるための国防予備軍であるから、子どもは総統に捧げられるべき存在だったのである。土曜日は「全国青少年の日」として授業も中止させられてしまう。もちろん、そのことを望んだ家庭ばかりではない。それゆえ、ナチズムに同一化する子どもたちと、ナチズムから差異化するように密かに子どもを守ろうと試みる親の良心とが葛藤せざるをえないなかで、家族共同体のアイデンティティも崩壊していったのである。被害者は子どもたちだけではなかった。

このようなナチス・ドイツにおける普通の人間が反ユダヤ主義化するためのプロパガンダに対して同一化ないしは差異化する問題を理解するためには、本論の最初に指摘しておいたアーレントの『イエルサレムのアイヒマン』が分析している論述が手がかりになる。この著書には「悪の陳腐さについての報告」という副題がついているように、ヒトラーのユダヤ人絶滅計画の伏線を成しているユダヤ人の国外移送のための中央管理局がウィーンに設置され（一九三八年）、そこの責任者に任命されたアイヒマンは一年半で一五万人を国外追放したが、彼は単に上からの命令に従順に従っただけの平凡な人間であったことが洞察されている。アーレントは、彼が常に法に忠実だったのは、「彼が最善をつくして遂行したヒットラーの命令は第三帝国においては〈法としての力〉を持っていた」[61]がゆえに、命じられたことを忠実に果たしたにすぎないと言っている。これは国家によって犯罪が合法化されていたなかで、国家のシステムに組み込まれ同一化したときの個人の犯した犯罪の陳腐さについての暴露である。そこには理性的判断のかけらさえなく、ハイデガーのような思想的確信犯でもなく、まさに時代状況に付和雷同型の感覚的な単純さが基礎にあり、それゆえ長年の国外逃亡の末に逮捕されたにもかかわらず、死刑の判決に対して何ら懺悔の弁明もしないといった姿が強く印象に残る。この問題については後にもう一度触れられよう。

ところで、上記のような悲劇は日常的なレベルで常套化されていったが、その手段の一つとして、エーリカの叙述が示唆しているように、国民の間に相互不信を醸成してナチス体制に対する抵抗力を無化する「密告」という作用が大衆のなかに定着していった。それはいわゆる民族共同体の絆＝国民と国家の運命の共有を強化することに大きな役割を果たすことになり、「誰もが社会的上位者に敵対する情報を流す機会均等を享受していた」から、「家族の一員が同じ家族同士を首切り役人に引き渡すという情況は極端な例ではなかった」[62]と言われるほどである。とりわけ、ユダヤ人に親しくしていたり同情している人にとっては、この密告は死を招く脅威であった。反ユダヤ主義によるこうした密告が助長されるときに、その心理をドイツ語では「他人の不幸を喜ぶ気持ち」(Schadenfreude)として表されていた[63]。自由の本質に基づく機会均等の原則が成り立ち、そうした自由の意思によって結ばれた共同体こそ精神的公共性が成熟していくための土壌であるが、「全体主義的国家においては、……あらゆる執行権力は秘密警察の手にある」[64]という状況下では、「自分自身が密告者になることによってはじめて密告者の一団と戦うことができる」[65]がゆえに、私が公に、個人が国家に強制的に同一化させられていくときには、「密告」というような卑劣な行動である組織化された罪も生み出されて、真の主体的で自由な精神に基礎づいた個人のアイデンティティは育つはずもなかったと考えられる。それがコミュニティのみならず、家庭の中にまで密かに浸透していったのである。宮田光雄によれば、こうである。「ナチズムは、権威主義的性格をもった

「ドイツの家族すらも、抵抗の温床となりうるものとして、あらゆる側面からこの第一次的集団による心理的絆を破壊する。ドイツの青少年たちは、何年かの間、この半軍事的組織の下に直接的な国家的訓練の下におかれ、未来の兵士と労働者として心身を鍛錬される。かくして保障されたナチ式教育の独占化の下に、一切の自発性を奪われ、家族や階級といった社会的障壁をとり去られて、ナチ型の性格に画一化される。」[66]

ハーバーマスもまた組織化された罪について、アーレントの論文（一九四四年）が収録された著書『埋もれた伝統』（一九七六年）から引用しながら、家庭の父親には「年金のため、生活保証のため、妻と子供たちの保証された生活のために良心も名誉も人間的尊厳をも犠牲にする用意が十分できていることは、すでに明らかになっていた」という文章に注目している[67]。同じようにヤスパースも『罪の問題』のなかで、アーレントの論文「組織化された罪」から引用してこう書いている。「恐怖政治は指導者たちの犯罪にドイツ民族が参加するという驚くべき事態をもたらした。屈従者は転じて共犯者となった。……一家の家長とか……勤勉な市民とか……とてもそんなことのできそうに思えない人たちが、これまた同じく義務通りに殺戮をした。」[68]このように、ナチス体制下では普通の国民や家庭における一般的傾向として、個人が国家に対して無反省に同一化することによって誤ったアイデンティティを維持しようとするときの国家との関係のあり方が示されている。個人が抱く理想主義的な人生観や価値観は、ヒトラー・ユーゲントの青少年たちに見られるように、国民国家のアイデンティティを優先するなかで意義づけされていったのである。彼らはナチス・ドイツが「利己的感情を抑えて団体のために進んで犠牲になる心構えを養成すること」[69]に、また「我々はドイツのために死ぬべくして生まれた」[70]というスローガンに、個人の精神的生の在処を見いだしたのであった。これは自由の主体的自己が欠落した状態でナショナリズムに同一化した精神が陥る、誤った民族主義への盲従と言わざるをえない。そのために教育は家庭を巻き込んで最大に利用されたのである。

五　ナチズムの心理と反ユダヤ主義

では一体、このような世界的犯罪を犯したナチズムの心理とはどのようなものであったのか。既述したアーレント的な理解、つまり「悪の陳腐さ」という単純な現実迎合の感覚とは違った、人間の意識の深層に迫る観点から考えてみよう。すなわち、ホルクハイマーによれば、「ドイツの人民をして、最初は、ナチスを消極的に受け入れさせ、次には、罪の共同に溺れこませる上に役割を果したのは、幾つかの心理的メカニズムである。」[71]この点に個人が国家や民族に同一化するさいの隠された部分を知る手がかりがある。

そこで次に、ナチスによって国際精神療法医師会の会長を追われた精神病理学者クレッチマー(E. Kretschmer. 1888-1964)の後を継いだことによって(彼はナチスの暴挙を批判して一九三九年に会長を辞任)、ユダヤ人のフロイトからは親ナチスとして誹謗されていた精神分析学者のユング（C.G. Jung. 1875-1961）が分析したナチズムの心理とドイツ人の民族性との関連性について触れておきたい。結論を先取りして言うならば、「第三帝国の時代のドイツ人の進行性自己神格化は［過去の歴史の中でドイツ人が作り上げてきていた］ユダヤ人の悪魔化に依存していた」[72]ことにあるが、その内実を湯浅泰雄の『ユングとヨーロッパ精神』（一九七九年）が見事に解析している。また、トーマス・マンも「ドイツのファシズムが人種的な宗教であり、ただに国際的なユダヤ教ばかりでなく、キリスト教をも、人道的な力として、明らかに嫌悪していること、またドイツ・ファシズムの説教師たちが、私たちの古典文学の人文主義に対して友好的な態度をとっていないということを確認しておけば十分です。ドイツ・ファシズムは民族的な異教であり、ヴォータン崇拝です」[73]というときの、このヴォータン崇拝の深層心理について考えてみよう。

集団の精神病理が個人の心理に基礎づいているという理解から、多くの人間に共通に見いだされる心理的症状は、個人の精神病理に即して集団的現象も分析できるというのがユングの基本的スタンスである。そこでユングは事実に対する診断として、ナチズムの心理的特性を精神病的ヒステリーの症状と捉えつつ、それが特殊な精神的不安定性を特徴にしていると考える。その不安定性は他者に対する劣等感が他者に優越したいという本能的欲求から生み出され、そして自己補償の欲求が極端になって人格分裂に至った状態をヒステリーと呼ぶのである。その結果、自分の論理と判断だけを正しいものとみなし、人格の影の部分を隠蔽してしまい、ますます劣等感がコンプレックスとして蓄積され、葛藤を抱えて不安定な心理状態に陥るのである。こうして自己を誇張し、他者からの承認を異常なまでに求めて、尊大かつ高慢になることによって、ついには自分を偉大な人間とみなして他者とは決定的に違う人間であると言い出すようになる。こうした心理的特性はヒトラーだけに当てはまることではなく、彼を取り巻いていたナチス党の主要人物全員に共通していたであろう。ヒトラーの腹心の宣伝相ゲッベルス(P.J. Goebbels. 1897-1945)もそうである。

さて、ヒトラーの劣等感と尊大さのアンバランスについては、「ヒトラーはいわゆる専門家を忌みきらった。少年時代から自分より教育のある人間を軽蔑していた。彼の図書室には美しい造本の書籍がいっぱい詰まっていたが、実際に読んだ本は数えるほどしかなかった。行動と感情と意志だけが彼の一生を支配した――知性はついに無縁だった」[74]と評される。また彼が演説する様子を報告している記述からは、ヒトラーという人物像が可視的に迫ってくる。「やがてヒトラーの毒ガスにおかされた喉からは、〝名誉〟〝忠誠〟〝犠牲〟〝祖国〟といった単語が矢つぎばやに吐きだされる。彼は自分の論旨を納得させようとして右腕をぐるぐる振りまわす。額に垂れさがるひとふさの髪を絶えずかきあげる。彼は怒号し、咆哮する。……この瞬間において、アドルフ・ヒトラーは彼を尊敬するドイツの象徴となる。」[75]ヒトラー個人の人格分裂＝精神病的ヒステリーへと聴衆の心は吸い取られていって、それが集団的な精神病的ヒステリーとなり、このヒステリー状態が民族的排外主義として結実して、最後はナチ党賛美の大合唱となるのである。たしかに、ホルクハイマーがいうように、「指導者が聴衆に呼びかける場合、彼の目的は、合理的情報を伝えることにあるのではなく、指導者と追随者の間に必然的に、非合理的な本質的関係を確立することにある」[76]としたら、ヒトラーこそ最高の指導者である。そのときに彼がドイツ人たちを捕らえたのは、こういうことである。すなわち、「『第三帝国』は『沈みゆく古いヨーロッパの極度にデーモン化された覇権強国』であったし、また、ヒトラーは『デーモンの化身』であり、この巨大な闘争の『悪魔的な天才』であった」[77]からである。

それではユングは異常な集団的アイデンティティを演じたナチスの心理をどう捉えるのか。「ナチス・ドイツは世界に向って自己を『高貴なる民族』Herrenvolk であると自称し」[78]て、自らの影の部分を隠蔽して他者を劣等者に見立てていく。ユングは手厳しくも、ドイツ人がヒステリー症状をもった、「真の自己認識には程遠い」[79]リアリティを欠いた民族であることを指摘しつつ、「あの時代にヒトラーの叫びがドイツの大衆に対してもった集団心理的効果を説明し得るのは、そういう精神病理学的診断だけである。精神病理学的にみれば、ヒトラーの性格は『自己欺瞞的誇大妄想』pseudologia phantastica ともよぶべきものである」[80]と言う。またヒトラーは「すべての人間の人格の劣等部分である影の巨大な人格化に外ならない。社会全体が集団的ヒステリー状態におちいった場合、集団はその特質に適合した指導者を求める」[81]とも分析している。たしかに、一九二〇年代の経済的困窮状態にあって失業者が急増していたとき、ヒトラーの金言の一つは、民族共同体の精神を高めた「余は唯一つの貴族のみを認める。それは労働者貴族である」[82]であった。ここにはヒトラーの民族教育者としての潜在的才能が働いている。ヒトラーに限らず、全体主義国家の統治者がこの意味での労働者貴族を育成し称揚することは、およそ歴史が教えているとおりである。

さて、ヒトラーがドイツ労働者党とはじめて接触した一九一九年から一四年後の一九三三年に、ナチスは合法的に政権を獲得している。このドイツ労働者党は国粋主義者の政党として反ユダヤ主義、反ボルシェヴィズムを唱えていたもので、ヒトラーは二年後にはナチス指導者としての地位を確立していた。ユングはすでにヒトラーが政権を獲得する以前から適切な社会診断をしているが、とりわけヒトラー政権誕生の前年に次のような講演をしている。「今日われわれを脅かしている巨大な破局は、……心の出来事なのである。……いつ何どき何百万もの人間が新しい狂気にとりつかれるかわからないが、そのときは新しい世界大戦や破壊的な革命が起るだろう」と、まずは警告を発した後で、さらに自説を具体的に展開する。「われわれの時代が救済する人格を呼び求めるのも、理由のないことではない。時代は、集団の束縛から脱して、少なくとも彼自身の魂を救いとった人間を求めている。ここにともかく一人の人間［ヒトラー］が、集団の魂との運命的一体化から自己を解放することに成功したと告げることによって、彼はみんなのために希望の灯を点じたのである。……民衆は魂の力の脅威を感ずるとき、必ず英雄を、竜退治する者を求める。そこから人格への希求の叫びが生れるのである」[83]と語った。やがてユングはこの講演から四年後に、悪魔の一種である古代ゲルマンの神話の最高神ヴォータンが蘇って活動し始めたと譬えて、ナチズム批判を公にする。湯浅は「ヴォータンという神話的素材を用いてユングが言おうとしたことは、ドイツ民族の心の深層において集合的無意識のおそるべきエネルギーが活動しはじめたということである。……彷徨するヴォータンという主題は、中世ヨーロッパでは、さすらいのユダヤ人アハスウェルス[アハシュエロス]の伝説に受けつがれている。だから、反ユダヤ主義とヴォータンの覚醒の間には、一種の心理学的関連がある」[84]と解説している。湯浅のこの理解は、まさにドイツ的精神の根底には近代ヨーロッパの裏側、つまり「暗黒の情念の理性に対する復讐の歴史」「暗黒の情念の世界支配」[85]を読み取ることの不可避性を示唆している。だからユングはそれをヴォータンがヒトラーに乗り移ったと見たのである。

ところで、ナチスが守護神に据えた古代ゲルマンの神ヴォータン信仰では、ロマン主義者やフェルキッシュ擁護者にとって必ずしも具体性をもつものではなかったのであろう。国家統一へと人々を導いていく強烈な指導者こそが求められたのである。モッセ(G.L. Mosse. 1918-1999)の分析を手がかりにすると、そこには新たな神話を誕生させる必要があり、人間の意志と創造性を鼓舞する人格が現われることを期待する、一種のメシア待望論が知識人の間には生まれていたと考えてもよい。そのような人格は、ヴェーバー的に言えばカリスマ的指導者であったし、時代に敢然と戦いを挑む英雄的指導者でなければならなかった。ここに登場するのがニーチェ(F.W. Nietzsche. 1844-1900)の思想から引き出されてくる力への意志を具現する超人的人格である。ニーチェの思想をナチズムの複線としての新たなる神話にまで引き上げ、結果的にカリスマ的指導を生み出すことに一役買ったのは、ゲオルゲ(S. George. 1868-1933)とベルトラム(E. Bertram. 1884-1957)であった。両者ともニーチェに親しみ、当時の自然主義的傾向に対抗して美的世界の価値を主張する詩人であり、ゲオルゲは詩人を神的な世界と大衆とを仲介する預言者として位置づけ、詩集『戦争』(一九一七年)や『新しいライヒ』(一九二八年)などを書いている。

一方、ベルトラムはゲオルゲに影響を受けながら、北方的ゲルマン精神の起源に深い関心を抱いて『ニーチェ』(一九一八年)と詩集『ノルネの本』(一九二五年)を著しているが、ノルネとはまさに運命の女神である北方神ノルネのことであり、また『ニーチェ』では若きニーチェが唯一感激し称賛してヴァーグナー(W.R.Wagner.1813-1883)に贈ったと言われるデューラー(A.Dürer. 1471-1528)の版画「騎士・死・悪魔」を取り上げつつ、ニーチェを北方的預言者と断言している。すなわち、ベルトラムによってニーチェは「民族の生ける神話となった。」[86] これらの人物はみなゲルマン信仰を基礎にもち、彼らをヒトラーが信奉したように、ナチスの国家体制を正当化するために利用される思想を展開していたのである。そこでは、「騎士・死・悪魔」はゲルマン民族の運命を決定する英雄、近代化に伴うドイツ精神の崩壊、ボルシェヴィズムとユダヤ教へと置き換えられ、しかも騎士はヒトラーに、悪魔はロシア人とユダヤ人に見立てられていくという具合にである。たとえゲオルゲが反ユダヤ主義を忌避し、ベルトラムが政治には無関心であったとしても、ナチスにとっての彼らは新しい神話の創造者だったのである。

ベルトラムはニーチェが唯一好んだ画家はデューラーであり、その作品中でも銅版画の「騎士・死・悪魔」であったことを詳細に論じている。ニーチェが友情を捧げた作曲家のヴァーグナーもまたデューラーの絵に傾倒した一人であり、そのためにニーチェは「騎士と死と悪魔」を一八七〇年のクリスマスにヴァーグナーに贈るのである。と言うのは、初期のニーチェは『悲劇の誕生』の中で、この「騎士」を自己自身の運命と重ね合わせていたからである。すなわち、『悲劇の誕生』には次のような一節がある。「慰めようもなく孤独におちいった者は、デューラーが描いてくれたような、死と悪魔につきそわれた騎士以上に適切な自己の象徴を選ぶことはできまい」[87]と言い、精神の臆病の誘惑を死と悪魔に見いだし、それに勝つ騎士こそが勇気のシンボルとして際立たされる。そうしてニーチェは「攻撃する勇気こそは、それは死をも撃ち殺すのだ。……攻撃はわたしの本能の一部である」[88]とも語り、この思想が超人の思想とともにヒトラーへと歪曲されて受け止められていくのである。ここにもベルトラムを介して、神話的世界がヒトラーへと結びついていくことになる。

ところで、ヒトラーを北欧神話の最高神に見立てたユングの精神分析学的解釈とは異なり、社会学的観点からもナチス政体の誕生の背景を一瞥しておこう。ヴェーバー(M. Weber. 1864-1920)は晩年に「人民投票制指導者民主主義」を構想して、民主主義下においては指導者は選挙によって一般大衆の信任を獲得すること、それゆえ政治家は政策よりも人格に対する信仰を呼び起こすことが求められる点を指摘している。いわゆる「カリスマ的指導者がデマゴギー的手段をもちいて一般大衆を人格的に信従せしめ、大衆の側はいわば魂までも指導者にゆずりわたして彼につきしたがうというのが、ヴェーバーの描いた指導者民主主義の姿であった。」[89]言い換えれば、議会よりもカリスマ的な人物に国家指導と国民の支配を委ねるというのである。ヴェーバーではこれをカエサル〔シーザー〕という天才的人格に見いだしているが、そのような大衆の願望を背負う形でヒトラーも台頭してきたと言える。しかし、ヴェーバーが指摘するカリスマ的人物には、その人物の資質について「何らかの倫理的・美的またはその他の観点からすると き、『客観的に』正しいと評価されるであろうかどうかは、……概念にとっては全くどうでもよいこと」[90]といった問題性が存する。それと言うのも、カリスマは伝統に拘束された状態を内面から変革し、打破していく革命的な力であり、「あらゆる個々の生活形式や『現世』一般に対するいっさいの態度の全く新たな志向を生み出すことによって、心情や行為の中心的な方向を変更することを意味する」[91]からである。

しかしまた、そうしたカリスマ的指導者の出現を可能にする根拠としては、さらにヴェーバーの諸著作、簡易なものとしては『職業としての政治』(一九一九年)の叙述が説得力をもって教えてくれている。つまり、ジェントリーによる貴族主義の統治形態が官僚制の発達を遅らせたイギリスと、法に依存する支配体系としての官僚制が浸透していたドイツとでは、国家の歩む道は決定的に相違することの指摘である。「官僚は、いかに有能で倫理的にすぐれていようとも、政治家に必要な『指導者精神』とは無縁であり、『政治家に向かない人』であった」[92]からである。そしてヴェーバー自身も官僚制に対抗する手段として、カリスマ的指導者が要請されることを望んでいた一人である。この点をカリスマ的支配との関係で説明するとき、ヴェーバーはこう述べている。「カリスマ的支配は、非日常的なものとして、合理的な支配、とりわけ官僚制的支配とも、伝統的な支配、とりわけ家父長制的・家産制的または身分制的支配とも、鋭く対立している。」[93] そしてこのカリスマ的支配が日常化すると、そこにカリスマを支える行政幹部の育成をめぐって一定の規範が生起することになる。それはカリスマ自身の固定化・安定化を目指すとともに、カリスマ的支配体制を維持するために後継者の獲得が必要となるからでもある。ヴェーバーはカリスマ的な諸規範について、(a)教育についての規範、(b)試練についての規範、を挙げており、これらはまさにナチ政権が青少年から教師にまで及ぶナチス体制を維持し発展させるために力を注いだ戦略と一致していることがわかる。

さらに、ヴェーバーの『宗教社会学』(一九二〇—二一年)の分析によれば、ドイツの教養人、知識階級は宗教が指示してきた救済の問題には無関心であり、むしろドイツ官僚制は宗教に対して軽蔑的態度を維持していたのである。「ドイツ教養市民層の教養は宗教を学識の下位においたのにたいし、イギリスのジェントルマンの教養は、学識の尊重のうちにも宗教への敬意を失わなかった」[94] ことがある。社会変革に対する知性主義の特徴として、ドイツでは反宗教的な社会主義が発展していった背景もあり、民衆にとっては社会主義に現世的救済を期待する土壌が醸成されていくのである。ヴェーバーでは「経済的終末論信仰」という言葉が用いられているが、第一次世界大戦後のヴェルサイユ条約(一九一九年)によって大きな賠償義務に苦しみ、ヴェルサイユ体制打破をめざす勢力が国家社会主義の拡大に向ったことは確かである。とりわけヒトラーが登場してくる時代には例の世界恐慌(一九二九年)も加わることになるから、この新たな終末論信仰が強力なものになっていくことは明白である。「ファシズムは、社会的経済的な根をもっており、そこには西洋の近代化のプロセスに潜む破壊性が顕著に現れている。ゲルマンの大国幻想を実現するために『強制的同一化』、人種主義、強制収容所、大量殺戮、総力戦などを動員した『第三帝国』こそ、……この破壊性が極端に先鋭化した事例なのである。」[95] 実際に、ヴェルサイユ体制はナチ政権の樹立によって事実上崩壊することになる。

そうした経済的混乱を背景にして決定的な役割を果すことになるのが、失業者の救済につながる社会的不満を国外に向けていくヒトラーの思惑であった。「ヒットラーの政権獲得への歩みの中で、決定的な一歩をなしたものは、一九三二年一月に行われたラインの工業資本家グループとの会合であった。彼は関税の現状や他の国際上の経済的制限を顧慮する場合、ドイツの有効資本を投資する最良の方法は再軍備をおいてないことを主張し、会談した有力者たちを説得するのに成功した」[96] と言われる。たしかに、失業者の増大と不安定な生産活動を前にして、経済的再建を国家の最重要課題として自覚し始めていたドイツは、この苦境を乗り越えるための国家政策に、国民国家の再組織化を企てるヒトラーの登場を渇望していたと言えなくはない。ホルクハイマーは「ドイツの大衆が、ナチスの政府を……支持したという事実は一体何を意味するか。それこそ、人民の性格＝構造におけるファシスト的要素、或いは特にドイツ的な伝統のみに帰せらるべきではないのか。……説明の鍵は、国民の正しく計画された集中的努力によって達成されるごとき完全雇用への必要が、ますます強まっていたという事実の中に見出される」[97] と分析している。そしてヒトラーは失業者を救済する完全雇用を実現していく。ちなみに、無辜《こ》の障害者に対する安楽死命令書（一九三九年）を起草したモレルの殺人計画は、ナチズムの優生学・人種衛生学を決定づけたものであるが、「当時の安楽死肯定論者の本音は経済効率の向上にあったと言っても過言ではない」[98]と指摘されるように、収容所での惨事が経済的要因と結びついていたことも偶然ではないのである。

ところで、ヴェーバーが指導者民主主義を期待した理由としては、当時のドイツにはカトリシズムの世界観をもつ中央党と、マルクス主義の世界観をもつ社会民主党、そしてブルジョア諸政党があり、「いずれもがゲットー的、ギルド的な極度に閉鎖的な小世界を形づくり、それゆえに、議会政治家の間から大衆の絶対的支持をえるような指導者の台頭を期待できない」[99]という現実があったのである。そうした政治的体質が生み出されてくる背後には、既述したように、ドイツ官僚制の独占的な政治指導体制があったことを無視できない。そこにカトリックとプロテスタントとの宗派的対立も加わり、「政党の性格は広い意味の宗教社会学的構造の制約を深くこうむっていた」[100]という現実がある。したがって、野田宣雄が指摘するように、「ナチス台頭の現象は、こうした三すくみ的なドイツ政党政治の状況を前提におくことによって、はじめてよく理解できる」し、また「ナチズムは、政党がプロテスタント名望家たちのギルドと化し、精神的に教養市民層の影響がもっとも多く残っていた領域において、もっとも顕著な成功をおさめたということになる」[101]というわけである。

六　同化と異化の逆転現象

ところで、ユダヤ人問題はユングの分析とヴェーバーの社会学的理解だけでは説明がつかない側面をもっている。ユダヤ民族の地上からの抹殺というナチスの世界的犯罪は、さらに隠された部分でこの犯罪に荷担した要因があるからである。「一つは移民受け入れに難色を示した外国の消極的態度であり、今一つはドイツ生まれのユダヤ人が特別に陥り易かった愛国主義の哀れな誤謬であった。」[102] これらの点もアーレントが見事に暴いているが、それ以上に彼女が問題にしたことは、ユダヤ人自身が反ユダヤ主義に荷担した当時のナチスの権力システムへの迎合から生じた結果についてである。すなわち、ユダヤ人がナチス・ドイツに同化することが、むしろユダヤ人としての民族的アイデンティティを放棄するだけでなく、ドイツ・ユダヤ人としても承認されることなく、個人的アイデンティティを見いだす権利さえも奪われてしまったことである。そうした現象は基本的には戦後も変わっていないようである。いみじくもサルトルは「反ユダヤ主義者は、ユダヤ人が、ユダヤ人であることを非難するのだが、民主主義者は、ユダヤ人が、自分をユダヤ人と考えることを非難しがちなのである」[103]と言い、また放浪の民族としての運命を背負ったユダヤ人が、「ユダヤ共同体に、統一らしきものを与えつづけているのは、……ユダヤ人としての共通の状況を持っているからである。即ち、彼等を、ユダヤ人として取扱うどこかの共同体の中に生きているからである。ひとくちに言えば、ユダヤ人とは、近代国家のうちに、完全に同化され得るにもかかわらず、各国家の方が同化することを望まない人間として定義されるのである」[104]と書いている。要するに、ユダヤ人はユダヤ人としてしか存在が認められない他者のなかで生きざるをえなかったのである。ハイネ（H. Heine. 1797-1856）がドイツの精神的価値を破壊する代表者とみなされ、ブーバー（M. Buber. 1878-1965）がハシディズム運動を唱えたのも、こうした理由によるであろう。

さて、ユダヤ人が反ユダヤ主義政策に荷担するという理解しがたい現象は、世界放浪の民族が存続するための歴史的背景に基づいた、彼ら独特の処世術でもある。つまり、戦後のユダヤ人社会でナチスに対する無抵抗と対比されるのが、ローマ帝国に対する最後の抵抗と言われるバル・コホバの反乱（一三一―一三五年）である。しかしこの反乱もユダヤ戦争（六六―七〇年）でエルサレムの都がローマ軍によって破壊されていたという不利な状況にあって、結局は最後の砦となったエルサレムの神殿さえも焼き尽くされ、ここにユダヤ人が永遠の放浪の民となった始まりがある。それゆえ、「ディアスポラの状態にあるがゆえに、……現実的、政治、社会、経済的側面への適応なくしては、四散した民の生活は実現できない。この現実から出発して流浪の民となったユダヤ人は、しばしばその時、その時代の支配勢力や為政者と妥協して結びつき、彼らに依存して生きていく、生きていかねばならない状態に置かれることになる。」[105]律法主義の信仰は堅持しながら財力を蓄え、権力者に取り入って共存する道を選択する生き方は一般民衆の憎悪感を募らせ、ますます自らの存在を危うくする。それはアイデンティティ論以前の人間存在それ自体が否定される悲惨な事態へと結びついていくのである。強制収容所アウシュヴィッツでの体験『夜と霧』（一九四七年）を著したフランクル（V.E. Frankl. 1905-1997）の分析については他章で述べるが、「収容所で生き残るためには、ナチス的心性をどうしても或る程度模倣しなければならなかった事実」として、「敵手におちた自分の運命に、たとえ一部分でも同化することができなかったものは破滅」[106]せざるをえなかったのである。その典型として、アウシュヴィッツ強制収容所の所長ヘス（R. Höß. 1894-1947）の手記には、収容所の古参者たちが同囚を無慈悲に扱った記録が記されている。「抑留古参者の中には、自分の下劣で粗野で低劣な感情と犯罪者的な素質からして、その同囚を肉体的・心理的に痛めつけ、まさに、全くのサディズムからして彼らを死に追いやる人間」や、「ＳＳ隊員には、むかむかするほど、仕事熱心に見せかけ、自分の同囚や同人種の人間には、悪行のかぎりをつくした」[107]ユダヤ人囚人も後を絶たなかったと言われる。

ところで、戦争犯罪者の裁判をとおして、以上の問題についてアーレントは鋭い分析をしている。すなわち、ユダヤ人移住全国本部長になった（一九三九年一〇月）アイヒマンが果たした任務の分析から導き出したユダヤ人自身に対する冷静な判断である。ユダヤ人の国外移送の専門家であったアイヒマンは、ユダヤ人の国外移住禁止命令（一九四一年）によって、彼が考えていたユダヤ人のマダガスカルへの移住計画が頓挫することともからんで、結局はユダヤ人を移動させる土地がないことから、ユダヤ人問題の唯一の解決策としてのユダヤ人絶滅作戦に手を染めることになる。一九四一年の国外移住禁止令が出される以前に、ドイツから亡命したユダヤ人は三六万人と言われている。そして、この禁止令以降は強制収容所への道しか残されていなくなるが、そのさいアイヒマンに協力したのがユダヤ人協会やユダヤ人警察であり、指導的なユダヤ人学者だったのである。ハーバーマスは『イェルサレムのアイヒマン』によってこうした事実を明らかにしたアーレントを高く評価しているが[108]、しかしユダヤ神秘思想研究の第一人者でユダヤ人のショーレム（G.G. Scholem. 1897-1982）は、アーレントとの書簡（一九六三年）で、彼女の著書にかんして異議を唱える。「あなたの判断は、わたしには法外でとりとめもない推論に基づいているように見える」と述べ、アーレントの著作の意図が「シオニズムへの嘲笑」[109]にあったと批評している。それに対してアーレントは「議論されなければならないのは民族についてではなく、その民族が自分たちの目において、あるいは他の民族の目において自己正当化を行う論拠」[110]であると反論している。ここには既述したように、(1)反ユダヤ主義の存在そのものを頭から否定すること、(2)反ユダヤ主義の存在を認め、それとともに生きること、という第三帝国に対して多くのユダヤ人が選択した後者の態度を問いただしていることがわかる。彼女はナチスに抵抗して亡命することになったが、重要なのは態度決定のさいの実存的決断の問題だというわけである。だから彼女はイスラエルの裁判所がアイヒマンを裁けるのかどうかを率直に問い掛けている。

右の議論は、アーレントがユダヤ人としてのアイデンティティをどこで再構築するかに関わっている。その場合に、彼女がアメリカに亡命して居を構え、民主主義国家として多民族および多文化を構成母胎とするアメリカの自由な精神を呼吸して生きていた立場と深く結びついていることを考えると、明らかにアーレントは文化的・政治的なアイデンティティの確立にかんしては、他民族に同化することに意義を見いだしていると言えよう。彼女がアイヒマンの裁判はイスラエルが行うのではなくて、ヤスパースが唱えているように、アイヒマンを国連に引き渡すことが大切だったと主張するのは、ナチスの犯罪を人類に対する犯罪とみているからだけではなく、むしろ政治的領域での良心を基礎に据えたコスモポリタン的精神性の問題に連関しているであろう。だから、そうした立場に立って、強制収容所は人間の非人間化、人間の破壊そのものを意味し、法的な人格の破壊、道徳的な人格の破壊、最後は人間の個体性そのものの破壊を組織的に行ったものであり、これをアーレントは全体主義支配の本質が最も端的な形で明らかになったものとみるのである[111]。それゆえ、ナチス・ドイツを裁けるのはユダヤ人ではなくて、この問題を民族や国家の枠組みを超えた世界的理性の立場から捉え直さなければならない人類的問題として考えていることがわかる。とりわけ無国籍者として故郷を喪失し、しかも新しい故郷が見いだせない人間は、世界に足場を築くことができない。それは人格を認められない政治的な意味での生ける屍なのであり[112]、政治的・文化的なアイデンティティの確立こそが急務だとアーレントは受け止めているのである。こうしてユダヤ人が特定の教義に縛られていては、ナチス・ドイツに同化も異化もできなかったこと、そして同化と異化のどちらを選択したにせよ、ユダヤ人としての民族的アイデンティティを維持できなかった歴史的悲劇を踏まえて、ユダヤ人が世界と人類に同化することができない限界性を偽らずに吐露していると言えるであろう。

同じように、ヤスパースは『罪の問題』において個人と国家の関係を受け止めるさいに、自らを含めたドイツ民族の歴史的・人類的な責任を引き受けることによって、同一化していた国家から差異化せざるをえなかった自己を、再度復興に向かう国家に同一化するために、自由と理性に基づく実存的決断を重視する哲学に依拠していると認識した。アーレントもまた『人間の条件』(一九五八年)において、自由の世界を創出する活動(action)に人間の尊厳の根拠があることを説いているが、この活動とはまさに実存的決断によって可能となる性質のものである。

ヤスパースとアーレントのそうした姿勢こそ、コスモポリタンとして私と公、個人と国家の関係を誠実に直視している典型である。国際化時代に生きるわれわれにとっても、ナチズムとユダヤ人問題が教えるものは極めて重要であるし、集団的アイデンティティのなかで個人的アイデンティティを確立するための不断の努力が必要である。そのためには歴史的反省をベースにしながら、時代と世代を越えて人類の一員としての責任を伝えていく義務が教育には求められる。リクール(P. Ricoeur. 1913-2002)は京都賞(第一六回)を受賞した理由として、社会参加する哲学者の重要性を教えているが、彼はホロコーストにかんする歴史の問題としてこう述べている。「人間は自分の人生を一つの物語として語ることによって自分が何者であるかを理解し、自己同一性を獲得する。」[113] そして民族もまた、自己の歴史を語り続けることによって共同体としての自覚を得ると考えている。そうしたリクールの立場は、新しい世紀に向けて忘却させてはならないすべての人間の課題、つまり個人のアイデンティティと集団のアイデンティティの統一性の原点を、ナチズムの世界的犯罪から学び取ることの大切さを示しているであろう。

とりわけ、ナチズムのユダヤ人問題を反省的に受け止めると、上記のインタビューでリクールが「和解のためには、償いが必要だ」と語るだけでは解決できない問題も含まれていることに気づかねばならない。それは何であるのか。ナチス親衛隊大尉であったヨゼフ・シュワムベルガーが最後の大物戦犯として、四五年間の逃亡生活の末にアルゼンチンで拘束され(一九八七年一一月一三日)、ドイツに送還されて(一九九〇年五月三日)六〇回に及ぶ審理がなされた。そのなかで被害者の直接証言が行われたときに、ユダヤ人の証人ルイス・ベルガーは被告に不利なことには無言を通した。法廷の外で新聞記者たちが彼に問いつめるが、ベルガーは「人間は、憎しみと復讐だけでは生きていけない。許す。しかし忘れないという言葉もあります」と言い、これには記者たちも黙らざるをえなかったのである[114]。この事例から次のように言うことができるのではないか。ベルガーのように、教育においては異質の他者の尊厳を承認するという地平の内で、自己の尊厳もまた他者から承認されるという相互承認の重要性が出てくる。すなわち、ナチズムにおける教育問題の一つは、他者をどのように承認するか、そして他者とどのように和解するか、という課題に対して、個人的と集団的・国家的の両側面から取り組むことであろう。アーレントは『革命について』(一九六三年)のなかでこう語っている。「苦悩する能力である情熱と、他人とともに苦悩する同情が終った地点から、悪徳がはじまった。利己主義は一種の『自然的な』堕落であった。」[115] 歴史のみならず、深い人間理解の教育が求められている。

注

1　カール・ヤスパース『根源的に問う』武藤光朗・赤羽竜夫訳　読売新聞社　一九七〇年　二五〇－二五一頁。なお、山口定『ナチ・エリート』中公新書　一九七六年　二四頁。

2　ハンナ・アーレント『暗い時代の人間性について』仲正昌樹訳　情況出版　二〇〇二年　七一頁。

3　同書、三七頁。

4　ユルゲン・ハーバーマス『哲学的・政治的プロフィール』（上）小牧治・村上隆夫訳　未来社　一九八四年　九四－九五頁。（以下『プロフィール』）

5　カール・ヤスパース『戦争の罪を問う』橋本文男訳　平凡社　一九九八年　四九頁、九三頁。（以下『罪』）

6　ハイデガーほか『三〇年代の危機と哲学』清水多吉・手川誠士郎編訳　平凡社ライブラリー　一九九九年　一一二頁。

7　同書、一一二頁。

8　ヤスパース『罪』三七頁。　精神的公共性を可能にするための原則は私と公、個と全体の間を結んでいる「と」の契機が、公明なコミュニケーションによって支えられているということである。対話する者同士が互いの尊厳を承認しあうこと、そのためにも互いが自己の内に閉じ籠もることは否定される。ドイツ語の公共性（Offentlichkeit）という言葉が教養階層に入り込んだのは一八一三年以降であるが、その後政治的な自由主義のスローガンとなったものである。

9　エリザベス・ヤング＝ブルーエル『ハンナ・アーレント伝』荒川幾男・原一子・本間直子・宮内寿子訳　晶文社　一九九一年　一六〇頁。（以下『アーレント伝』）　ノーベル平和賞を受賞した（一九三五年）C・v・オシエツキーが反ナチス運動の先頭に立ったことは知られているが、彼も国会放火事件直後(1933.2)に逮捕されて強制収容所に送られ、獄中での受賞に対してヒトラーの逆鱗に触れるという例もある。それゆえオシエツキーを「ノーベル平和賞の殉教者的受賞者」とみなすことがある。(グルンベルガー『第三帝国の社会史』池内光久訳、彩流社　二〇〇〇年　一四六頁。以下『第三帝国』)

10 ハンナ・アーレント『人間の条件』志水速雄訳　ちくま学芸文庫　一九九四年　五二六頁。また、『暗い時代の人間性について』でも「『君は誰だ?』という問いに対しては、『ユダヤ人です』というのが唯一の適切な答えであると考えてきたことを告白すべきでしょう」(仲正昌樹訳　情況出版　二〇〇二年　三四頁)と語っている。

11 木佐芳男『〈戦争責任〉とは何か』中公新書　二〇〇一年　九七頁。

12 アドルフ・ヒトラー『わが闘争』(上)　平野一郎・将積茂訳　角川文庫　二〇〇二年改版再版　三八六頁。

13 野村二郎『ナチス裁判』講談社現代新書　一九九三年　四四-四五頁。戦後責任の取り方の一つには、「殺人罪の時効制度を廃止」して、「ナチス犯罪(殺人)の時効を廃止し、永久に追及する」という七九年の国会決議に基づき、「これまでに九万人を超えるナチス関係者が裁判にかけられ、七〇〇〇件近い有罪判決」を申し渡し、そして一九九二年五月一八日には「シュトゥットガルト地方裁判所が元ナチス親衛隊員・強制収容所所長ヨーゼフ・シュバルベルガーに対して、半世紀前の度重なる殺人と大量殺人ほう助の罪のゆえに終身刑の判決が下されている。」(粟屋憲太郎他『戦争責任・戦後責任』朝日新聞社　一九九四年　一七一頁、七七頁。)

14 アスムス『ナチ弾圧下の哲学者　リヒャルト・クローナーの軌跡』島田四郎・福井一光訳　玉川大学出版部　一九九二年　一〇八頁。

15 杉谷雅文『リット』牧書店　一九五六年　二七頁。

16 アスムス『ナチ弾圧下の哲学者』一一九頁。

17　丸山高司『ガダマー　地平の融合』講談社　一九九七年　二三一－二四頁。
18　グルンベルガー『第三帝国』三七九頁。
19　同書、三七一頁。
20　同書、二四頁。
21　田代尚弘『シュプランガー教育思想の研究―シュプランガーとナチズムの問題―』風間書房　一九九五年　一二二頁。
22　粟屋他『戦争責任・戦後責任』一三二頁。
23　ジョージ・L・モッセ『ユダヤ人の〈ドイツ〉宗教と民族をこえて』三宅昭良訳　講談社　一九九六年　一二七頁。
24　エーリカ・マン『ナチズム下の子どもたち　家庭と学校の崩壊』田代尚弘訳　法政大学出版局　一九九八年　四二頁。（以下『ナチズム下の子どもたち』）
25　草森紳一『絶対の宣伝⑵　宣伝的人間の研究　ヒットラー』番町書房　一九七九年　三〇一頁。
26　野村『ナチス裁判』四八頁。
27　草森『絶対の宣伝⑵』三一一頁。
28　アドルフ・ヒトラー『わが闘争』（下）　平野一郎・将積茂訳　角川文庫　一九九四年　二七版　四四七頁。
29　宮田光雄「教育政策と政治教育―ナチ・ドイツの精神構造―」『思想』六八四号　一九八一年六月　一九頁。
30　J・P・サルトル『ユダヤ人』岩波新書　一八二－三頁。
31　大澤武男『ユダヤ人とローマ帝国』講談社　二〇〇一年　一四七頁。
32　同書、一四八頁。

33　ヒトラー『わが闘争』(下)　五五頁。
34　同書、五九-六四頁。『わが闘争』からも明白なように、ヒトラーが敵対したのはもちろんユダヤ人だけではなく、マルクス主義思想家、共産主義者、社会主義者たちに対してもである。
35　H・キャントネル『戦争はなぜ起るか』平和問題談話会訳　岩波書店　一九五二年　五二頁。
36　同書、一八二頁。
37　原田一美『ナチ独裁下の子どもたち』講談社　一九九九年　八頁。
38　同書、六七頁。
39　同書、三頁。
40　グルンベルガー『第三帝国』三四六頁。
41　同書、三四七頁。
42　原田『ナチ独裁下の子どもたち』一三五頁、一四一頁。
43　ヒトラー『わが闘争』(下)　二一頁。
44　A・ラトレイユ　A・シグフリード『国家と宗教』仙石政夫・波木居齋二訳　岩波書店　一九五八年　一五〇頁。
45　同書、一六一-一六二頁。
46　平井正『ヒトラー・ユーゲント　青年運動から戦闘組織へ』中公新書　二〇〇一年　六七頁。(以下『ヒトラー・ユーゲント』)
47　ラトレイユ　シグフリード『国家と宗教』一七一頁。
48　平井『ヒトラー・ユーゲント』　六六-六七頁。(Klaus W. Tofahrn: Chronologie des Dritten Reiches. Wissenschaft

Buchgesellschaft 2003. S.28)
49 ラトレイユ　シグフリード『国家と宗教』一七二頁。
50 同書、一七二－一七三頁。
51 同書、二二一－二二三頁。
52 グルンベルガー『第三帝国』三五六頁。
53 野田宣雄『ヒトラーの時代』(上)　講談社学術文庫　一九七六年　六一頁。
54 同書、六二頁。その一方では、優生学的諸施策が展開され、日本においてもそうであったように、「生めよ殖やせよ」の宣伝のもとに、毎年ヒトラーの母親の誕生日には多産の母親に「子どもは母親を気高くする」と刻まれたドイツ母親名誉十字章が授与された(四人以上は銅、六人以上は銀、八人以上は金)。子沢山の母親が「民族共同体のなかで前線の兵士と同様の名誉ある地位を占める」(グルンベルガー『第三帝国』二八四頁。)と言い、家庭の形態に変革をもたらすことになったのである。そして遺伝的疾患をもった子孫の出生を抑止するための断種や中絶以外は、中絶手術はすべてドイツの人種的将来に対する破壊活動として重罪に処せられた。
55 大澤武男『ヒトラーとユダヤ人』講談社学術新書　一九九六年　一七四頁。
56 ラトレイユ　シグフリード『国家と宗教』一七三頁。
57 マン『ナチズム下の子どもたち』四頁。
58 同書、一九頁。
59 ヤスパース『罪』一二八頁。
60 グルンベルガー『第三帝国』二九一頁。
61 ハンナ・アーレント『イェルサレムのアイヒマン』大久保和郎訳　みすず書房　二〇〇〇年　第六版　八二頁。

（以下『アイヒマン』）なお、「ヒトラーの意志は、すなわち法である」と最初に言明したのはナンバー２のゲーリングである（一九三四年）。

62 グルンベルガー『第三帝国』一三五、一三八頁。

63 同書、一四二頁。

64 ハンナ・アーレント『アーレント政治思想集成 2』齋藤純一・山田正行・山野久美子訳 みすず書房 二〇〇〇年 一七一頁。

65 同書、二三三頁。

66 宮田光雄「ナチズムの成立と崩壊―《人間の疎外》としてのファシズム―」『疎外の時代(1)』講座近代思想史Ⅶ 弘文堂 一九五九年、一九六一年 八三頁。

67 ハーバーマス『プロフィール』（上）三三五―三三六頁。

68 ヤスパース『罪』一三〇頁。

69 グルンベルガー『第三帝国』三三三頁。

70 同書、三四〇頁。

71 キャントネル『戦争はなぜ起るか』一九五頁。

72 グルンベルガー『第三帝国』五六四頁。

73 トーマス・マン『ゲーテとトルストイ』山崎章甫・高橋重臣訳 岩波文庫 一九九二年 二〇三―二〇四頁。

74 ルイス・スタイナー『アドルフ・ヒトラー』永井淳訳 角川文庫 二九版 一九九九年 七五頁。

75 同書、八五―八六頁。

76 キャントネル『戦争はなぜ起るか』一九九頁。

77 H-U・ヴェーラー編『ドイツの歴史家』第五巻　ドイツ現代史研究会訳　未来社　一九八五年　一二四頁。
78 湯浅泰雄『ユングとヨーロッパ精神』人文書院　一九七九年　二五五頁。
79 同書、二五五頁。
80 同書、二五六頁。
81 グルンベルガー『第三帝国』六四頁。
82 湯浅『ユングとヨーロッパ精神』二五六頁。
83 同書、二五九-二六〇頁。またヴォータンには触れていないが、ホルクハイマーも同様の趣旨で、「一つの国の教育的、政治的、文化的諸制度や、その国の伝統的偶像や神話は、個人の本能の方向づけを規定する因子として解釈される」と述べている。キャントネル『戦争はなぜ起るか』一八二頁。)
84 同書、二六二頁。ヴォータン[ヴォーダン]は、アース神族の主神として魔術や戦闘や王権に関係が深い、八本足の馬に乗った姿などとして描かれているオディン[オーディン]の子どもで、完全無欠の理想的神である。運命によって死ぬことになるが、神々の黄昏の後に誕生する新世界でも復活して世界を支配する。(グルンベルガー『第三帝国』五三五頁。)また、アハシュエロスは「永遠のユダヤ人、さまよえるユダヤ人」と言われ、ユダヤ人の靴屋アハシュエロスの家の前で休息を乞うたイエズス・キリストをむごく拒絶したことによって、故郷と休息を失い永遠にさまよわねばならない運命を負うことになったという伝説の人物。
85 湯浅泰雄『ユングとキリスト教』人文書院　一九七八年　二八四頁。
86 モッセ『フェルキッシュ革命』二六五頁。
87 E・ベルトラム『ニーチェ』(上)浅井真男訳　筑摩書房　一九七〇年　七四頁。
88 同書、七七頁。しかもこの騎士の姿に北方的人間の創造性を見いだすというのが『アンチクリスト』で展開されるとベルトラムは解釈し、その原像がショーペンハウアーの『意志と表象としての世界』に示された「ゲルマン的な生の厳粛」を現していると指摘する(同書、一〇一頁)。

89 野田宣雄『ドイツ教養市民層の歴史』講談社　一九九七年　五四頁。

90 M・ウェーバー『支配の諸類型』世良晃志郎訳　創文社　一九八五年　一〇版　七〇頁。ヴェーバーは『理解社会学』の中の「支配の諸類型」論文で、このカリスマ的支配について詳細に分析しながら、「『カリスマ』とは、非日常的なものとみなされた(元来は、預言者にあっても、医術師にあっても、法の賢者にあっても、狩猟の指導者にあっても、軍事英雄にあっても、呪術的条件にもとづくものとみなされた)、ある人物の資質をいう」と言い、それゆえ「超自然的または超人間的または少なくとも特殊日常的な、誰でもがもちうるとはいえないような力や性質を恵まれていると評価され、あるいは神から遣わされたものとして、あるいは模範的として、またそれ故に『指導者』として評価されることになる」(七〇頁)と定義している。

91 同書、七五頁。

92 野田『ドイツ教養市民層の歴史』七七頁。

93 ウェーバー『支配の諸類型』七三頁。

94 野田『ドイツ教養市民層の歴史』九一頁。

95 R・ヴィガースハウス『アドルノ入門』原千史・鹿島徹訳　平凡社ライブラリー　一九九八年　一三頁。

96 キャントネル『戦争はなぜ起るか』一八八頁。

97 同書、一八九頁。

98 カール・ビンディング　アルフレート・ホッヘ『「生きるに値しない命」とは誰のことか』森下直貴・佐野誠訳　窓社　二〇〇一年　一二三頁。

99 野田『ドイツ教養市民層の歴史』九九頁。
100 同書、一〇〇頁。
101 同書、一〇二頁。
102 大澤『ユダヤ人とローマ帝国』一五四－一五五頁。
103 サルトル『ユダヤ人』六七頁。
104 同書、七九頁。
105 グルンベルガー『第三帝国』五六〇頁。
106 キャントネル『戦争はなぜ起るか』二〇一頁。
107 ルドルフ・ヘス『アウシュヴィッツ収容所』片岡啓治訳　講談社学術文庫　一九九九年　二三六頁、二六二頁。
108 ハーバーマス『プロフィール』七三頁。
109 『現代思想』「ハンナ・アーレント」青土社　一九九七年七月　六九頁。
110 同書、七四頁。
111 ハンナ・アーレント『全体主義Ⅲ』大久保和郎・大島通義・大島かおり訳　みすず書房　一九七二－一九七四年　第三章「全体主義配」3強制収容所　二三〇頁以下参照。
112 アーレント『全体主義Ⅱ』二六九頁。
113 朝日新聞　二〇〇〇年十二月九日掲載のインタビュー。
114 野村『ナチス裁判』三七－三八頁。
115 ハンナ・アーレント『革命について』志水速雄訳　筑摩書房　一九九五年　一二一頁。

第二章
ナチズムの人種論イデオロギーと教育

言語や慣習、宗教や歴史的伝統などの文化が異なる国家間、民族間で相互移入しあうことがわが国でも当たり前となった時代に入り、教育も留学生やニューカマーの増加を無視できない状況下にある。学校現場ではそうした現実に対応する努力がなされてきているが、まだまだ未解決の問題を多く抱えていることも事実である。難民の受け入れが先進国の中で極端に立ち遅れていることを懸念しつつも、違法就労等も含めて社会的不安の一つに挙げられている、文化の異なる人々に対するわれわれ自身の心の姿勢を問わざるをえなくなっている。国家や文化の異なる他者との関係で、芸術やスポーツの世界で好感を抱くのとは異なり、感情面での他者排斥の傾向が強くなれば、一種の人種差別問題に発展しかねない危険性をもっているのも確かである。そうした問題を考えるとき、ナチズムが先鋭的に示したユダヤ人迫害に結びついた人種論イデオロギーを反省的に捉え直してみることは、国際化時代における教育的課題の一つとして意味のあることであろう。それと言うのも、このナチズムが教育に及ぼした影響のもっとも根底にあった問題こそ、ナチスの人種論イデオロギーだからである。

では一体、何ゆえに人間は異質な他者を排除し、迫害する意識をもつようになるのか。ナチズムに限らず、一般的には、他者を排撃する理由として考えられることは、行動科学的に見れば「社会的に攻撃や闘争が奨励される状況」[1]を挙げることができるが、ここで言われる「社会的」という条件が成り立つためには、個々人が抱く欲求不満が肥大化して大衆と結びつき、集団化された不満へと転換することを意味するであろう。そこに個人の欲求不満を代弁し集約した形で、集団としての大きな攻撃性が国家や民族の内部で正当化される。これを情緒的な葛藤状態として捉えると社会的コンフリクトの生起ということになるが、それが国家間、民族間、文化間の対立において先鋭化してくると、排撃の外的手段は戦争に、内的手段は人間の差別や迫害となる。たしかに、「基本的な価値観そして世界観を異にする他者との共生を問題にする場合にも、それを論じるための現実的な基盤が必要なのである」が、「社会秩序を形成するために必要なことは、信頼を基盤にした協力」[2]という論理は、どこまで説得力をもつのであろうか。そうした論理をことごとく打ち砕いたのが、「理解できない他者」を「理解できない」他者として「理解しようとしなかった」ナチズムの世界観に依拠した人種論イデオロギーだったのである。もちろん、人種論イデオロギーは何も特定の時代およびナチス・ドイツに固有のものではないが、その典型を示しているのがナチズムであったことは否定できない。

このような他者を排撃する状況が醸成されていく要因としては、客観的には経済的な不均衡に対する不満があり、主観的には資質・才能・出自といった人間的要因に対する偏見やコンプレックスがある。そして経済的な不均衡は物理的に解消することも可能であるが、人間的要因は解消することが困難であり、そこに差別と迫害による特定の他者否定への衝迫が現出してくる。これは民族間の葛藤状態にもっともよく当てはまり、そこに先鋭化してくるのが人種間の闘争である。これらの両要因が結合して他者の排撃と差別を推し進めてきた歴史を振り返るとき、繰り返される他者排撃の原因を取り除かない限り、現実世界で繰り広げられている国家間、民族間の紛争を解決することはできないであろう。これを教育問題として考えるならば、人間的要因による他者排撃の問題が中心となる。それが人種論イデオロギーに端を発する人権蹂躙問題、人間尊厳の毀損問題である。

この問題は古くはギリシア・ローマ時代に遡ることができ、世界史を貫通してつねに人類に混乱と悲劇を生み出してきた。国際化時代と言われる現代においても基本的事情は変わっていないのではないか。国家間の紛争が生起すると、相互に敵対国の国旗を毀損する行為が見られるが、国旗はその背後に存在する国民や民族のシンボルでもある。国家の名誉を背負って戦うスポーツの祭典にせよ、国旗は国民と民族を代表するがゆえに、自国の国旗に国民は感動するのであろう。しかし、国家があって人間が存在するわけではない。基本はどこまでも一人ひとりの人間がいて民族が成立し、国家が存在するのである。だから人種論イデオロギーは民族集団へと向けられているように見えるけれども、実は民族の構成員一人ひとりに向けられているものであり、人格の主体者としての人間の尊厳に対する挑戦にほかならない。そうした人間の尊厳に対する心の育成を重視するのが教育の使命であるが、果たして人種の問題を教育はどのように取り扱ったらよいのであろうか。そこで人種論イデオロギーが人間の尊厳に対する最大の毀損行為となり、それに教育が決定的に加担した歴史から学ぶことは、現代世界の平和問題に大きな示唆を与えることになる。われわれの記憶にも新しい前世紀のナチス・ドイツのユダヤ人に対する人種論イデオロギーを手がかりに、以上の問題を考えてみたい。ただし、アーレントも言うように、「ナチズムの教理は人間の『本性』と対立するがゆえに原理的には証明不可能である」[3]という課題を背負い込むことも避けられない。

一　ナチスのユダヤ人迫害の背景

ユダヤ人迫害は、古くはローマ帝国時代の「キリスト殺しのユダヤ人」に始まり、キリスト教の枠内で差別されてきた歴史をもっている。中世もイベリア半島を中心にしてカトリックがユダヤ教に対して宗教的差別をしてきたことは周知のとおりであり、ルター（Martin Luther, 1483-1546）にしても、ユダヤ教会やユダヤ人の学校を認めず、ユダヤ関係の書物は燃やすように唱え、ドイツでのユダヤ人追放を勧告した先駆者の一人であることはよく知られている。ナチスもそうしたルターに協賛して、彼の方針を積極的に採用したことがわかっている[4]。さらに一九世紀後半から二〇世紀前半にかけての西欧のユダヤ人迫害の歴史は、ナチス・イデオロギーの核心に据えられた生物学的人種論によって、決定的な結果を生むことになる。と言うのは、この生物学的理由づけは、ユダヤ人迫害の根拠を宗教的ないし感情的な次元から学問的・科学的な次元へと転移することを正当化するという意味で、人々にユダヤ人迫害に新たな偏見を与えることになるからである[5]。その典型的現象の一つは、『人種—社会生物学論叢』の創刊であり（一九〇四年）、さらに翌年にはこれが母胎となってベルリンに「人種衛生学会」（一九〇五年六月）が設立され、この学会がドイツ優生学の一つの牙城となったことである[6]。ユダヤ人問題が遺伝学や優生学の研究領域に確実な位置を占めたことになる。こうした一連の動向がもたらしたインパクトは、今日のゲノムやクローンの研究が人々の日常的話題となることにも等しく、強烈なものであったと想像できよう。

そもそも優生学の歴史は、周知のように、ダーウィンの従兄弟にあたる優生学者のゴルトンが、『人間の能力とその発達の研究』(一八八三年)の中で優生学(eugenics)という言葉を用いたことに始まる。彼は「優生学とは、ある人種(race)の生得的質の改良に影響するすべてのもの、およびこれによってその質を最高位にまで発展させることを扱う学問である」と定義し、優生学が「新しい宗教のように、国家次元の意識へと導入されること」[7]を唱えている。さらに、こうした問題が学術的観点で本格的に論議されるようになった第一回イギリス社会学会は、三つの関連する学派が参加して成り立っていた。ソーシャルワーク学派の社会学者たちと優生学派、そして都市計画学派である。その中でも優生学派は、社会学の中心的課題は人口問題を解決することにあり、それを遺伝生物学に基づきつつ、社会階級の出生率の差に注目したと言われる。それに対して都市計画学派は、人間の進化が環境的要因に負うことを重視する立場から、遺伝と環境を対立的に捉えることを批判した[8]。

ここで社会ダーウィニズムの問題について一言しておくことが、以下の内容をわかりやすくするであろう。と言うのは、ダーウィンの『種の起源』(一八五九年)が出る前に、すでに進化の観念を出していたのは、社会悪の起源を人間悪に置いていたスペンサー(H. Spencer. 1820-1903)であり、これを科学的に完成したのがダーウィンだと言えなくはないからであり、しかもスペンサーは「最適者の残存」(survival of the fittest）という問題に言及しているからである。つまり、彼によって進化の概念と社会問題とを結びつける端緒が開かれたわけで、「社会的規模において、進化は進歩である。それは、変化する条件に適応し得ない個人が亡び、適応し得る個人が生き残って行く自然のプロセスである」という理解の仕方をもたらすことになった[9]。だからと言って、彼は社会変革に国家が干渉することには否定的であり、それは個人を重視する観点から、国家が個人の諸権利を侵害してはならないと主張していて、自然の摂理に進歩の内実を委ねる立場を維持しているのである。しかし、右の最適者の残存を社会的進歩と関連づける思想は、結果的に社会有機体説として受け取らざるをえない側面をもち、生物学的進化を社会学的に展開した代表者とみなされるのも仕方がない。その一方では、『進歩について――その法則と原因――』ではっきりと、「正しい意味での社会的進歩とは、社会という有機体の構造上の変化であり、……一般に通用している進歩の観念は目的論的である。すなわち、進歩という現象を人間の幸福との関わりにおいてのみ捉え、直接間接に人間の幸福増大に役立つ変化のみを進歩と認め」[10]ていると述べて、人間が利己的・意図的に追求する進歩は間違った理解に基づいていると警告する。それゆえ、言語や文明や種族の分化・拡散状態を歴史的に見た場合、人類の諸現象から知られる進化は「有機体の進歩が同質から異質への変化」[11]にあることを基本に置く思想だったと言える。ところが、ここに優生学を持ち込み、人種間に区別を唱える方向へと進んでいった流れが、大きな問題を引き起こすことになる。

こうした遺伝学と優生学が生物学的観点と社会学的視点とを融合することによって、医療の分野で遺伝子治療に道を開き、福祉政策に有効な作用を及ぼしたことも事実である。ところが、人間の進化を科学的に操作することに野望を抱くようになると、自然淘汰の代わりに優生学的な人為的選択を実施することにウェイトが置かれて、人間改良のために優生学を利用する考えが広がり、新たな問題を生じさせることになる。一例を挙げると、「福祉国家の建設を目指して出発したワイマールの時代に、優生学は、社会意識の面でも、また具体的な政策の面でも、……着実にドイツ社会に根をはっていった。ナチスの優生政策も、ブロックを一つ一つ積み上げるようなそうした展開の延長線上に登場する」と言われるように、ナチス・ドイツにとっての優生学こそ「戦争に向けた富国強制政策の一つ」[12]だったのである。すなわち、人間の進化の過程に、科学の力を借りて、自らに都合の良い目的を設定し、生物的進化の世界と意味とを自由に操作してしまうからである。その最先端のところに今日のクローン(clone)人間の問題がある。

さて、遺伝学の立場で問題になる代表的な言説は次のようなものであろう。「遺伝的欠陥を自分がもっていることを知っている人々が子供をもつことを自ら避けなければ、彼らは欠陥のある遺伝子を子孫に伝えます。したがって、医療で救われた生命は、将来の世代に救済を必要とする新しい生命を生じます。これによって遺伝的に何らかの重大な欠陥をもつ人々の数を世代毎に増やしてゆくことになります。……病気や不具や奇形の人々を救えば、それだけ我々は子孫に病気・不具・奇形をより多く生ぜしめていることを考えると本当に憂鬱になります。」[13] このように遺伝学がもっている影の部分を正面きって本音で吐露してくれる研究者も稀であろう。影の部分というのは、こうした憂慮が優生学を誤った方向へと発展させる契機となったこと、そしてその最大の誤用が人権蹂躙に結びつくナチスによるユダヤ人殺戮という人類的犯罪だったからである。しかも、そうした誤れる優生学が教育に与えた影響は計り知れない。と言うのは、プロイセン首相のヒルシェ（P. Hirsche. 1868-1940）が唱えるように、「来るべき世代は、単に親の子どもであることはできない。そうではなく、人民の子ども、国家の子どもであるのだ」という思想に基づいて、「子どもを身体的にも、精神的にも、社会的にも有能な人間に養育することは、……その実行については国家共同体がこれを監視する」（二〇二条）ことになり、ヒトラーは「人間の国有化」を目標とする教育を整備していくからである[14]。

以上のようなナチスの優生学に大きな影響を与え、ヒトラーが安楽死命令（一九三九年九月一日）に署名することになるのは、彼の侍医Ｔｈ・モレルの安楽死にかんする報告書を手にしてである。モレルのこの報告書は、ビンディング（K. Binding. 1841-1920）とＡ・ホッヘが第三帝国成立直前に公にした小著『「生きるに値しない命」とは誰のことか』（一九二〇年）を下地にしている以上、この著書にも触れておく必要があろう。前者は法律家であり、後者は医師である。つまり、法と医の立場から人間の生命の意味づけを試みた問題書なのである。

ビンディングは「苦痛の軽減もまた癒しの業（Heilwerk）」であるから、「死に関する権利（Recht auf den Tod）」は、「耐え難い生からの救済を願う人たちによって出された法的にも承認されるべき請求権（Anspruch）」[15]であるという解釈により、患者の同意がなくてもその生存を止めることは許されると書いている。もちろん、その行為が違法でないためには、生命抹殺に対する同意の範囲を、その抹殺の意味を知る者による同意という条件を付けてはいるが、生存権の否定を判断する立場にある第三者にも認めていることは注意しておかねばならない。こうしてビンディングは、「生きるに値する命［生／生命］と生きるに値しない命［生／生命］とのあいだで、法律はそれらを終わらせる行為を区別しない」[16]という結論を導き出している。ホッへもまた、「治療不能な患者の殺害や精神的に死せる者の排除は、たんに罪のない所業とみなされるだけではない。社会一般の福祉にとっても望ましい目標とみなされ」[17]ると言い、そうした対象者としてホッへは治療不能な精神病患者、知的障害者を指しながら、これを「親しみやすい表現を用いれば精神的な死の状態」[18]にある者とも呼んでいる。これはホッへがそう呼んでいる人間を価値のない状態とみなし、扶養したり救済することは国家倫理の観点から見て間違っていると考えているからである。このような立場を正当化するための理由として、彼は経済的な重荷という経済的合理性を挙げながら、次のように述べている。「全体の利益に比べるなら個々人には存在意義はないという意識、無駄な仕事を放棄して利用できるすべての力を結集すべきだという断固たる義務感、困難で心の痛みをともなう事業への参加」[19]こそが、人間にとって有益で責任ある態度であると言うのである。つまり、安楽死殺人の是認である。それゆえ、こうした論述がナチズムの人種論イデオロギーに利用され、「恩寵の死（Gnadentod）」という言葉で国家政策的な安楽死を認めた非人間的行為を生むことになる。先に触れた一九世紀のイギリスで進化論と結合して唱えられた国家有機体論を優先的に取り入れたナチズムの人種論イデオロギーでは、国家の側から「生きるに値しない命」も決定されたのである。

こうして、「遺伝病から子孫を防止する法」（一九三三年）、「ドイツの血とドイツの名誉を守るための法律」（一九三五年）に基づいて行われた「T４作戦」によって、ヒトラーが死刑相当犯罪者と精神的死者とに対する安楽死命令に署名した翌年の一九四〇年には、ドイツ国内の六つの安楽死施設で七万人以上の障害者がガス殺され[20]、しかも「開戦の時から一九四一年八月二四日の期間に、約十万人のドイツ人の老若男女がヴュルツブルク大学の神経精神科教授ヴェルナー・ハイデ博士の指導下の（参加した医師は三〇〇）医師団によって、毒薬注射、兵糧攻め、一酸化炭素や『チクロンB』ガスなど、多種多様な方法が殺害に利用された」[21]と言われる。そしてこれらの施設が強制収容所へと転換され、当初の経済的理由と優生学、人種衛生学とが結びつきながら、ユダヤ人抹殺を自明化するナチズムの人種論イデオロギーへと結実していき、人権を無視して一切が可能となる絶滅収容所へと歩んでいくことになる。アウシュヴィッツの強制収容所長であったヘスの手記からは、そうした過程と生々しい実態が手にとるようにわかる。毒ガスが最初に使用されたのは一九四一年から四二年にかけて、ロシアの政治犯に対してであるが、そのときの様子をヘスは次のように書いている。「私がある職務上の小旅行をしている間に、私の代理・保護拘禁所長フリッチュが、殺害のために毒ガスを用いた。それがまさに青酸ガス・チクロンBだったのだ。それまで、これは、収容所内の害虫駆除に常用され、備蓄されていたものだったのだが。」[22]その殺人行為の様子に続いて、、銃殺とりわけ集団的銃殺にうんざりしていたヘスは、「遠からぬ時期に、ユダヤ人の大量虐殺が開始されねばならぬことになっているのに、そのころまで、アイヒマンも私も、こうした未知の大量殺害の方法がつかめないでいた。ガスを用いることはたしかだったが、さてそのガスの種類と方法は？　だが、今や、われわれは、そのガスと、方法をも発見したのだ」と吐露し、しかも血を見ないで済むこの方法を「犠牲者たちも最後の瞬間までいたわってやれるので、私としては心安らかになった」[23]とまで書いている。彼のそうした非人間的判断を可能にしていたものこそ、ヒトラーの野望を絶対的に信じていたヘスの歪んだ人種論であった。「優越人種主義的国民主義は危機の時代の要求を満たし、大衆政治の成功は反理性の基礎の上に建てられた」[24]と言わざるをえない。

二　東欧でのユダヤ人政策

およそ権利と義務に基づいて人間関係を成立させることに、他者理解の基本原理が存すると考えるならば、ナチズムの対ユダヤ人観はアーリア人種の権利のみを主張して、そこから勝手に導き出した世界支配の義務という欺瞞の上に成り立っている。そこにはカント以来の啓蒙の精神は払拭されていて、ユダヤ人はナチスの自己正当化のための手段と化し、人間の自由も尊厳も存在しない状態が現出する。ドイツ帝国およびワイマール共和国の政治的・経済的危機の原因としてユダヤ人をスケープゴートに仕立て上げ、ユダヤ人の存在がファシズムを生起させる便法として利用されるのである。そもそもユダヤ人が世界制覇を企てている陰謀者であるというデマゴギーを捏造したのは、ナチスではない。「ロシアの反ユダヤ主義の歴史において、ブラフマン『カハルの書』(一八六九年)にその淵源」があり、「一八八一年ポグロームの時点で当時の新聞界の大立物、スラヴ主義者のイヴァン・アクサコーフがブラフマンを援用して反ユダヤ主義宣伝を展開し」、さらに「一九〇三年にはクルシェヴァンの新聞『ズナーミャ』が世界で最初に、あの悪名高き捏造文書『シオンの長老の議定書』の原型、『ユダヤ人による世界制覇の綱領』を発表し」たことに端緒がある[25]。なお、この『議定書』をめぐっては、次のような指摘もあることに一言しておきたい。

一八六八年にゲドシュ(H. Gedosh)は、ユダヤ人が非ユダヤ世界に対して世界的陰謀を企てているとの小説『ピアリッツ』を書いたが、それはプラハのゲットーの墓地でユダヤ人が共同謀議を企んでいるとの内容である。モッセはこの小説が『議定書』の先駆けをなし、「ゲドシュによる作り事の記述は、ユダヤ人の世界的陰謀の文書的証拠として役立った」[26]と見ている。そしてこれがナチズムに何らかの影響を与えたことは確かである。と言うのは、一九三〇年代にこの本が反ユダヤ主義を正当化するために再刊されているからである。ロシアもドイツも、多くのユダヤ人が居住していた国家には、規模の大小にかかわらず、ユダヤ人をステレオタイプ化する言説が必ず作られていったと言える。

ヤスパースとハイデガーの関係においても、一九三三年の対話で両者は絶交することになるが、この問題が両者を分かつ原因の一つとなったことは、ヤスパースの次の記述から知ることができる。「その時私が彼から聞いた言葉は、不真実の響きがあったし、私には気の狂ったもののように思われた」[27]と記しており、具体的には「彼は、私が一九三三年に彼と交わした最後の対話のなかで、国際的なユダヤ人組織の危険について語ることができた男だ」[28]ということにある。ヤスパースの日記や書簡やメモには、ハイデガーの哲学に対する敬意と挑戦とが随所に認められるが、人間ハイデガーについても信頼と不信とが交差しているのが知られる。しかし、ナチスの国家社会主義については一致することなく、とりわけユダヤ人問題にかんしてハイデガーのとった態度についてヤスパースは厳しく断罪しているのである。ハイデガーが一九三八年の時点でもヒトラー式敬礼を肯定し、それを講義の開始のさいに行っていたことは周知のとおりであるが、彼の影響力を考えるなら、ユダヤ人による世界支配の陰謀説をでっち上げた『議定書』が真実味を増すことに彼が加担したことは疑いない。

さらに、この『議定書』が一般大衆に受け入れられた背景になっているのは、ヒトラーの『わが闘争』での反ユダヤ主義思想である。『議定書』についても触れている「第十一章　民族と人種」でヒトラーが強調しているユダヤ人像は、金貸し・高利貸し・金融独占・吸血鬼といった言葉を多用しながら、これをマルクス主義と同一視し、「ただ単に世界の経済的征服に尽きることなく、世界の政治的な奴隷化をも要求する」[29]と決め付けている。

一方、日本でも一九三八年一二月六日に、近衛文麿内閣の最高首脳会議「五相会議」で「猶太人対策要綱」が決定され、その方針としてユダヤ人を他の外国人と同じように公正に扱うことが示されているが、そうは言っても「但シ、資本家、技術家ノ如キ特ニ利用価値アルモノ」という留保条件をつけている[30]。もっともこの「要綱」は石油を依存していたアメリカとの関係改善を意識してのことであったから、一九四〇年一二月の対米宣戦により翌年三月に廃止されてしまったものではある。しかも第二次世界大戦前と戦中には、日本でもユダヤ人に対する差別問題が存在したわけで、例の『議定書』にしても、シベリア出兵者を介して国内に持ち込まれていたのである。すなわち、最初にこれを紹介したのはシベリア出兵のときに歩兵第五軍に従軍していた大連特務機関長の安江仙弘（1888-1950）が、反ユダヤ主義指導者のセミョーノフ（G.M. Semyonov. 1890-1946）の反革命軍から入手したと言われており、その中でも「シベリア出兵従軍後反ユダヤ主義に傾いた樋口（艶之助）は、『シオン賢者の議定書』を日本に持ち込んだ人々の一人と考えられている」[31]ことを指摘しておくに留める。

もちろん、『議定書』だけがユダヤ人迫害の核心になっているわけではない。これと同時に、それ以前にもユダヤ人迫害の歴史があったことを理解しておかねばならないだろう。それは裕福な商人であったスペイン・ポルトガル系ユダヤ人が、アメリカの前身であるイギリス領北米植民地に移住してきたとき（一六五四年）、当地の大半の住民はキリスト教徒であったがゆえに、イエスを救世主とみなさないユダヤ人を拒絶すべきだとする中世ヨーロッパに流布した宗教的な反ユダヤ主義を引き起こしたことである。とりわけ、ドイツ系ユダヤ人の経済的成功は人々の憎悪の対象とされ、南北戦争の時期（一八六一―一八六五年）に彼らに対する反感が増大したのである。そこには「非同化志向の強い東欧系ユダヤ移民」[32]がいた一方で、南部のユダヤ人たちは原住民を刺激しないように注意を払い、「地域社会の規範に順応して生活するよう特別な努力」として、「レオ・フランク・シンドローム」と称される一種の「集団的社会心理現象」が見られた[33]。それでもなお、全体をとおして、①不況時における経済的機会の奪い合い、②先住集団の築いた居住区が、新参のユダヤ移民の人口的圧力によって脅威にさらされていることへの苛立ち[34]、によって、反ユダヤ人運動はその後も途切れることがなかった。特にナチス・ドイツとの関係で言えることは、ヒトラーがユダヤ人の公職追放を始めたとき（一九三七年夏）、彼の執務室には「ヘンリー・フォードの等身大の肖像写真が飾られて」おり、彼が持っていた「反ユダヤ的内容の……どの小冊子にもフォード直筆の署名」があったとのことである[35]。しかも国際的な金融市場を有するユダヤ人を悪者扱いした「フォードからヒトラーへ莫大な活動資金が渡されていたふしがある」[36]となると、事態の裏側には予想を越えたものがあると言えるであろう。

ところで、フォード（H. Ford. 1863-1947）だけでなく、アメリカでの反ユダヤ主義運動も無視するわけにはいかない。一九〇〇年以降に展開されたアメリカ陸軍での反ユダヤ主義にかんする秘密資料「ユダヤ人ファイル」に基づいて、アメリカ・ユダヤ人がスケープゴートにされていった仔細を明らかにしたベンダースキー（J.W. Bendersky. 1946-）の『ユダヤ人の脅威――アメリカ軍の反ユダヤ主義――』（二〇〇〇年）は、陸軍将校たちのユダヤ人観を暴露している。それはアングロサクソンの人種的優越性を唱えて社会ダーウィニズムと結合する人種論と、ボルシェヴィズムとユダヤ主義を結びつけて国際的陰謀説を作り上げていく軍情報部の活動が中心にあったことを教えてくれる。東欧とりわけロシアで激化したポグロム(pogrom ユダヤ人に対する暴力、迫害)から逃れて、「一八八一年から第一次大戦にかけて、……数百万単位でアメリカに移住した」[37]と言われるユダヤ人の思想的位置づけをめぐって陸軍将校団の懸念が始まったのであるが、そこではさまざまな捏造がなされていくことになる。たとえば、ある秘密情報部員がソビエト政府の指導体制を暴露する証拠として、レーニン以外の指導者たち(トロツキー、ストックロフ、マルトフ、ジノヴィエフ、カメノフ、スーシャノフ)をユダヤ人として報告し、ロシアから国際的ユダヤ人組織による世界支配を企んでいることの証拠としている[38]。また例の『議定書』をめぐる対処も興味深いものがある。『議定書』がアメリカで知られたのは、一九一九年二月に開催されたボルシェヴィズムにかんする上院オーヴァーマン委員会でのサイモンズ(J. Simons)牧師による証言によってである。すなわち、サイモンズ牧師はユダヤ人の陰謀を取り上げつつ、「地球上のキリスト教文明を衰弱させ征服する、秘密裏に組織された世界規模のユダヤ人の陰謀に関する陳述で聴衆に衝撃を与えた。サイモンズは、その証拠として『シオンの長老の議定書』と名づけられた、いまだアメリカの一般民衆には知られていないロシアの著作物を引用した」[39]と言われる。そしてこの『議定書』に異常な関心を寄せて、一九二〇年五月二二日の『ディアボーン・インデペンデント』紙に「国際的ユダヤ人：世界の問題」という見出しでユダヤ人撲滅運動を展開し始めるのが、フォードである。彼はブロード街に調査事務所まで開いて、ユダヤ人が金融、政治、文化、宗教、人種の各方面で「合衆国への重大な侵害を行なっている。……世界の支配という予定された計画に従って、権力を蓄積し、また行使しつづけている」[40]と書いて、反ユダヤ主義を煽り立てたのである。ヒトラーとの関係を否定しがたいものとする理由ともなろう。

これにはアメリカの北方民族の優位を保護するという名目も加わり、ニューヨークでは地区を色分けして、ロシア系ユダヤ人、ドイツ系ユダヤ人、オーストリア・ハンガリー系ユダヤ人といった具合に、アメリカ軍情報部によって民族地図が作られる徹底ぶりであった[41]。このように、アメリカ軍情報部には、ナチスによる人種差別政策に優るとも劣らない緻密な反ユダヤ主義が支配していたのである。そこに付け加わるのが、軍事面でアメリカ国家を担うために選抜された大佐・中佐・少佐からなる合衆国陸軍大学校で行われていた人種主義教育であり、その教育に決定的な役割を果したのが生物学者で優生学者のダヴェンポート（C. Davenport. 1866-1944）である。彼の一九二一―二二年に陸軍大学校での講義が基礎となって、「両大戦間期における将校団内の人種的世界観を制度化し、永続化するための重要な機関となった」[42]わけだが、彼の講義内容は、身体的特質・感情的特質・行動的特質・遺伝的特質から判断する人種的特質についてであった。そしてこの区別を踏まえて、彼は陸軍の幹部たちに反ユダヤ主義の人種観を植え付けることになる。その背景には、多民族からなるアメリカに固有の問題としての人種的危機感があり、優生学を唱えて劣等種を整理するという課題があった。一九二四年の「アメリカ移民法」の制定に見られるように、いわゆる人種の坩堝に対する危機意識の共有である。「混血は必然的な人種の衰退を意味する」という社会心理学者のル・ボン（G.Le Bon. 1841-1931）の唱える「優生人種の純潔性」[43]が過剰な反応を生み出し、それがやがては陸軍の人種心理学計画へとエスカレートして、特定のユダヤ人観へとつながっていくのである。

いずれにせよ、民主主義国家のアメリカでも無視できなかったユダヤ人問題は、その迫害の長い歴史を背景にしながら、ヒトラーの独裁に誘導された個人の権利と自由を認めないナチス・ドイツによる全体主義国家の構想の中心に位置づけられていったのである。こうしてユダヤ人問題は、つねにボルシェヴィズム、社会主義、民主主義との戦いの中で展開されていく構図が定着していく。「ファシズムとは国家主義が社会主義を弾圧した結果、国家社会主義という名のもとに生まれかわったもの」[44]にほかならないのである。

こうして、長い歴史の中でつねに迫害と放浪そして拡散を経験してきたユダヤ人にとって、自由と平等の思想が人類の共有すべき思想として理解されてくる近代に、彼らが選択した生き方には大きく分けて二つの道があった。一つは、彼らもまたローマ時代に消滅した民族共同体としての独立国家を再建しようとする意識が強まるなかで現出してきたシオニズム運動であり、もう一つはモーゼス・メンデルスゾーン（M. Mendelssohn. 1729-1786）に代表されるように、西欧諸国に同化していくなかで自己実現を目標とする、いわゆる同化ユダヤ人としての生き方である。同じユダヤ人のマルクスやデュルケム（E. Durkheim. 1858-1917）をはじめ、多くの社会学者が社会形態を宗教との関係で問題にしたのも理由のないことではない。確かに「デュルケムは『同化』という過程をとおしてユダヤ教的世界観を脱皮しようとした」[45]と言われるのも一理ある。いずれにせよ、シオニストか同化ユダヤ人かといった選択は、ユダヤ人自身の内部で相互に葛藤を引き起こしてもきたが、とりわけ同化したユダヤ人として第一次世界大戦を戦ってきたドイツ・ユダヤ人にとっては、その後ナチズムの出現によって決定的な惨事に見舞われることになる。そこにドイツ・ユダヤ人が旧約聖書に結びつく神の選民としてのユダヤ人を自覚させられ、一八世紀のあのハシディズム運動へと傾斜していった歴史のアイロニーがある。

ところで、ユダヤ人のアイデンティティ形成に関わる同化(assimilation)という問題について触れておこう。この問題は、われわれが異質な他者の理解を考えるさいに、他者の側から対峙する自己を見る視点を与えてくれるからである。

まず、同化の意味について広辞苑によれば、もっとも基本的原義としては「本来異なるものが同じくなること。同じ性質に変わること」「外からとりこんで自分のものにすること。事物を十分理解して自分の知識とすること」とある。そして生物学、地学での意味に続いて、心理学的意味での同化について、「個人の考え方や行動が社会的環境と一致すること」「環境に働きかけて自分の中にこれを取り入れる作用(ピアジェ)」「以前から持っている考えに従って新しい事実を解釈すること(ヘルバルト)」「動物の場合、新しい情況が前の情況と似ているとき、この新しい情況に対して前の場合と同じ反応をすること(ソーンダイク)」とある。当面する課題からすれば、ユダヤ人の同化問題は明らかに彼らが思想や行動の仕方において、生活している環境と一致するように自己変革することを意味する。それゆえ、心理学的意味合いが強いが、その場合には文化的現象のなかでも生き方の根幹を成している宗教についてどうするかが大きな問題となる。ユダヤ人に限らず、同化問題で最も難しいのはまさにこの点にある。

一方、同化を受け入れる側の問題としては、社会的・法的な観点から、人間として生きる権利を自国民と同等に保障する、国家制度上の平等の原理を承認することにある。それはいわゆる人権、公民権としての市民権を授与することに関係している。ユダヤ人迫害という問題には、異質な他者に対する個人的な嫌悪感だけでなく、歴史的・宗教的観点をも含めた国民国家の論理が関係している。したがって、この問題にかんしては、ユダヤ人自身の同化問題よりもむしろ、受け入れ側の問題を考えてみることがまず必要であろう。

流浪の民であったユダヤ人がフランスではフランス革命によって市民権を与えられた（一七九一年）ことはよく知られているが、さらにナポレオン（Napoléon I. 1769-1821）がヨーロッパの覇権を確立することによってドイツ、オランダ、ベルギーのユダヤ人も市民権を得ることになった。またオーストリア・ハンガリー帝国は一八六七年に、ドイツは一八六九年と一八七一年にユダヤ人を解放している[46]。ここで解放と言われているのは、ユダヤ教との長い確執をもつキリスト教の側から、そのなかでも主に保守派によって、キリスト教が毀損されることを危惧してユダヤ人を隔離しようとする主張があった一方で、改革派を中心にユダヤ人に市民権を授与することを前提とする同化への促し、そのことを契機としてユダヤ教自体を消滅させようと意図した動きがあったことも看過できない。この後者の立場がユダヤ人の解放を意味していたが、厳密に言えば、それは自ら望んで他国での市民権を獲得するための生活形態を意味する帰化(naturalization)に他ならない[47]。すなわち、ユダヤ人の同化問題とは解放政策の一つであり、突き詰めればユダヤ人が民族として保持していたユダヤ教を放棄して、彼らのアイデンティティを変質させることにあったのである。アーレントによれば、「開放と自由は同じでないこと……開放は自由の条件ではあるが、けっして自動的に自由をもたらすものではない」[48]ということである。だから、根強い信仰をもつユダヤ人が、異質な文化的世界に自己を変容させて同化していくことは簡単ではなく、ここに彼らの選ぶ道は二極化していった。一般論としては、知識階級は同化の道を、農民・労働者階級は民族主義の道を目指すというものである。

よく知られている同化者として、一八世紀のユダヤ・ドイツ文化を代表する哲学者モーゼス・メンデルスゾーンがいる。彼は感性学としての美学を探究し、見事なドイツ語に習熟して、当時ユダヤ人の言語として軽蔑されていたイディシュ語を放棄するように努力したのである。そのような彼が信仰の自由を唱えたことはきわめて自然であった。だが、その一方で、「一八九七年センサス〔人口調査〕によれば、ユダヤ教徒人口の九六%がイディシュ語を母語として使っていた」[49]と言われるように、言語や社会的慣習の相違を克服するという、今日的概念で言えば異質な文化間での調整行為は、自己内葛藤を引き起こすだけでなく、つねに他者=よそ者として差別してくる厚い壁に気づかされることにもなる。同化することへの意識が強いほど、自らがユダヤ人であることを自覚させられるという矛盾に陥るのである。それ

中・東欧の大都市におけるユダヤ人[52]

年	1860 人(%)	1870 人(%)	1890 人(%)	1900 人(%)	1910 人(%)
ベルリン	18,953 (3.5)	36,105 (4.4)	79,286 (5.0)	92,206 (4.9)	144,007 (3.9)
ウィーン	6,217 (2.2)	40,277 (6.1)	118,495 (8.6)	146,926 (8.8)	175,318 (8.6)
ブダペシュト	—	44,747 (16.6)	102,377 (21.0)	166,198 (23.6)	203,687 (23.1)
プラハ	—	13,056 (8.2)	—	—	18,041 (8.1)
ワルシャワ	41,000 (25.0)	89,318 (32.6)	151,076 (33.1)	219,128 (34.3)	306,061 (39.2)
オデッサ	—	—	—	138,935 (34.4)	—

1910 年の中・東欧の大都市におけるユダヤ人の人口比＊

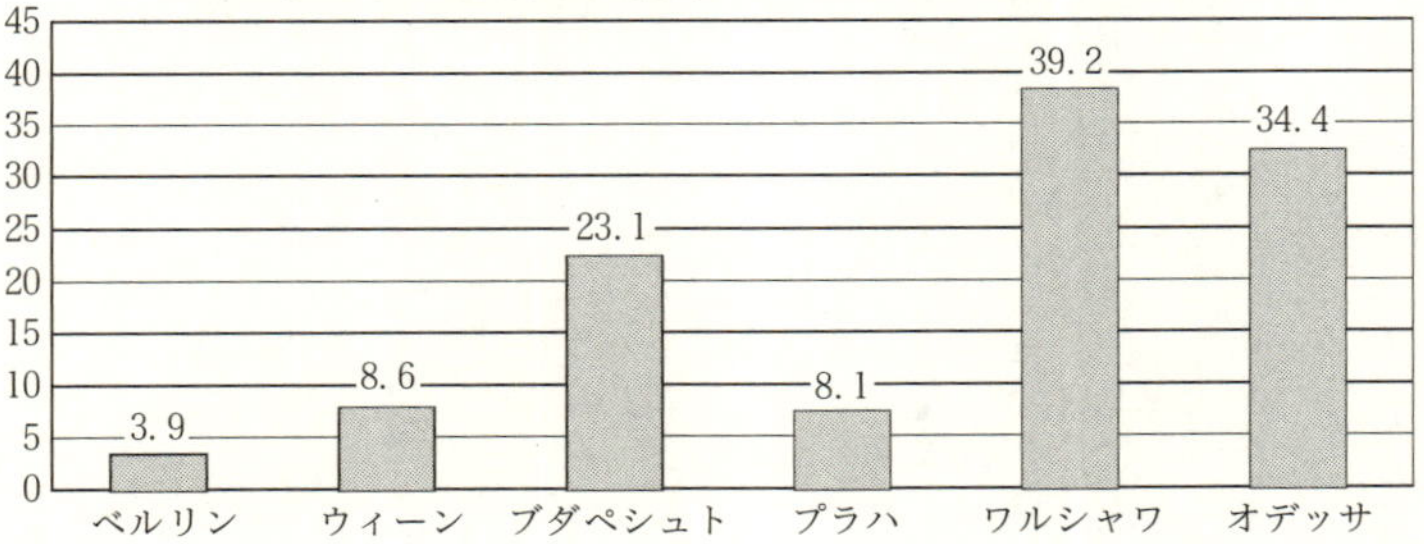

＊オデッサは 1900 年時のデータ

ゆえ、同化を「民族の自殺」(リリエンブルム)とみなす者、「融和」を唱えて民族対立を無意味とみなす者も現われてくる[50]。ただし、このどちらを選択するにせよ、その先に描いた彼らの未来を打ち砕いたのが、ナチズムの人種論イデオロギーであったことは、まさに歴史の悲劇でしかなかったろう。それは「本来文化的・宗教的単位であるユダヤ人が人種的単位とされることで、もはや同化の可能性はなくなる」[51]というナチス・ドイツ国家あげての反ユダヤ主義が展開されていくからである。

さて、一九世紀に世界のユダヤ人の半数以上を占めていたのは東欧である。そうした時期に、ポーランドとロシアに在住していたユダヤ人は労働者総同盟ブントを組織して、ロシアのプロレタリアートと結びつきながら先駆的な労働運動を展開していた。また、周囲のキリスト教徒農民から見れば、ユダヤ人はキリスト教徒の農民から穀物・農産物を買い求め、衣服などの生活必需品を売ることで利を得ていたから、農民の反感が反ユダヤ主義の一要因となっていたことも想像できる[53]。そのため、ユダヤ人を搾取者とみなす農民や貧困者による集団的な排撃運動であるポグロムも、一八八一年以降にはロシアで頻繁に起るようになる。ナチス・ドイツでの一般市民によるユダヤ人迫害運動も、そうした性格をもったものが多い。それでもなお、低い階級に属していたユダヤ人は、生きていくために同化する道を選んでいる余裕がなかったと言ったほうがよいであろう。そして一九三〇年以降のロシアでは、搾取者から「ユダヤ人＝体制破壊者」説へ、「ユダヤ人＝陰謀集団」説へとエスカレートしていくことになる[54]。

多くのユダヤ人入植者がいたロシアの例を考えてみると、彼らの圧倒的多数は町人身分に属していたことが知られる。すなわち、ユダヤ人の子弟は五歳になると「ヘイデル」と呼ばれる初等学校に入学し、モーゼの五書、タルムード(習慣律)、イディシュ語とロシア語の書き方、算術を学ぶ。一二〜一四歳になると、ほとんどの少年は中心産業であった皮革工業の工場に就職するか、見習職人として弟子入りする。少数の意欲ある少年は「イェシヴァ」と呼ばれるユダヤ教の神学校に進学する。少女はたいてい針子の見習になるというのが一般的であった[55]。もちろん、ドイツ・ユダヤ人と同じく、知識階級にはゲットー外に居住権を獲得した者もおり、ロシアのギムナジヤに在籍していたユダヤ人は増大していく傾向にあり

(一八五三年の一五九人から一八七一年の二、三六二人へ)、また彼ら自身によっても「ユダヤ人内教育普及協会」がペテルブルクに設立され(一八六三年)、レフ・ピンスケル(Lev Pinsker. 1821-1891)らが発起人となって「ロシア語とロシアの精神でユダヤ人を啓蒙すること」を目的とする同協会オデッサ支部が設立された(一八六七年)[56]。こうした傾向はやがてシオニズム運動として展開されていくことになり、「在ロシア・ユダヤ民族完全同権達成同盟」の結成(一九〇五年三月)に結びついていく。そこでは「全分野での民族的・文化的自決の自由(とくにユダヤ人コミュニティの自治、言語と学校教育の自由)などを」[57]掲げて、民族語の使用と民族教育の権利を要求するのである。一九〇五年には「ユダヤ人社会主義労働者党」も誕生することになり、こうした事態に対してレーニンも「党内におけるブンドの地位」論文で困惑を隠していない。すなわち、「ユダヤ人問題はまさにこうたてられる、同化か自己特殊化か? ユダヤ『民族』の思想は……シオニストにあってはもちろん、これを社会民主主義の思想と共存させようと試みる者(ブンド)にあっても明らかに反動的な性格を帯びている。」[58]

三 人種論イデオロギーの展開

一九世紀後半から二〇世紀の初頭に西欧の科学技術の発展を梃子にしながら、資本家が社会と政治の分野で支配権力をもってきたことと関連して、ドイツにおいては資本家とユンカー(領主貴族)が連合して帝国主義時代の到来をもたらした。世界史の観点から見れば、列強国による植民地政策と、文化と技術面でのめざましい発展が焦眉の問題として取り上げられるのが常であるが、その影の部分では人種論が進化論とむすびついて人間差別の思想を確実に推し進めていったことを看過してはならない。国家間および人種間、文明間に優劣の序列化を当然視する歪んだ価値観の生起である。そうした影の部分に対して、従来の歴史教育はほとんど触れてきたことがないのは何ゆえであろうか。マルクスによる資本家と労働者階級との葛藤についてはは鋭い分析がなされてきたけれども、人種をめぐるいわゆるマジョリティに対するマイノリティの問題が正面から取り上げられてきたのは、実に前世紀の後半からである。換言すれば、マイノリティとして烙印を捺されることによって、マイノリティとしての意識を無理やり持たされるのであり、それゆえこの種のマイノリティに対する歴史的批判は、人種論の根っこの部分を掘り起こすことがなければ、真の解決には至らないのである。ユダヤ人問題を考えると、サルトルが「ユダヤ人の性格が反ユダヤ主義を惹き起しているのではなく、反対に、反ユダヤ主義者が、ユダヤ人を作り上げたのだ」[59]と語っていることが、問題の本質に関係していると言えるであろう。

以上のことは、特に教育の問題として迫ろうとすれば、ヒトラーが教育の究極目的として唱えた次の内容と密接に繫がってくるだけに、決定的に重要である。すなわち、「民族主義国家の全教化＝教育活動は、教育に委ねられた青少年の心と頭脳の中に人種意識と人種感情を本能的にも合理的にも燃え立たせることに見出さねばならない。」[60] たしかに、人種論イデオロギーは感情に訴えるだけで功を奏するものではないであろう。そこには感情的嫌悪感とともに、知的作用(たとえそれが錯誤に満ちたものであれ)を伴って大きな力をもつものとなる。一般化して言えば、ロゴスとパトスを取り込む策略が駆使されてはじめて結果を生むものであろう。その時に最大の障壁となるのが倫理観や宗教的価値観であるが、ナチスの人種論イデオロギーはそれらをことごとく骨抜きにしていく教化プログラムが用意されていたのである。そうした策略にかんして、カイム(W. Keim. 1940-)は、「すべての人間の平等の原理およびそこから結果する――ナチズムには矛盾している――人道主義的倫理学の原理に基づいているキリスト教やヒューマニズムや社会主義のような、数世紀にわたる伝統に対立していた」[61]と指摘する。こうしたヒトラーの目論見に加担する教育は、人種論イデオロギーをすべてのドイツ国民に受け入れさせるための知識を伝達していくだけでなく、世界観をも提示するための活動を展開する。そこに決定的な役割を担ったのが「人種教育学」である。しかもそれは、ナチス・ドイツだけの問題にすぎないと割り切れる性質のものではない現実がある。

戦争は人間の心から引き起こされると説かれるように、人間の差別もまた個々の人間の心のなかから生まれてくる。反ユダヤ主義も然りである。しかし、この反ユダヤ主義が過去から現在に至る西側諸国の対応だけでなく、東側諸国においても日常化していた長い歴史、および現代にまで続いているアラブ・イスラム諸国とイスラエルとの紛争の歴史を見ても、人種差別の思想は国境を越えてすべての人間の心底に巣くっているとわかる。「人間は一般に異邦人を受け入れることはできない」[62]と言われるが、そうした異質な他者排斥の心はどこから生じてくるのだろうか。先取りして言えば、それは人間の尊厳にかんする意識の欠如である。尊厳とは冒すことのできない絶対的なもの、神聖なものに対する無制約的価値づけであり、その根拠をそれ以上は問えない究極の意味をもっているものである。したがって、人間の尊厳とは人間存在そのものの神聖さを意味し、無条件に承認すべきものなのである。人種論はこの人間の尊厳に対する不承認の意識から生じてきている。科学的にも理性的にも論及の対象とはなりえない、非合理的なカテゴリーに属する不可侵の性質、それが人間の尊厳であると言わざるをえない。

ところが、人間の尊厳にかんする根拠は合理的には説明のできないものであるにもかかわらず、近代啓蒙主義を経験した上で、生物学と医学、あるいは人類学の分野で取り扱われる人種論は、一種の科学的根拠づけを正当化する一九、二〇世紀の学問的立場からみても、いかにも実証性のある真理として取り込もうとする乱暴な結果をもたらしたのである。こうした理解に立てば、ナチズムによるユダヤ人迫害の問題は、ヒトラーやその親衛隊、突撃隊の狂気、そして国家社会主義に洗脳され汚染されたドイツ人に特有の行為と捉えるよりも、「ナチズムの野蛮は『啓蒙』の野蛮」[63]とみなすアドルノの意見もあながち否定できない面をもっていよう。人間の尊厳を人種論と結びつけ、それをさらに学問的・科学的に理由づけすることに優生学が利用されていくのも、当然の流れであることになる。ここには、生物学や医学の分野では抜きん出ていたドイツで、生物学者の地位が相対的に低かったという事情も関係している。

そこで「ナチスが進出してくると優生学の第一人者が、ナチ党こそは優生政策の活動方針の中心に据えた最初のものであるという手放しの賛辞を送ることになる。」[64] 学校教育の場で、優生学と人種論が正課として義務づけられるのも、そうした背景があってである。

ところで、ナチス・ドイツの教育政策が人間の尊厳を毀損していく経緯は、その徹底した組織立てにあった。宮田光雄はそれを三つの時期（一九三三―三七年、一九三七―四一年、一九四二―四五年）に分けて述べているが、第一段階は、ナチ・イデオロギーを教育過程や教育内容に浸透させることを目指した《内的改革》の時期、第二段階は、計画的な内的・外的《改革》の時期、第三段階は、戦況の悪化にともなって学校教育の活動が徐々に停滞していく時期、とされる[65]。教科に人種論が導入されたのはすでに初期の段階においてであった。つまり、プロイセンの各学校の最終学年に《人種学》(Rassenkunde) を導入する訓令が出され（一九三三年秋）、さらに「授業における遺伝学と人種学」にかんする訓令（一九三五年）によって詳細な内容規定がなされる。その授業目的は「遺伝と人種についての『基礎的知識』を与えるのみでなく、『ナチ的心情』を培養すること」にあり、「北欧的人種の遺伝資質を主として担うドイツ民族に所属することへの誇り」と、「生徒たちがドイツ民族性の人種的な形成・発展に自覚的に参加することを決意」[66] させることにあった。そうした教育目的の根拠にされたのがヒトラーの『わが闘争』であるし、人種学の基礎知識なしに卒業することは許されず、「教育省の担当官が卒業資格試験に立ちあい、《人種学》の十分な知識の有無を審査」[67] するまで徹底された教育政策であった。もちろん、入学者にかんしても制限がなされ、その基準となったものは人種的、反ユダヤ的な観点の重視である。特に大学への入学者については、全住民に占めるユダヤ人の割合を越えてはならなかったのである[68]。こうしてナチス・ドイツの教育政策には、つねに人種による人間差別という方針が貫かれている。

では一体、人種(Rasse, race)とは何であるかを簡単に整理しておきたい。race はまた種族(tribes, ethnic group)でもある。種族は生物的な類のことであるから、人種は人類を生物的に類別するときの一つの呼び方ということになる。生物の分類はリンネ(C.v. Linne. 1707-1778)が試みたことであるが、その後人間をいくつかのカテゴリーによって分類するような指摘がなされる。肌の色によって人類を五種に分類したブルーメンバッハ(J.F. Blumenbach. 1752-1840)、ヨーロッパ型(白色)―ニグロ型(黒色)―蒙古型(黄色)による分類を提唱したアイクステット(E.v. Eickstedt. 1892-1965)が代表的である。たしかに、奴隷や植民地を支配する国家システムが崩壊するにつれて、また種の混交が進行して地域性が拡散するにつれて、これらの人種的分類は必ずしも妥当しなくなっている。そこには文化の交差現象と同じく、遺伝子の拡散と混交が不可避となる。したがって、人種は明確にカテゴライズできる特定の集団を指すものではなくなるのである。それにもかかわらず、第二次世界大戦時の欧米では、上の人種的分類を用いて献血の仕分けがなされたりして、人種の区別を根絶し切れないでいた。「血液型の百分率によって、人種や集団を特徴づけることができ」[69]ると考えていたからである。この考えを最大限悪用したのがナチズムであったことは言うまでもない。と言うことは、人種の分類と人種の意味を知ることとは別の事柄に属するわけである。こうした理解は、現在では「人種なき人種主義」という枠組みで指摘されることへとつながっているが、これをバリバール(E.Balibar.1942-)は「その支配的テーマが生物学的遺伝ではなく、むしろ文化的差異の還元不可能性にあるような人種主義」と規定し、「差異主義的人種主義」(racisme differentialiste)とも呼んでいる[70]。すなわち、人種を生物学的に区分するのではなくて、歴史的にいかなる文化に属するかによって説明しようとする傾向が強くなっているということである。

ところで、「種(species)」は生物を分類するときの基本的単位であり、形態や生態の共通性に基づいて同類と認識しあう個体の集合であるから、人間においては持続する生命体と定義してもよいであろう。それには三つの特徴があると言われる[71]。一つは、Rasseの語源がもともと「線」を意味するReiszaという古語と関係していることに基づく、時間的な連続性である。(ただし語源についてはイタリア語(razza)とされているが、ラテン語(rādix)やアラビア語(rás)とも言われ不明である。いずれにせよ根・起源・発生の意味と思われる。)次に、生命が種として持続し、進化するためには、その個々の要素を犠牲にすることの必要に起因する、個々の要素を超越した全体性である。この立場では、相互扶助によって個々人の生命を維持しようとする「社会」の原理は批判される。(プレッツ)最後に、ダーウィンがraceをspieciesの下位概念として捉え、種の進化は品種間の生存闘争と選択によってもたらされると説明したように、現存する種は他の品種を淘汰して生き延びた特定の品種だとする特徴づけである。こうした特徴からすれば、Rasseは人間だけに適用される概念ではなくなるのである。とりわけ、最後の生存闘争と選択の立場を人為的に画策し、淘汰の過程を国家の再編成のために捏造した進化に対する越権思想こそ、ナチス・ドイツの人種論イデオロギーである。そこから導き出して人種に優劣をつけてユダヤ人を迫害し、彼らを社会的弱者の選択＝抹殺の対象に仕立てたのであった。具体的には、ユダヤ人の市民権を剥奪する「帝国公民法」、およびユダヤ人との結婚を禁じた「血統保護法」が制定される（一九三五年九月）。こうしてドイツ民族再興のために、人種論イデオロギーはあの「血の思想」を確実なものにしていく。すなわち、「本来、別物であった『変質』と『人種混血』がナチスの下で重ね合わされ、優生学が人種主義と結合する」[72]ことになるのである。

四　フェルキッシュ思想と人種問題

これまで述べてきたナチスの歪んだ人種論は、その歴史的経緯を見て一般化されやすい側面をもっているが、ドイツではすでにナチ政権樹立に先立つ一九世紀から二〇世紀にかけての約半世紀間に、フェルキッシュ運動の中で着実に位置づけられてきたことである。そうしたフェルキッシュ運動の展開は、人々のあらゆる生活世界に浸透して反ユダヤ主義へと力を蓄えていくのであり、その意味ではナチスの全体主義国家体制の成立を可能にした基礎と言えるものである。ヒトラーを支えた特有のドイツ的精神としてフェルキッシュ思想に着目したのがモッセである。いわばヒトラーはゲルマン民族の歴史が内包していた必然性において生まれたということになる。

ところで、それぞれの国民精神を規定している思想が存在する。そうした思想は歴史的に形成されてきたものである以上、個々人がその内実と価値性・妥当性とを意識する、しないにかかわらず、一般意志として彼らの生活世界に大きな影響を与え続けている。およそ民族・国民を意味するドイツ語のフォルク(Volk)の形容詞であるフェルキッシュ(völkisch)は、ナチ用語としては「民族主義的」の意味で使用されている。それゆえ、国家社会主義はこのフェルキッシュな国家イデオロギーによって支えられていたのであり、ドイツ・ゲルマン民族の独立をめざす固有の体制であった。国民を政治的に統一することを掲げる民族主義である限り、この統一運動の障害になる要因はことごとく取り除こうとする運動が展開される。そうした運動は政治的努力によって推進される面も大きいが、国民精神に広く深く浸透して生活世界を支配するようになるためには、利用できるものは何でも利用することになる。その意味では、小さく見える運動が国家全体の方向づけに決定的な作用を及ぼすこともある。ある文学作品や芸術作品がそうした役割を果たすことも否定できないし、平常時であれば見過ごされてしまうようなプロパガンダが意識の底にしっかりと根づくこともある。そこで根づいたものは伝承されていくことが多く、いわば民族の歴史的伝統として個々人の意識に刻み込まれつつ、フェルキッシュな国家イデオロギーへと結実していくのである。こうしてフェルキッシュ思想が歴史的連続性をもつような堅固な性質のものであると、国内的には独裁体制を、国外的には侵略政策を生み出すファシズムへと傾斜しがちとなる。その意味でナチズムの思想と政策は、まさにフェルキッシュな歴史運動が生み出したものと言えよう。

以上のようなフェルキッシュな運動が、文芸・学問・宗教・教育等々を通じてヒトラーのドイツ革命に結実していったことを、それらの分野で影響を与えた知識人たちの主張に基づきながら、モッセの『フェルキッシュ革命――国家社会主義の精神的根源――』（一九七九年、独語版）が明らかにしている。彼の鋭い詳細な分析によれば、フェルキッシュ・イデオロギーを成立させた原初的原理は、近代化への抵抗運動としてのロマン主義による自然への回帰運動、すなわち民族は自然の近くにあって、自然に「根ざしていること」が尊いという思想にある。モッセによれば、ボヘミアをモチーフにして繊細な自然描写で特色のある作家のシュティフター（A. Stifter. 1805-1869）や、放浪者が故郷に戻るまでを描いたイプセンの劇詩『ペール・ギュント』を脚色したエッカルト（D. Eckart. 1868-1923）などは、素朴で自然と一体化して生きる姿に理想のドイツ人像を重ね合わせている[73]。ところが、自然への親密さはユダヤ人によって破壊されているとの告発が顕著になってくる。ヒトラーの思想形成に影響を与えたと言われる郷土芸能の先駆者の一人で、『ビュットナーの農夫』（一八九五年）を書いたポーレンツ（W.v. Polenz. 1861-1903）に見られるように、「ユダヤ人を、農民から彼の富と土地を奪うため、都会から地方に下ってくる者として描く農民小説の数は、増える一方であった」し、「農民から彼の地所を奪い、自然や民族、そして生命力との彼の絆を引き裂」[74]くことに対する敵意が露になってくるのである。さらに近代化は産業社会、資本主義・工業化・都市化を意味したが、それらも農民から生活の場を奪い、仲買人であるユダヤ人による搾取をもたらし、ユダヤ人はドイツの不幸の原因であるということになる。そうしたプロパガンダはユダヤ人排除の思想を正当化することへと人々を向かわせ、大衆的な反ユダヤ主義運動を引き起こさざるをえなかった。

次いで、モッセが取り上げるのはゲルマン信仰についてである。その本質はドイツ国家の統一を目指すことにあったと言える。上記の近代化のもたらしたものがドイツ民族の衰退にあるとみなすフェルキッシュ運動家たちにとっては、民族再生こそが最重要事であった。それを実現するために必要とされたのが国民の内的態度の覚醒なのである。強い民族意識をもった東洋学者のラガルド(P.A. Lagarde. 1827-91)がその代表的提唱者であり、彼は「真正の統一を欠いているドイツ国家に必要なものとは、民族の真の統一を生じさせるための、霊的諸力の再編成」であり、これを可能にするものが「ゲルマン的信仰」にほかならないと考えた[75]。ここには国家的統一を政治によってではなくて、国民の宗教的・感情的な次元に求める態度が基本となっている。それゆえ、ラガルドは伝統的キリスト教を退けているが、このことはまたユダヤ人・ユダヤ教に対する対応の仕方をも決定する。「パリサイ的な原理主義こそは、今やユダヤ教の本質」という理解に立って、ユダヤ教を捨てない限り、ゲルマン的宗教には融合できず、「ユダヤ人は、決してドイツ人にはなれない」[76]と言うのである。こうして民族統一への渇望とユダヤ人攻撃への確かな基盤が築かれていくことになる。

一方、ラガルドが唱えるゲルマン的宗教の維持を芸術的観点から推進したのが、『教育者としてのレンブラント』(一八九〇年)を著して、近代合理主義に対して非合理主義を強調したラングベーン(J. Langbehn. 1851-1907)である。彼は、「人間における理性の優位を拒絶する」ことで、「真に神秘的な力、非合理的な力」「感情的な原動力」としての「生命の気」[77]へとドイツ人の心を向けさせたのであり、この神秘主義をゲルマン的宗教に結びつけている。彼のそうした思想の源泉には、当時流行していた心霊主義・神智学がある。こうした神智学での直観による神との神秘的合一から神を認識しようとすることに対して、認識の中心に人間を据えて、超感覚的な力によって超物質的実在を主張するシュタイナー(R. Steiner. 1861-1925)の完成した人智学が唱えられるのであるが、ゲルマン信仰との関係で言えば、それらの背景になっているのは、霊界と交信できる人間は神と同一の本質につながっていると唱えたスヴェーデンボリ(E. Swedenborg. 1688-1772)の神秘主義である。この思想をラングベーンは「個々人と霊的世界との融合を、北ドイツの地に限定」することによって、理想的なドイツ人を育む北ドイツの風土こそが、ドイツ民族の心を創造的に再生すると考えたのである。モッセは「スウェーデンボリは、ラングベーンによってドイツ神秘主義者に変えられ、その役割を、中世の神秘主義者マイスター・エックハルトの果したのと同等視された」[78]と言っている。このように、ゲルマン的宗教は民族と自然・宇宙とを神秘的に一致させるものであり、そこから人種と自然とを不可分のものとして見いだし、やがてナチズムの「血と土」の思想を生み出すことに結びついていくのである。言ってみれば、シュタイナーの人智学もゲルマン的宗教の流れを汲むものであり、彼が存命中は見ることがなかったナチズムの思想的基盤を準備する重要な一因だったわけである。「フェルキッシュ的な美徳は全て、心霊的なるものも肉体的なるものも、血に受け継いだものを通して伝達される、自然の永遠なる贈物と考えられた。……民族の外面的な現象は、その肉体的・心霊的な文化に表現されるのだ」[79]から、ドイツ民族の血を受け継いでいないユダヤ人は民族の血を汚しており、ドイツの文化を破壊するがゆえに根絶されるべき「永遠の敵」だと主張される。

以上のように、フェルキッシュ思想は、一方には感情と個性をドイツ国民の根底に据えるロマン主義的要因を唱え、他方では近代化を阻止できない正統的なキリスト教を否定して心霊的・神智学的なゲルマン的宗教に運動の活路を見いだすのである。そして宗教の不完全性を補うためにフェルキッシュ思想を倫理的視点から捉え返して、エギディ（M.v. Egidy. 1847-98）は「青年は、自由に、自然でのびのびした環境の中で、善に対するその倫理的な可能性を実現するために成長しなければならない」から、「学校は、連帯感情を、涵養しなければならない」[80]と考える。こうした教育目的を実現するために統一学校の設立が求められることになるが、彼の弟子の一人であるリーツ（H. Lietz. 1868-1919）は一八九八年ハルツ山麓イルゼンブルクに「ドイツ田園教育舎」を設立するのである。その最初の生徒にはエギディの息子も含まれている。モッセによれば、「リーツは、……フェルキッシュ思想を教育を通じて制度化するのに、鍵となる役割を果していた」[81]。この点について触れておこう。

いわゆる改革教育学と呼ばれる二〇世紀前後にドイツで展開された教育改革運動の試みと主張は、世界経済の振興に対応すべく実学主義的教育に対するアンチテーゼとして現出してきた。それはノール（H. Nohl. 1879-1960）に言わせれば「ドイツ的運動」の展開であり、プレスナー（H. Plessner. 1892-1985）では「ドイツロマン主義運動」の再来ということになる。そうした運動の特色として指摘できることは、ゲルマン民族の精神的土台が農業を支える土にあること、つまり自然の中で心的生の充足と創造性を培うことの提唱であり、近代化に伴う文明を批判してドイツの精神的文化に回帰しようとすることである。その一つの教育運動として、田園教育舎にドイツの青少年が立ち返るべき伝統的意義を見いだすリーツの『ドイツ国民学校』（一九一一年）がある。そしてリーツの唱える教育目標が、結果的にはナチズムのそれと一致することは、単なる偶然とみなすわけにはいかないのである。すなわち、彼が批判した当時の学校教育の欠点とは、①身体活動の軽視、②真の訓育の欠如、③無益な知的教育の実施、にあるというものである[82]。その批判に対応する内容として、①都市生活による体操の不十分さ、②青少年が社会的使命を遂行できる行動力を身につけるための生活訓練、③古代や中世および他国の文化を教育課程から排除すること、が必要であると言うのである。これらの指摘はまさにヒトラーが『わが闘争』で述べている教育内容にほかならない。脈絡が違うと言って済まされる問題ではないのである。と言うのは、「一九三三年一月は歴史の偶然ではなく、長い間準備されてきたこと」[83]であり、リーツによる当時の教育批判はそのまま、ナチスが国家社会主義を実現する時のスローガンだったからである。

リーツがこのような教育改革を唱えるようになったのは、イギリスのパブリック・スクールの教育内容に共鳴したからであるが、彼はそれをゲルマン的イデオロギーで理論化し応用したのである。そこで彼は知識偏重の教育ではなく、「祖国の土とそこで生活する人々のリズムに慣れ親し」むことを学校教育の目標に掲げて、「自然や土に慣れ親しみ、農民の素朴なやり方や慎み深い職人の商いの知識を学ぶようになる、田舎暮らしを中心にしたカリキュラム」[84]を用意した寄宿学校を設立したのである。もちろん、リーツのロマン主義的教育観は単なる自然への回帰を唱導しただけではない。彼のねらいはゲルマン的信仰を青年たちに植え付けることにあったからである。つまり、カリキュラムのコアとなるものはドイツ語とドイツ史であり、聖書よりも古代史や中世史のほうが重視された。モッセによれば、「ゲルマン的イデオロギーに深く熱中していた彼は、故郷と民族とがあらゆる文化の柱であるのだから、彼の学校は、教育が民族感情と民族的行為を前提とするという原理の上に立てられる」[85]ということになる。そしてリーツの田園教育舎運動を支えた教師の中には、青年運動の指導者となったヴィーネケン(G. Wyneken. 1875-1964)がおり、彼もまた自由学校共同体を唱えて学校を設立し、国家や教会の干渉を撥ね付ける教育を展開したのである。これらは改革教育運動として位置づけられてきたが、同時にフェルキッシュ運動の担い手としてやがて国家社会主義運動へと結びつく、いわばナチズムの露払いの役割を演じたと言わなければならない。

こうして、フェルキッシュ思想はドイツ統一を目指す人々、とりわけ教育に携わる教師と生徒の心底にしっかり根づいていくのである。その中でも土と国家統一を重視する世界観・民族観からは、ドイツ的精神の啓発が重視され、古代ゲルマンの神話を取り込んだゲルマン文化の復興が叫ばれるようになる。ここでモッセは文化哲学と教育学の出版に力を注いだ出版業者のディーデリヒス(E. Diederichs. 1867-1930)の果した役割と影響について分析しながら、彼もまた神智学に傾倒した精神に基づいてドイツ民族の性格を再構成しようと試みた人物であったことを明らかにしている。そこには精神を異にするユダヤ人を外来的人種とみなすディーデリヒスが、「彼らは不毛な律法に従って生き、その律法のために、その内的な霊性を、主知主義化し窒息させている」[86]と主張している点を取り上げて、彼が近代の反ユダヤ主義に共通した理解の仕方を広めていることに注目しているのである。そのようなディーデリヒスが、人間を絶対的なものに結びつける神的な力として「ミュトス」を解釈するブーバーに親近感をもち、両者が友人関係にあったことは皮肉としか言いようがない。もちろん、ブーバーではユダヤ民族のミュトスはハシディズムであったし、同じ民族的信仰であっても、ディードリヒスの場合は古代ゲルマン民族の神話と伝承が基本に置かれた民族的信仰を意味したのである。そこから太古への回帰渇望が生じてくることになり、古代ゲルマン人の習俗を記したタキトゥス(C. Tacitus. 55-115)の『ゲルマニア』が取りざたされるようになったと言われる。すなわち、「タキトゥスが描き出したゲルマン人とは、他の部族と混合していない人、……特別の民族である特質を保持していた人々」を意味しており、これを「本源的民族の人種的純粋さを確証するもの」として利用していったのがチェンバレン(H.S. Chamberlain. 1855-1927)である。しかも『ゲルマニア』ではユダヤ人が好意的に語られていないことを取り込んで、フェルキッシュの歴史家たちはユダヤ人を古代からの敵対者であったと決めつけ、ユダヤ人は人種的に不純であるという信念を植え付けるのである[87]。まさにナチズムのヴォータン神話と人種論への歴史的連続性を看過するわけにはいかない。

以上のことからナチスの教育が歴史を重視し、キリスト教を軽視した理由が知られた。また、農耕民族としてのゲルマン民族が価値創造的であり、人種的特徴として血を共有する民族であることを主張した背景も、フェルキッシュ思想を取り扱うことによって明らかにされたであろう。あのユダヤ人絶滅計画にしても、フェルキッシュ思想に共鳴していた人々に影響を与えた作家のライザー(E. Reiser)が、「ユダヤ人は、アーリア人が神々たるにふさわしい高みにつくことを妨害しているのであり、それゆえに、彼らは根絶されねばならぬ」[88]と講義していることをモッセは指摘する。それも一九二二年のことであるから、フェルキッシュ思想がナチズムへと連続していって、国家社会主義下での偏向した人種論へと結実する軌跡が着実に人々の感情と心に刻み込まれていくのである。

さて、フェルキッシュ思想における人種論の特徴について要約しておこう。意外なことであるが、フェルキッシュの人種論者に一種の確信を与えたのはカント(I. Kant. 1724-1804)の人種理論であったと言われる。すなわち、「まず第一に、地理的な要因を根拠とし、地理的に決定された人種的特徴に伴うのは『内的な生命の力』である」[89]というカントの学説である。このカントの理論が風土と民族の精神とを関連づけることに利用され、さらにそこに人類学的知見が加わって彼らの主張をより確かなものにしていく。その時に導入されたのが身体的構造を人種の優劣に結びつける骨相学である。ナチズム関係の資料には必ずと言ってよいほど、純粋なゲルマン民族、アーリア人とユダヤ人の頭蓋骨の長短、鼻の形の相違、髪と瞳と皮膚の色の違い、身長と体型の違いが取り上げられており、それを知的・道徳的資質に関連づけて語られていることを見いだす。いわゆる「内的性質と外的性質を等置する」[90]ことによって、神対悪魔の対立構図を描き出すことになる。そうした理論は多くの知識人によって唱えられたが、とりわけ学校教師から支持されて人種思想が広められたことは軽視すべきではない。そのことがフェルキッシュ運動をとおして国家社会主義へと向かっていったことは否定すべくもないからである。

『画像で見るドイツ史』（一九九七年）には、女性の教育助手のための訓練キャンプで、ドイツ人種を類型化した顔写真を用いて、ユダヤ人との混血を禁止するための教育が行われている[91]。いわゆる純血性を維持するための教育であるが、これはヒトラーが一九三五年の「自由の帝国党大会」でアーリア人と非アーリア人との関係を法則化したことに端緒があり、「帝国市民法」と「婚姻法」の採択にその第一歩が印されたのである。ツィーグラー（A. Ziegler. 1892-1959）の三連画「四大元素」で描かれた四人のアーリア人の裸婦が、国家社会主義的な人種理想を具現化しているが、この絵は一九三七年に六十万人が鑑賞した「大ドイツ芸術展覧会」で展示されている。彼は三六年に帝国議会の絵画芸術長官に就いていて、反国家社会主義的な芸術作品を除去する任務を遂行していたのであるから、学校で人種学的な展示板が国家社会主義的な人種理想を伝えるために設置されているのも当然と言える。生徒たちに人種感情を感性と知性の両面から植付け、血の純粋性を身体的特性から教え込むまでの徹底ぶりは、まさに人間差別以外の何ものでもない。

また、運動中枢の存在を発見したフリッチュ（G.T. Fritsch. 1838-1927）は、諸人種の頭髪や網膜、写真を収集して人類学的研究を行い、出版社を設立して『反ユダヤ教理問答』（一八八七年）を刊行した。この本は

『ユダヤ人問題ハンドブック』と呼ばれて、一九三六年までに四十版を重ねた反ユダヤ主義の基本文献であった。そのためにナチスは彼を「巨匠」と称えたと言われる[92]。ゲルマン的ユートピアを描くドイツ人にとっては、たとえ同化したユダヤ人であれ、ユダヤ人は異邦人であるというのが、ロマン主義的心情に基礎をもつフェルキッシュ思想の基本的理解であった。

よく知られたデューリング(K.E. Dühring. 1833-1921)は『ユダヤ人問題』(一八八〇年)で人種的観点から反ユダヤ主義を展開したが、そこで彼はすべてのユダヤ人を非難し、「ユダヤ人の堕落を、全てのユダヤ人が持つ生来の人種的特質と結び付け」、「ユダヤ人がキリスト教信仰に加わり、非ユダヤ教徒の社会に同化されること」[93]に異を唱えたのである。これに対してエンゲルス(F. Engels. 1820-1895)が『反デューリング論』(一八七八年)で批判したことも周知のとおりである。また、政治の世界でもベッケル(O. Bökel. 1859-1923)が保守党以外ではじめての反ユダヤ主義議員として二十六万余票を獲得して帝国議会に選出されており(一八九三年)、その功績を称えてナチスはマールブルクに彼を記念する博物館を建てているほどである[94]。要するに、ユダヤ人はフェルキッシュ思想を推進する牽引役だったのであり、反ユダヤ主義がフェルキッシュ運動をとおしてドイツやオーストリアの青年たちに刻印されていったと言える。そうした流れの中で、一八七八年にはウィーンの学生団体「リベルタス」が、人種的理由からユダヤ人を排除し、九〇年までにドイツでもすべての学生団体がユダヤ人を締め出す宣言を行うのである。そうした動向はドイツ学生協会［キフホイザー同盟］を創設するまでに至り、「政府に対しユダヤ人をドイツの生活から排除することを求めた反ユダヤ請願（一八八〇年）」[95]に深く関わっていくことになる。当然、学校では教師たちが人種的な反ユダヤ主義を語るようになり、一九一〇年代にユダヤ人問題が例の青年運動・ワンダーフォーゲル運動にも深刻な影を落とすことになるのである。「反ユダヤ主義が不可欠の一部であるゲルマン的イデオロギーの制度化に、教育は基礎を敷いたのであった。……フェルキッシュ・イデオロギーの宣伝に対してのみならず、このような進展に対しても、中等教育と大学教育が、決定的な貢献を成した」[96]とモッセは断じている。

では一体、フェルキッシュ・イデオロギーに支えられた教育は何をしたのだろうか。国家統一を掲げて、ドイツ民族に共通する精神的拠り所を古代ゲルマンの神話や農耕民族として自然・郷土に根を張ったロマン主義的な生活世界の取り戻しに目を向けて、近代化の波に抵抗するフェルキッシュ運動は、ドイツ文化の再生のために教育に大きな期待を寄せたのである。だから、「フェルキッシュ・イデオロギーは、……若くて感受性の強い心を持つ人間の教育において、最大の勝利を収めた」[97]と言われるように、ドイツ国家の理想的形態を青年たちに吹き込んでいく。教師と学校のカリキュラムは、ドイツ民族の運命を予見させるものに多大な関心と努力を払い、一方ではキリスト教を反故にするまでのゲルマン的信仰を浸透させ、同時にそれとは裏腹に反ユダヤ思想が人種論とともに青年たちの価値観・人生観・世界観を形成しながら、フェルキッシュ思想を唱導する役割を担うのである。ヒトラーが『わが闘争』で唱え、ナチスの教育制度で排除された宗教教育は、すでに一九世紀末からフェルキッシュ思想によって先取りされていたことがわかる。たとえば、「一九〇五年には、ブレーメン出身の二七三人の教師たちは、空理空論の宗教信仰が公の学校で教えられるべきでないと勧告した。……聖書はゲルマン的体験と相容れず、新しい進化論によって時代遅れになった」[98]と吹聴している。彼らが要求したカリキュラムには「郷土学」つまり郷土科があり、その授業には異邦人であるユダヤ人は理解できるはずもないから参加させないようにとの要請もなされている。ちなみに、シュプランガーは「郷土科の陶冶価値」（一九二三年）という講演を行い、郷土と人間的生の一体性を唱えているが、また時代的文脈から判断して、彼もまたゲルマン的精神の讃美者であった。彼ははっきりと「郷土は精神的な根本感情である」[99]と述べているのであり、その精神科学的教育学がフェルキッシュ思想と重なる理念をもっていることは否定できない。さらに、「一九二〇年代に盛んであった郷土学校も、……自然の強調と、民族の関心に適った行動のために性格を鍛えることとの強調に加えて、それらの学校は、人種や民族性やドイツ的性格の起源の研究を重視した」[100]と言われ、まさにフェルキッシュ・イデオロギーを制度化することに果たした教育学の位置を看過するわけにはいかないのである。

こうした状況下にあって学校からユダヤ人の教師を排除することや、大学の学生組合もユダヤ人を入会させないことが行われ、さらに一九〇八年にはライプツィヒ・ギムナジウムの同窓会がユダヤ人卒業生の入会を拒否しているのである[101]。この過激な運動の傍ら、現存の教育制度に対して不満を抱く青年たちによる学校改革運動としてのワンダーフォーゲルの生起も見逃せない。その最初の顧問会議長となった教師のグルリット（L. Gurlitt. 1855-1931）は、直接的体験の優位を説き、自然な発達を重視する教育論を主張した。「祖国愛は形式的な教育を通じては獲得できないものであり、故郷〔郷土〕への愛を通じてのみ獲得できるもの」との観点から、聖書の勉学に取り組むよりも「自然から高度に宗教的な感覚を学ぶ」[102]ことが大切であると言うのである。ここにも伝統的なキリスト教が青年たちの生活世界を抑圧しているとの理解が基本になっており、ゲルマン精神に目覚めることを促すフェルキッシュ思想のロマン主義的傾向と大地信仰が認められよう。この精神に立脚し寄宿学校を設立して学校改革のための教育実践に取り組んだのが、先述したリーツにほかならない。いわば「リーツの手によって、学校改革は、グルリット自身の教育理論の実現になった」[103]と言われる理由である。だから、リーツの学校が反ユダヤ主義に染まっていくことは自然の成り行きだったと言わねばならない。このことは、『ショーペンハウアー・ヴァーグナー・ニーチェ』（一九〇六年）を著した生の哲学者で、ナチスに暗殺されたユダヤ人のレッシング（T. Lessing. 1872-1933）が教師になった時に、リーツはユダヤ人であることを理由に彼を解雇していることにも窺われる。このようなリーツの寄宿学校は、やがて国家社会主義の教員組織の中で例のアドルフ・ヒトラー学校と同等視されるまでに発展していくことになる。

ところで、フェルキッシュ運動にドイツ統一への期待を寄せ、近代化の波とユダヤ人問題に対してゲルマン的世界観を推進するのに大きな影響を与えたのは、学生の約九〇％がブルジョア階級の出身者から成る学生組合（Studentenverbindung）である。「一八八〇年代に大学に通った世代の学生たちは、彼らの知性を新しい秩序に捧げ、彼らの感情と精神を民族に傾倒して、急進的な右への運動を再開した。」[104] 彼らは民族の危機的状況を経済的問題とユダヤ人問題とに見いだし、フェルキッシュ的民族主義に対する関心を強めていくのである。その代表的な学生組合として「ドイツ学生協会キフホイザー同盟」が創設され、その中心的活動家としてドイツを中心に中央ヨーロッパ統合案を唱え、のちに「国民社会連盟」を結成したナウマン（J.F. Naumann. 1860-1919）がいる。彼に指導されて、学生たちは物質主義や自由主義、そしてユダヤ人に対して対立姿勢をもち、伝統的キリスト教に対してもフェルキッシュ思想の立場から攻撃するようになる[105]。もっとも、ドイツの学生組合よりも過激であったのはオーストリアのそれである。と言うのは、ウィーンには全ドイツにおけるよりも多くの東欧系移民がいたと言われ、一八八九年には学生組合に加入する条件としてアーリア人であることを決定したほど、反ユダヤ主義が形成されていたからである。それを推進した中心的人物がシェーネラー（G.R.v. Schönerer. 1842-1921）であり、彼はオーストリアをドイツに合併する大ドイツ主義を提唱し、ヒトラーに強い影響を与えた政治家である。そしてドイツの学生組合も一八九四年までには、キリスト教に改宗したユダヤ人を例外として、ユダヤ人を組合員から排除していくのである。しかし、そうした反ユダヤ主義の流れは、やがて遺伝的要因を取り込んで人種差別を謳った例の「アイゼナハ決議」（一九一九年）へとつながっていったのである。

一方、ユダヤ人も学生組合をもつのであるが、反ユダヤ主義を国民運動にまで拡大しようとするドイツ人学生の「反ユダヤ請願は、ユダヤ人を公務員や公的生活、教授職から排除することを要求し、二十九万人の署名を集めた」[106]だけでなく、教授会もユダヤ人学生組合を紛争の種とみなして、ドイツ人学生たちの要求に加担していることに注意しておきたい。それはビスマルク(O.v. Bismarck. 1815-1898)体制下であれ、ワイマール共和国においてであれ、フェルキッシュ思想が支配する限り、ドイツ人学生とユダヤ人学生が共生することには多くの困難が避けられなかったことを物語っているのである。とりわけ、愛国主義の観点から権力国家思想を唱えた歴史家のトライチュケ(H. Treitschke. 1834-96)は、ユダヤ人だけでなくカトリックをも敵視し、フェルキッシュ運動に貢献することとなる。彼はやがて軍国主義と強硬外交政策を主張するにまでなるが、そうした一連のつながりがナチスの国家社会主義体制の誕生を必然的なものにしたのである。

五　歴史的連続性のはらむ教育問題

さて、ナチズムの教育学を取り扱う時に、それが一九三三年以降に初めて出現したものであるのか、それとも一九三三年以前にすでに萌芽を見ることができるのかについて、一九八〇年代からドイツでも活発に論議されてきている。いわゆる国民国家においては、民族主義的思考が国家主義と結びついて全体主義的教育を展開することに注意すれば、ワイマール期にナチズム教育学の源泉を見いだすことも可能となる。そうした観点に立てば、教育学の歴史が特別の意味をもってくるし、国家社会主義だけを心情的に断罪したり、逆に教育学を弁護することもできなくなる。われわれがそうであるように、民族主義的思考が大きく作用した戦争責任については、心情的に、あるいは道徳的に判断しやすく、特に教育学は人間の内面性の形成に密接に関わっているだけに、戦争と教育学との因果関係を学問的に論拠づけることは難しいのである。「国家社会主義のあらゆる見解に対する議論のどれもが、学問的次元と共につねに道徳的次元をもっており、これらの議論はまさに価値判断のアルキメデスの点を自由には用いられないがゆえに、困難であり問題的である」[107]とエルカース（J. Oelkers. 1947-）は言う。たしかに、道徳的な結論を出してくると、学問的な理解が後退しがちであり、学問的追及を前面に押し出してくると、道徳的判断の地位が低くなりがちである。何らかの意味をもたない歴史が存在しないように、歴史の中に位置づいている教育学も、たとえナチ時代と言えども、すべての面でマイナスにだけ作用したわけではないかもしれない。ここに歴史的論及の曖昧さが存在する。

だが、ナチスの国家社会主義によって教育学、とりわけ伝統的教育学がさまざまな点で堕落させられたことは疑いない。人間の内面的形成に大きなウェイトを占める教育作用が、ナチ・イデオロギーによって歪められ、国民主体の教育理念は骨抜きにされていく。つまり、教育の理論と実践の乖離による反自由主義的なナチス教育学の正当化が先行する。正しい社会秩序を担う新しい人間像は、啓蒙主義に代表される近代教育学の公式化をことごとく否定する中で[108]、ナチ・イデオロギーに基づく理論家たちは、クリーク（E. Krieck. 1882-1947）とボイムラー（A. Baeumler. 1887-1968）に代表されるように、そして決定的にはヒトラーの民族教育学の宣言書でもある『わが闘争』の教育論を実現しようと試みる。教育の実践が理論によって規定されるよりも、政治的力学によって規定されることは明らかであるが、それは教育の担い手が実践家に委ねられる度合いが強いほど、確かなものとなるからである。たしかに、バーデンの小学校教師であったが、『教育哲学』(一九二三年)によってハイデルベルク大学から博士号を受けて伝統的なアカデミズムの世界に仲間入りしたクリークの場合は、すでに一九三二年にナチ教員連盟に加入していたという経歴の持主であるから、ヒトラー信奉者でナチの御用教育学者であると言われるのも頷けよう。実はワイマール共和国批判を展開したクリークにまつわることとして、「第三帝国といえば、……保守革命を提唱したメラー・ファン・デン・ブルックの造語とされているが、……クリークがイプセンの『皇帝とガリラヤ人』のなかから見つけてきて、一九一七年の論文『ドイツの国家理念』で用い、一九二三年十二月の『良心』誌にはそのものずばり『第三帝国』と題する論文を発表し、クリークが一九一七年来、知遇を得ていたファン・デン・ブルックに吹き込んだ概念」[109]という指摘がある。しかも彼はナチ党に入党した同じ年に『民族政治的教育』を出版して、やがて翌年にはフランクフルト大学の学長となり、その後ハイデルベルク大学の学長をも務め(一九三七年)、「初期ナチ運動の功労者として、一九四二年の六十歳の誕生日には党黄金賞やゲーテ・メダルを贈られたり、一九四四年には文部省から勲二等戦功十字勲章を受け」てもいる。しかし、ナチス体制に利用されるだけ利用されて、結局はローゼンベルクの批判の対象となり「国内亡命」の道をたどることになる。「クリークは、自己の年来の教育理念をナチによって、ナチという権力を利用して実現しようとした」が、「所詮ナチの考える政治とは相容れず」[110]、学長も退いているが、戦後はアメリカ占領軍によってモースブルクの戦犯抑留所に入れられ、ナチ同調者としての裁定を受けている。

しかしまた、いわゆる「国家社会主義的教育学」として呼べるだけの固有な、かつ統一的な基礎づけは存在しないという主張もある[111]。たしかに、この教育の基礎に据えられた人種教育学を正当化する根拠となるものは、生物学や医学や歴史学とは異なり、はっきりと取り出すことが困難である。したがって、議論と批判は国家社会主義の教育イデオロギー一般に向けられることが圧倒的に多い。だが、この教育イデオロギーにかんする限り、統一的概念を抽出することは困難であり、必ずしも教育にかんする理論と実践との関係を明確にはしがたいのである。社会的に制約されたイデオロギーが導く教育実践に対しては、教育の理論は一定の距離を保っていなければならない。

そこでミラー・キップ（G. Miller-Kipp）はナチス教育学にかんしては、①最近の論争を考慮すること、②その由来を解明すること、③その質を規定すること、④概念探究を吟味すること、⑤その歴史的整理を議論すること、を提唱する[112]。しかしここでは、こうした教育実践に深く関係している教育学とその代表者の活動について一瞥するに留めておこう。それは過去を現在において断罪するためではなく、ニュルンベルク裁判の再審を試みることでもない。時代に迎合して権力をもつ学問内容への警鐘と、その学問を唱える研究者（教育学者）の実存性を確認するためである。特に、国家的な危機状態にある時には、学者の良心が時代と人々の未来を左右することも多く、思想と人間性に分裂をもたなかったリットのような誠実さが今でも評価されていることから学ぶことも大切だからである。そうしてみると、戦後ドイツの歴史教科書にみられるように、すべての罪をヒトラーとナチスに転嫁することによって典型的な免責の工夫がなされてきたことは、教育学の領域ではクリークとボイムラーに対して批判を集中することで事たれりとしてきた学界の姿勢と類似している。これを無条件で受け入れるわけにはいかないのではないか。この種の問題性は、われわれ自身の研究姿勢としても反省する必要があり、第一章でも紹介するに留めておいたシュプランガーの「一九三三年」論文についても触れないわけにはいかなくなる。

シュプランガーは"Erziehung"(1933)に載せた「一九三三年三月」という論文で、次のように書いている。「血の高貴さと血の共同体のための意味は、およそ積極的なものである。民族の健康の意識的な養成、身体的と道徳的に価値の高い次代の青年たちに配慮すること(優生学)、土着の郷土への忠誠、逆の立場で不必要な中心化をもたない出生と身分の競争心、これらは新たに活気づけた諸力に、またよりよい未来に向けさせる力に属している。それと共に、あふれ出る大きな教育課題が示唆されている。」[113] このようにナチズムの国家政策と同一の態度を表明していたシュプランガーは、その一方では、「精神は強制できない」[114]との観点から軍隊が大学を包括すること、ナチ政権が国民教育に介入することには注意を要すると言いつつ、国民教育に義務を負うのは国民教育内閣であるというような認識の甘さを示していることは、やはり問題とせざるをえないであろう。そこでこの論文は「自由意志的な研究への従事と義務、身体の防衛意志と精神のそれ、自由と教養、権力への意志と法の尊重、この世の建設と卑下した神への奉仕！」[115]で終っているところにも、ナチス・ドイツの教育学に占めるシュプランガーの免れがたい責任を確認できる。もちろん、この問題は精神科学的教育学一般にも通じるものである。

シュプランガー、ノール、フリットナー（W. Flitner. 1889-1990）、ヴェーニガー（E. Weniger. 1894-1961）といった、わが国のドイツ教育学研究に影響を与えた精神科学的教育学者と言われる人たちが、前世紀末からナチズムとの関係で取り上げられてきている。シュプランガーについては田代尚弘の『シュプランガー教育思想の研究――シュプランガーとナチズムの問題――』（一九九六年）が、ノールについては坂越正樹の『ヘルマン・ノール教育学の研究――ドイツ改革教育運動からナチズムへの軌跡――』（二〇〇一年）の優れた研究がある。また、抵抗運動に焦点化してナチズムと教育学の関係を研究している對馬達雄の諸論文も無視できない。しかし、シュプランガー同様、ノールについても「時代迎合的、自己保身的姿勢を見ることは、あながち無理な解釈ではない」としつつも、それが「ナチス独裁体制下における教養市民の反応の一類型と見なされ」[116]るとなると、当時の大学人としては選択肢が限られていたという免罪ないしは同情へと一般化されてしまう危険性はありはしないだろうか。いわゆる「アンビヴァレント」な研究者の姿勢を免れないとする解釈の仕方は、ヴェーニガーをはじめナチ政権下では国内亡命を余儀なくされた多くの教育学者にかんしても言えることである。もちろん、彼らの教育学理論がどのような内容によって「アンビヴァレント」であったのかを分明にすることが本質的問題である点は言うまでもないが、その観点からはユダヤ人問題を浮き彫りにすることができにくいことを考慮して、ここでは異なる視点を取り上げることにする。たしかに、ヴェーニガーの教育学についてノイマン (K. Neumann. 1939-) が戦争体験を教育体験とみなす彼の「軍隊教育学」についての詳細な検証を始めている。しかし、これらはいずれも各々の教育学理論とナチズムとの親和性を、ユダヤ人問題・アウシュヴィッツを避けて、第三帝国の政治的観点から問題にしていることが多く、本章のテーマである人種論にはつながらない。すなわち、「フェルキッシュ」(völkisch) な問題からユダヤ人迫害の観点は隠されたままである。「近代における大量殺戮戦争がもたらす帰結の問題について、ヴェーニガーが語ることはない」[117]と指摘されるが、これはシュプランガーやノールにおいても変わらないであろう。アウシュヴィッツを語ることなしに、国家社会主義の教育学について語ることは避けなければならない。

六　ナチ教育思想と遺伝学

さて、遺伝子と教育の基本的関係を整理しておこう。人間がよりよく生きるために学ぶ行為が、環境に適応するための遺伝子の選択と不可分であるとすれば、この適応の仕方が文化を生み出す原動力となる。しかしまた、その文化が人間の生き方に影響を与える範囲と勢力は、遺伝子が環境に適応して進化するよりもはるかに大きい。つまり「文化による適応は遺伝的適応よりもはるかに急速で効果的」[118]でもあるので、ここに教育の果たすべき役割が重要となるのである。教育を介して人間の遺伝子と文化とは相互補完する関係にあり、遺伝学的に言えば、「人間の遺伝子は文化の発達を刺激し、文化の発展は遺伝的変化を促進し、それが更に文化の発展を容易にする」[119]というわけである。だとすれば、文化を発展させる動因を人間の遺伝子がもっていて、人間が文化的存在と言われるときの担い手を遺伝子に代わって人種に置き換えたのが、ナチズムのあの人種主義イデオロギーの成立根拠となるのも理解できる。要するに、ナチズムのそれは、人種が文化の質を決定する遺伝的要因の担い手とみなすのであるから、文化の発展も没落も人種の遺伝子によるということになる。そこに文化創造的人種としてのアーリア人と文化破壊的人種としてのユダヤ人という神話が生み出されたのである。この神話をバリバールは、「人種主義的神話(「アーリア神話」、遺伝の神話)が神話であるのは、たんにその擬似科学的内容によってだけではなく、知性を大衆から分離している断絶の、想像的な克服の形態においても神話なのである」[120]と分析する。そしてこのような神話を支えたのが教育であり、宣伝相ゲーリングのプロパガンダ効果である。

ところで、ヒトラーのように人種の優劣を持ち出さなくても、人間個々人の資質、素質に優劣があることを否定する人はいないであろう。天才―凡才、秀才―鈍才、器用―不器用、その他さまざまな人間的能力に対して対比される資質や素質がある。しかし、教育においては、これらの能力に対して優劣をつけることはタブーとされてきた。それは人間の差別や蔑視を招く危険があり、人間の価値評価を先天的・遺伝的要因によって決定してしまうことがあれば、教育の存在それ自体が意味をもたなくなるからである。ナチス・ドイツは人種論イデオロギーによって、これを公然と教育政策に取り込んできたのであるから、それを批判するためにも、まずこの点について一言しておく必要があろう。

素朴な疑問から始めよう。すでにアウグスティヌスは「動物といずれ劣らぬほどの生徒がいるかと思えば、教師が教える以上のことを易々と学びとっていく鋭敏な精神の持ち主もいる。ある生徒はすぐに理解するが、それ以上に早く忘れ、ある生徒はなかなか理解できないが、いったん理解したことはめったに忘れない」[121]と言っている。それは、人間には資質や素質、能力の面で差異があることについての指摘である。教育者がもっとも苦慮することの一つは、教授―学習活動の各場面で、生徒の諸能力面での差異に直面したときである。学習活動において同じ内容を教授されても、これを習得したり理解する能力には個人差があり、いわゆる理解の早い生徒と遅い生徒、あるいは身体能力においても差異があるし、感性面での差異、道徳的な判断力と実践力での差異、その他さまざまな場面で直面する個人差が現存する。これを人類にまで拡大してみると、後天的要因を無視できないとしても、文化や国民性には人間的要因に起因すると思われる相違がある。スポーツでよく見られる身体能力の相違、さらに細かく見ると体格体型の相違があることは否定できない。まさに人類は多様性に満ちており、その背景には遺伝的(先天的)要因と環境的(後天的)要因との複雑な関係性の問題がある。この関係性をめぐって、どちらか一方により多くの根拠があると唱えて、天才論や発達論、人間評価論が展開されていることは周知のとおりである。また、どんなに遺伝的要因に恵まれていようとも、それを十全に発展させるだけの環境がなければ、その先天的な才能は開花しないとも言われる。だからこそ、教育的環境が大切であるというのが、常識的な教育論である。果たして、教育が重視すべき生徒理解と教育活動の成立根拠ないし目標実現とは、遺伝説と環境説のどちらによりウェイトを置くべきであろうか。あるいは、こうした二項対立的な問い方自体が問われるとしたら、いかなる問い方が可能となるのだろうか。「二〇世紀は児童の世紀である」と子どもの尊重を唱えたエレン・ケイ（E. Key. 1849-1926）でさえ、その教育学は優生学思想に満ちている。さらに、障害児教育の研究に取り組み、幼児教育の改革を唱えたモンテッソーリ（M. Montessori. 1870-1952）ですら、一九〇七年に開設された「子どもの家」の就任演説では、その結びの言葉に優生学思想を平然と披露している。すなわち、「意識して種を改善し、自分自身の健康と徳を培うことは人間の結婚生活の目標であるべきです。それはまだあまり考えられていないところの崇高な概念です」と切り出し、「先見の明ある親切な教育者で慰め手である人の社会化した家庭は、種を改善しまた人類を生活の永遠のために勝利に歓喜して進めることを望む人間仲間の真実のまた価値ある家庭です」[122]と語っている。時代的背景を考慮したとしても、優生学の根の深さを感じざるをえないであろう。

現代の遺伝学・分子生物学が遺伝情報の配列までも解明してきているゲノム研究の現実を受け止めると、教育において遺伝説を持ち込むことは承認されるのであろうか。おそらく、教育に遺伝説を持ち込むことは、人間の尊厳の毀損、人間性や可能性の否定、人間的価値の序列化等々といったような、いわゆる非人間的教育としての非難を避けられない。遺伝説を受け入れると、先天的資質が諸能力の有無を決定してしまい、それはエリート主義、人間差別を生み出す原因となるから、教育の世界に遺伝的要因を持ち込むことは否定すべきだということになろう。しかし、個々の生徒の素質や才能に差異があるからこそ、教育によって各人に適合した資質を伸ばし、個性的な生き方を習得できるようにすることが必要なのだと言うときに、「人間の不幸の多くは、人々が彼らの遺伝子に最も適している以外の職業についていることが原因となっているのではないか」[123]との遺伝学からの問題提起に対して、教育学はどのように答えるべきなのだろうか。教育に遺伝説を取り込むことに対してタブー視してきた教育論が問われているとも言える。

遺伝説の立場にあって、すでにアリストテレスは立派な先祖を持つ者は立派な者になることが多いこと、また高貴さとは家系がすぐれていることだと述べており[124]、それに対して環境説には「タブラ・ラサ(人間白紙説)」を唱えたロック(J. Locke. 1632-1704)がおり、彼は「人間のうち十中八九は、……彼らの受けた教育によって今日の状態になった……教育こそ人間に大きな違いをもたらすもの」[125]と言っている。もちろん、人間は遺伝と環境のどちらからも影響を受けているのであるから、二者択一を迫るような問い方をすること自体が誤りであろうが、ここで問題となるのは両要因とも必要であるといった曖昧な調和説に甘んじることではない。つまり、生物学的・遺伝学的な観点から、遺伝細胞、遺伝子による人間の差異が、教育においてどのような意味をもっているのかについて考えてみることである。

そもそも性細胞の中にある染色体によって遺伝子が親から子へと伝えられることが発見されてから、

まだ一五〇年しか経っていない。この染色体を構成しているほとんどの化学物質はデオキシリボ核酸＝DNAとタンパク質であることがわかったのも、最近のことである。このDNAの量は高等動物ほど多く、人間が最高位にいることは確かである。ただし、性細胞には一万以上の異なる遺伝子があることもわかっており、それだけ教育活動を個人の遺伝的要因に基づいて計画することはまず不可能である。それでもなお、先述したような教授―学習活動での個人差があることを事実として直視するなら、遺伝的要因の問題を無視することは許されない。「現代は遺伝の科学的基礎を発見した時代」[126]であると言えるならば、教育学も遺伝学も個人の諸能力の差異を先天的要因に起因するものとして確定してこなかったのは何ゆえであろうか。その解答の一つが、「遺伝は必ずしもある人間の運命を決定するものではなく、ただある一人の人間がこの世の中にもって生まれてくる単なる一つの条件、あるいは傾向」[127]に他ならないとする解釈にある。ところが、この解釈はある面では正しく、ある面では正しくない。と言うのは、人間の運命を決定するものは遺伝だけではなくて、人間関係も含めた広い意味での環境によるところが大きいからであるが、しかしもって生まれた一つの条件、傾向がまさに運命を決定することのほうが多いからである。あるいは、この条件、傾向そのものが運命であると言ってもよいからである。もちろん、これは一九世紀末から二〇世紀の初めにかけて台頭した社会的ダーウィニズムに与するための叙述ではない。社会的ダーウィニズムは「犯罪とか、貧困とかいった社会問題は社会組織のもつ欠点からではなく、単に悪い遺伝子から由来する」[128]と考える偏った遺伝説を絶対視するものだからである。その意味で、「ヒトラーのいう《民族国家の教育原則》は、社会ダーウィニズム的観念に貫かれている」[129]と考えられる。

さて、人間の諸能力の中でも、教授—学習活動で現代の教育が大きな比重を置いているものに、知性にかんする能力がある。たしかに、知性の能力が学習の能力および結果と相関関係にあることは否定できない。知能指数と人間としての価値評価とは無関係であり、知能指数は人間の資質の一部分しか表していないとしながらも、知能指数と知性の能力を同等視して、この能力が高いほど人間的評価も高いと誤解する傾向にある現実は、教育に携わる者を苦しめてきた。ましてや、性格に関わるものになると、その特性や評価を測る科学的方法はなく、これを遺伝的要因に委ねてしまうことが多い。ところが、「遺伝子は環境に対する生物の反応を決定する」[130]とすれば、性格もまた先述した広い意味での環境に対する反応の仕方として現れてくるものであるから、遺伝子による決定作用と言えなくもない。つまり、人間としての価値は変わらないと言っても、人類の遺伝子の数と同様の相違が個々人の間には存在するのであり、遺伝的に人間はすべて異なるのである。この事実をどのように受け止めるかによって、教育の意味が明らかになる。

教育学研究にとって遺伝を問題にすることの意義は、人間にとって教育が成立する根拠、換言すれば、人間が教育を必要とする理由が、人間の外在的要因によってではなく、内在的要因によって説明可能となるからである。外在的要因としては人間と環境との関係性のあり方が問われるが、内在的要因は人間の生の意味それ自体に密接に関係しているのである。すなわち、人間は自然性と技術性とをもって環境に適応していくことができる能力をもっているが、それは生きるための学びと言うことができる。しかし単に生きるために学ぶだけではなく、よりよく生きることを創意工夫してきたことは、一種の「人類の生物学的進化の過程」[131]と言えなくもなく、この進化を可能にした人間的特性こそ、教育できるという性質に他ならない。その場合に、進化の過程がよりよく生きることに直接関係するためには、「人間の遺伝子型を淘汰」するという教育的作用が人間の内在的要因として前提されざるをえないのである。したがって、「教育性は種としてのヒト全体の特徴であり」[132]、この教育性を淘汰性と考えるなら、教育を必要とする内在的要因こそ遺伝子ということになる。そうすると、教育学が論究する人間学的な諸問題は遺伝子の掌中にあると言われかねない。遺伝子決定論の危険性を踏まえた上で、ナチズムの人種論に規定された教育学が正しかったわけではないことを明らかにしなければならない。

七　教育学の功罪

そうした人種的差別は教育の場では否定されるべきものであったし、またワイマール期の教育学では否定されてもきたから、ナチス教育学はこの思想をいかにして教育に取り込むかが課題であったろう。しかし、ナチ政権はこの難題を次々と解消していくのであるが、そのさいに人種概念それ自身が当時の教育科学の中で一つの重要な役割を果たしていることに注意しておかねばならない[133]。それはすべての学校段階と学校形式を方向づける指導要綱と教科書を決定的に刻印していること、また身体的な鍛錬を重視する教育方針から、知的な教授活動をあまりにも高く評価しない仕方で浸透してきたことと関係している点に気付かねばならないのである。

では一体、いかに多くの教育学者が人種論争に関与し、そこから一つの本格的な「人種教育学」を展開したのかを見ておきたい。もちろん、彼らの教育目標にかんする観念はナチ・イデオロギーに基礎づいており、人種論的に整えられた心理学と社会学が樹立されたことと深く結びついていて、彼らは人種学的な基礎づけとそれの応用可能性を解釈学的かつ経験的な方法で探究したのである。この点で従来取り上げられてきた代表的な教育学者はクリークとボイムラーであったが、当時の人種差別教育に最も影響力をもっていた代表的人物はチュービンゲン、ミュンヘン、ベルリンの各大学で教育学と心理学を教えていたクロー(O. Kroh. 1887-1955)である。彼は講義とナチの雑誌 "Bewegung"(「運動」)で、さらに専門雑誌に多くの論文を書き、民族的・人種的な語彙をふんだんに用いて人種論を展開し、チュービンゲン大学では「人種心理学演習」を行っている。その学問の中で「あらゆる種類の民族教育」のための基礎としての「民族人間学」を推し進めた[134]にもかかわらず、彼が戦後も心理学教授として大学での地位を維持できたことをカイムは取り上げている。しかも、民族的な基礎原理に基づいて書かれた『初等学校生徒の(発達)心理学』(一九二八年)は、出版されてから何十年間も教育心理学の標準的な著作と見なされ、彼の死後も八〇年代に至るまで多様な敬意が払われてきたのである[135]。このことは何を意味しているのであろうか。

クローがミュンヘン大学に移った時（一九三八年）、チュービンゲン大学で彼の後継者となったのはプファーラー（G. Pfahler. 1897-1975）であった。彼はクローと同じく「人種と教育」というテーマをさまざまな方向から取り扱い、「疑念も抑制もない国家社会主義的な教育理想」を広めた[136]。それにもかかわらず、彼は一九五三年にチュービンゲン大学での恩赦によって正教授に再び任命されている。彼ら自身が同等の立場にいたと認めている人物としては、ゲッチンゲン大学の心理学、教育学、人種学、民族人間学の教授ペーターマン（B. Petermann）や、ライプツィッヒ大学の教育学・心理学研究所の教授で所長であったフォルケルト（H. Volkelt. 1886-1964）がいる[137]。要するに、これまで注目されていなかった教育学者で、ナチスの人種論教育学を広めた者はかなりの数に上る。その中でも、わが国の教育学研究上も「イエナ・プラン」で知られているペーターゼン（P. Petersen. 1884-1952）を無視するわけにはいかない。

ペーターゼンのような狭義の国家社会主義者ではない教育学者ですら、ナチスの人種主義につながる「ゲマインシャフトの教育学」を公にしている。それは『現代の教育学』（一九三七年）でクリークを参照しながら、そのゲマインシャフト概念を取り入れているからである[138]。しかも、時代の流れに迎合するといった単なる日和見主義から、その教育学を唱えたわけではないのである。彼は「国家社会主義の光の中でのイエナプランの教育科学的基礎」論文の中で、自分が北方ゲルマン的人間という観念に従って学校生活を形成してきたこと、また自らの「教育学はずっと以前から衛生学と優生学、人種学と遺伝学のすべての要求にとって公のもの」であったこと、を強調しているからである[139]。そうした人種論的な教育学説と研究が特に影響を及ぼしたのは、教員養成のための教育に対してである。

教員養成大学に積極的に導入された教育学は、ドレスデンの教員養成大学を例にとってみると、「人種政策、人種政策的な教育、人種心理学、種族学と種族保護」を担当するために求められた特殊な教授ポストであった。いわゆる教育と行政官を兼ねることによって、社会教育の面でも大きな任務を果す地位である。例えばアイト（A. Eydt. 1907-?）は、ザクセン地区の指導をする立場から、国家社会主義ドイツ労働党の人種政策局でも同時に働いたというようにである[140]。しかし、そのような特殊な任務をもたない教授は、民族人間学、人種心理学、人種衛生学、遺伝学あるいは家族学の研究と教授に没頭することができるような配慮がなされた。つまり、ナチ・イデオロギーを推進するための文献を提供し、人種論的な研究テーマを展開できる教師教育に携わる教授ポストを用意したのである。その典型的な一例を挙げるならば、ブラウンシュヴァイクの教員養成大学の管理を任されていた、ヒムラー（H. Himmler. 1900-45）の親衛隊メンバーの教育学者ベルガー（F. Berger）である[141]。親衛隊のメンバーというだけでも、大学におけるベルガーの教育的貢献は予想がつくであろう。教員養成大学の教授たちが、大学だけでなく他の教育施設でも、国家社会主義ドイツ労働党の指導やマニュアルによって与えられた教材と教授法を用いて、人種論的学説を拡大することに寄与したことは言うまでもない。、教授法としては、生物学教授法の専門家であるドーバース（E. Dobers）が、ベルリン大学学長たちと共同で、ナチス・ドイツの統治下での学校制度を確かなものにするためにヒゲルケ（K. Higelke）と編纂した本は、『人種政策的な教授実践。国民学校教科の教授形態における人種思想』（一九三八年）と呼ばれている。そこに登場する著者たちはエルビンガー教員養成大学の教授たちであり、その第三版の終わりには教授法的な内容とは関係のない、人種主義にかんする著作と教育援助手段とを列挙し、それを教員養成のための教育学を構成するものとして取り込んでいるのである[142]。人種論イデオロギーの流布に教授法的基礎を与える教員養成大学の役割はきわめて大きかったと言える。

ところで、一九三三年九月にプロイセンで公布されるのが、「生物学的な根本事実とそれの個々人や共同体への応用とにかんする知識」をもたずに、生徒が卒業してはならないという、卒業要件の指令である。それゆえ、「遺伝学、人種衛生学、家族学、人口政策」が教授の対象となり、それらの学科を免除されることはなく、すべての生徒の試験範囲として義務化されていくのである[143]。こうしてこの教育政策が教育現場でより具体的な結果を生むようになるのは、一九三五年の一月に「教授における遺伝学と人種学」という教科が導入されることによってである。教科内容が生徒の人種的思想形成に果たす影響力については多言を要しないであろうが、とりわけナチ・イデオロギーでのそれは直接ユダヤ人排斥の意識へと結びついていたことを重く受け止めざるをえない。

こうしたナチ教育政策の一貫として、ナチ学生同盟による政治的・人種的に好ましくない教授を大学から排斥する「非ドイツ精神撲滅運動」が活発となり、一九三三年四月に十二カ条の方針を掲げているが、その中のいくつかを取り上げてみると、多くの大学人が厳しい意思・立場選択を迫られたことがわかる[144]。

一、言語と著作は民族に根をもつ。ドイツ民族は、自らの言語と自らの著作物が自らの民族性の純粋にして混じりものなき表現であることに責任を有する。三、言語と著作の純粋は、諸君の双肩にかかっている。諸君の民族は、言語の忠実な保持という任務を諸君に委任している。四、我らの最も危険な敵は、ユダヤ人と、ユダヤ人に隷属している徒輩である。五、ユダヤ人は、ユダヤ的にしか考えることはできない。ユダヤ人がドイツ語で書くとすれば、それは偽りである。ドイツ語を書きながら、非ドイツ的な思考をもつドイツ人は、裏切り者である。六、我らは裏切りに烙印を押さんとする。我らは、学生たちのために、無思想の場ではなく、紀律と政治的教育の場を作らんとする。七、我らは、ユダヤ人を異邦人と見なし、民族性を尊重せんとする。それゆえ、ユダヤ人の著作はヘブライ語で出版するよう検閲を要求する。ユダヤ人がドイツ語の書物を著す場合は、翻訳物と明記すべきである。……ドイツの文字はドイツ人にのみ用いられるべきものである。十、我らは、ドイツの学生諸君に、ユダヤ的主知主義と、それに結びついたドイツの精神生活におけるリベラルな頽廃現象を克服するための意志と能力を要求する。十一、我らは、ドイツ精神に宿る思考の誠実さを目指して、学生と教授達を選抜することを要求する。十二、我らは、ドイツの大学をドイツの民族性の牙城たらしめ、ドイツ精神の力を戦場たらしめんことを要求する。

このような大学の雰囲気の中で、親ユダヤ的言動やリベラルな思想を表明することは、自分の職を失うことにも通じている。フンボルト的なアカデミズムを唱えることは、いわば学問研究の自殺行為であったし、国外に亡命しない研究者は日和見主義という一種の「国内亡命」をせざるをえない状況下にあったのである。クリークとともにナチ御用学者の代表者であるボイムラーが、ベルリンに新設された「政治的教育学」の教授として就任するや、二万冊の書が焚書にあう場所、オペラ広場へ行進する学生たちの松明行列の先頭に立ち、ゲルマニストのノイマンが「我らは、家庭と故郷が、民族と血が、敬虔なる連帯の全存在が再び聖なるものとなるような書物を望む。……英雄的なるものを、勇敢さを我らは望む。……冷たき悟性でひねり出された不自然なもの、これは我らには異質な文明文士たちの芸術であった。……我らは民族的に活動する新しい芸術精神を求めて叫ぶ。されば、新しいドイツの著作物万才！　至高の総統万才！　ドイツ万才！」[145]と演説する中で、多くの大学人に抵抗する力はなかったと言えよう。しかも有能なユダヤ人研究者が置かれていた地位と精神状態は想像を絶するものがあったであろう。そうしたナチスの政策が端的に現われていたのは、大学だけでなくすべての学校の教科においてであった。

さて、「教授における遺伝学と人種学」という教科の目標は、生徒たちを「ドイツ民族の人種的本性によって」ナチスの国家建設に動機づけることだけでなく、「北方の世襲領の主要な所有者としてのドイツ民族に属していることへの誇りを覚醒すること」にあった[146]。この教科目標は同時に、病弱者と劣等者として一般国民からは区別された人々に対して、生徒たちが劣等者にならないように防衛する態度を強化することにある。そこで人種意識を発達させるために、遺伝学を補足する教科として家族学や人口政策を関連づけて適用し、生徒たちに「家系の由来、子孫、血族の一覧表」を作成させて「種のつながりの中の部分としての自己」を認識するような指導がなされたのである[147]。だから、こうした教科目標を受け入れられない生徒は、ナチ・イデオロギーから見れば病人であり、劣等者の烙印を押されることになる。そうした評価を望まないことから、病弱者の身体的と精神的との体質からは自分を区別しようとするし、そこにナチスが宣伝する人種の特徴と文化的業績との関連性に拘束されて、異質な人種や民族に対する蔑視、とりわけユダヤ人を悪人に仕立て上げていく意識が醸成されることになる。

一九三五年の一月に公布された卒業要件の規定に対応して、人種論イデオロギーは数年後にはすべての学校の教育計画を確実に構成する要素になったのであるが、その時に決定的な役割を果たしたのが初等学校と中等学校での自然学であり、高等学校での生物学である。これらの科目は生徒たちに植物と動物から推論する能力を与える基礎となり、その一方では心情を形成する学科としてドイツ語、地理、歴史が重視された。地理は「人種の相違性と北方人種の特別の成果」[148]を教授すること、ドイツ語は「国家社会主義の民族責任的な志向を人種的に基礎固めする」[149]ことが目標とされたのである。神学者たちが苦労して作り出した宗教教授のための教育計画さえも、旧約聖書にはユダヤ人排斥のための工夫が取り入れられた。すなわち、選ばれた民族としてのユダヤ人の使命意識を際立たせて、彼らがすべての民族を支配する者として帝国主義的要求をボルシェヴィズムにまで発展させていると指示し、そしてユダヤ人ことがあらゆる民族を堕落させる酵素として、また反キリスト教的現象として、ユダヤ教のもつ宿命的な役割について理解させようとするのである[150]。

以上のように、ほとんどの学科がナチス・ドイツの人種論的な教育目標を担ったのであるが、その中でも真っ先に生物学の教科書の内容が問題となる。例えば、「上級学校とギムナジウムのための生物学」の実り豊かな陶冶材で備えられた三巻本が編纂され、そこでは以下のようなテーマが扱われている。つまり、「ヨーロッパの諸民族、様々な人種混合」、「ドイツ民族、有利な人種混合」、「商人、遊牧民、寄生虫、文化腐敗者としてのユダヤ人」、「優秀な遺伝の保持と促進への方策」ないし「病的遺伝に対する闘争」などである[151]。そうした人種主義的プロパガンダを強化したのが歴史書であるが、それは歴史書が、例えば「民族健康のための闘い」という見出し語のもとにゲルマン人を強調するといった具合にである。と言うのは、「世界の神聖な秩序の中ではただ健康、徳、善のみがその場所をもっており、病気と退化〔変種〕は……（それに対して）この秩序を危うくし」、そしてそれゆえ「国家社会主義的な世界観がゲルマン的な生活価値へと」立ち帰ることが、それらにとっては「自明」であったろうからである[152]。

以上のように、ナチスの人種論イデオロギーは、教育に携わるすべての人々を巻き込んで、青少年たちをゲルマン的信仰の世界へと導いていっただけでなく、第一次世界大戦後の国家再建の夢をドイツ・ゲルマン民族の統一に先鋭化し、その目標達成のためにユダヤ人をスケープゴートに仕立てることによって大衆の心をつかむヒトラーの政策的戦略となったのである。そうした潮流は、国家社会主義体制が確立されてから成立したことではなく、ドイツ・ゲルマン民族の精神を再現するための歴史的伝統に基づいているものが核心部を成している。再度モッセの言葉を借りれば、「人種理論とは、学問的に堅固なものと称しつつ、フェルキッシュの遺産の上に築かれたもの」であり、それはまた「ドイツ的魂というロマン主義的な先入見から生じてきた、あらゆる特徴を含んでいた」[153]のである。その意味ではナチスによるユダヤ人排撃の歴史は、ヒトラーが登場する以前から存在したゲルマン民族の本質の部分を成してきた人生観・世界観・宗教観の構成要素であったと言わざるをえないのである。「人種、自然、そして文化的アイデンティティの神秘に立脚して、反ユダヤの革命家たちが主張したのは、ゲルマン的創造性の防衛者たること」[154]であったし、それの担い手を育成することが教育の使命だったのである。

したがって、ヒトラーがウィーンで実感したユダヤ人に対する「異質さ」への恐怖感と嫌悪感こそ、反ユダヤ主義に彼を駆り立てた原初的体験であったとすれば、国際化時代の現代ではなおさら直面せざるをえないこれと同様の「異質さ」を、どのように体験し受け入れるかが、感性と知性の両面にわたって教育が対応すべき重要な課題なのである。その点では、アウシュヴィッツに対する戦後のドイツ人の評価の仕方にも、長い間ナチスに全責任を転嫁する方向で語られてきたことへの反省を踏まえて、歴史的連続性に蓋をしないための良心が働きだしていることも確かである。そして教育学においてもナチズムに対して直視することが避けられなくなっている姿を見ることができるのではないだろうか。

注

1　相場覚『心理学入門』放送大学教育振興会　一九九三年　一五六頁。

2　数土直紀『理解できない他者と理解されない自己―寛容の社会理論―』勁草書房　二〇〇一年　一一五頁、一一九頁。

3　ハンナ・アーレント『暗い時代の人間性について』仲正昌樹訳　情況出版　二〇〇二年　五七頁。
4　M・クラウル『ドイツ・ギムナジウム二〇〇〇年史　エリート養成の社会史』望田幸男他訳　ミネルヴァ書房　一九八六年　一七三頁参照。
5　大嶋仁『ユダヤ人の思考法』ちくま新書　一九九九年　四七頁。
6　米本昌平・松原洋子・橳島次郎・市野川容孝『優生学と人間社会』講談社現代新書　二〇〇〇年　六九頁。
7　同書、二三頁。
8　同書、二三頁。
9　『コント　スペンサー』清水禮子訳　世界の名著36　中央公論社　一九七〇年　三七頁。
10　同書、三九九頁。
11　同書、四〇〇頁。
12　米本他『優生学と人間社会』七四－七五頁。
13　Th・ドブジャンスキー『遺伝と人間』杉野義信・杉野奈保野訳　岩波書店　一九七三年　二〇四頁。
14　同書、七九頁。
15　カール・ビンディング　アルフレート・ホッへ『「生きるに値しない命」とは誰のことか』森下直貴・佐野誠訳　窓社　二〇〇一年　二五頁、二八頁。
16　同書、三二頁。
17　同書、七一頁。
18　同書、七四頁。
19　同書、八六頁。

20　同書、一二四頁。
21　J・P・スターン『ヒトラー神話の誕生』山本尤訳　社会思想社　一九八三年　三〇二頁。
22　ルドルフ・ヘス『アウシュヴィッツ収容所』片岡啓治訳　講談社学術文庫　一九九九年　二九三頁。
23　同書、二九五頁、二九六頁。
24　ジョージ・L・モッセ『ユダヤ人の〈ドイツ〉宗教と民族をこえて』三宅昭良訳　講談社　一九九六年　一四九－一五〇頁。
25　原暉之「反ユダヤ主義とロシア・ユダヤ人社会―革命前ロシアの一側面―」『思想』一九七七年一二月　三〇頁。（以下「反ユダヤ主義」）『シオンの長老の議定書』とは、帝政ロシアの秘密警察の命を受けたケルゲイ・ニルスという人物が捏造した事実無根の偽文書。なおブラフマン（梵語の brahman）とは、インドのバラモン教で宇宙の最高原理を神格化した最高神を意味する。
26　ジョージ・L・モッセ『フェルキッシュ革命』植村和秀・大川清丈・城達也・野村耕一訳　柏書房　一九九八年　一七二頁。
27　カール・ヤスパース『ハイデガーとの対決』ハンス・ザーナー編　児島洋・立松弘孝・寺邑昭彦・渡辺二郎訳　紀伊国屋書店　一九八一年　三七二頁。
28　同書、四六三頁。
29　ヒトラー『わが闘争』（上）平野一郎・将積茂訳　角川文庫　二〇〇二年改版再版　四一八頁。なお、次の指摘も参照のこと。「『国際金融の利害』をユダヤ人による『ボルシェヴィズム化』と結びついたもの、それどころかそれと同一のものと見るまでになっていた。……資本主義もボルシェヴィズムも、ドイツあるいは北欧人種あるいはアーリア人種を絶滅させようとするユダヤ人の世界制覇への野心の二つの局面だと断言された。」（J・P・

スターン『ヒトラー神話の誕生』二一九頁。)
30 松浦寛『ユダヤ陰謀説の正体』ちくま新書　一九九九年　一六一一七頁。
31 同書、六五頁。
32 佐藤唯行『アメリカのユダヤ人迫害史』集英社新書　二〇〇〇年　三〇頁。
33 同書、六六頁。
34 同書、七五頁。
35 同書、九四頁。
36 同書、九五頁。
37 J・W・ベンダースキー『ユダヤ人の脅威―アメリカ軍の反ユダヤ主義―』佐野誠・樋上千寿・関根真保・山田皓一訳　風行社　二〇〇〇年　五一頁。
38 同書、八〇頁。
39 同書、八六－八七頁。
40 同書、一八五頁。もっともこの記事のほとんどは編集者のキャメロン(W.J. Cameron)が書いたと言われる。
41 同書、一六七頁以下。
42 同書、二二〇頁。合衆国陸軍大学校の卒業生にはアイゼンハワー(D.D. Eisenhower. 1890-1969)やブラッドリー(O. Bradley. 1893-1981)をはじめ、多くの戦時司令官がいる。
43 同書、二三六頁。
44 大嶋『ユダヤ人の思考法』八四頁。
45 同書、一五五頁。

46 エンツォ・トラヴェルソー『マルクス主義者とユダヤ問題　ある論議の歴史(一八四三―一九四三)』宇京頼三訳　人文書院　二〇〇〇年　二六頁以下。

47 同書、二七頁。

48 ハンナ・アーレント『革命について』志水速雄訳　筑摩書房　一九九五年　三九頁。

49 原「反ユダヤ主義」二六頁。イディシュ語(Yiddish)とは、東欧系のユダヤ人がドイツ語とスラヴ語の混じりあった言語を作り出したもの。ヘブライ文字を使用している。

50 同書、三四頁。

51 徳永恂『フランクフルト学派の展開　二〇世紀思想の断層』新曜社　二〇〇二年　一三八頁。徳永恂はこうした動向が一九世紀後半の反ユダヤ主義を「宗教的反ユダヤ教義・感情」と区別して「イデオロギーとしての『社会的反ユダヤ主義』」と呼んでいる。一三六頁。

52 プレプク・アニコー『ロシア、中・東欧ユダヤ民族史』寺尾信昭訳　彩流社　二〇〇四年　一〇九頁。

53 原「反ユダヤ主義」二四頁。

54 同書、三〇頁。

55 同書、二五頁。本文で述べた内容はロシアでの例であるが、もう少し詳しく言うと、タルムード(Talmud)はモーゼの律法のほかに、それと同一レベルの内容のものを口述して伝えていく律法のことで、モーゼの成文律法の解釈をめぐって対立が生じたことから、一八〇〇年頃からミシュナ(Mishnah)と呼ばれる法典、およびその注釈であるゲマラ(Gemara)が編纂された。しかし、それらも解釈においてさまざまな議論と混乱をもたらし、一九世紀に至ってようやく最高の水準に達したと言われている。ラビ・モイーズ・シュール(1845-1911)の文集「タルムードとミドラシュのタルムード的文章および格言」(一八七八年)には、当面の関心事から言えば、「五歳にして聖書を学び、十歳にしてミシュナを学び、十三歳にして宗教的戒律の実行が要求され、十五歳にしてタルムードの研究をはじめ、十八歳で結婚すべきである」とある。（A・シーグフリード『ユダヤの民と宗教』鈴木一郎訳　岩波新書　一九六七年　一二六－一二八頁。）

56　同書、三二頁。

57　同書、三四頁。

58　同書、三五頁。

59　サルトル『ユダヤ人』岩波新書　一七七頁。

60　宮田光雄「教育政策と政治教育―ナチ・ドイツの精神構造―」『思想』一九八一年五月　一〇頁。

61　Wolfgang Keim : Erziehung unter der Nazi-Diktatur. Bd.II. Wissenschaftliche Buchgesellschaft. Darmstadt. 1997.S.95

62　大嶋『ユダヤ人の思考法』一八六頁。

63　同書、一八六頁。

64　米本他『優生学と人間社会』七一頁。

65　宮田「教育政策と政治教育―ナチ・ドイツの精神構造―」二〇頁。

66　同書、二〇頁。

67　同書、二〇頁。

68　M・クラウル『ドイツ・ギムナジウム二〇〇〇年史　エリート養成の社会史』一七六頁。

69　Th・ドブジャンスキー『遺伝と人間』一一五頁。

70　E・バリバール　I・ウォーラーステイン『人種・国民・階級』若森章孝他訳、大村書店　一九九七年　三七－三八頁。

71 米本他『優生学と人間社会』七〇頁。
72 同書、九七頁。
73 モッセ『フェルキッシュ革命』四五－四六頁。
74 同書、四七頁。
75 同書、五四頁。
76 同書、五九－六〇頁。
77 同書、六三頁。
78 同書、六五頁。
79 同書、六七頁。
80 同書、七三頁。
81 同書、七四頁。
82 ヘルマン・リーツ『田園教育舎の理念』川瀬邦臣　明治図書　一九八五年　三七頁。(川瀬の解説)
83 モッセ『フェルキッシュ革命』二三頁。
84 同書、二〇九頁。
85 同書、二一〇頁。
86 同書、八六頁。
87 同書、一〇〇頁。
88 同書、一一八頁。
89 同書、一二六頁。ちなみにカントは、「自分の考えの中に、他人に対する義務を全くもたないユダヤ人は、良心の呵責をもたずに、うそをついたり裏切ったりする。異教徒には信頼なし」と、厳しいユダヤ教批判をしている。カント全集第一六巻『教育学・小論集・遺稿集』尾渡達雄訳　理想社　一九六六年　三四〇頁。

90　同書、一三三頁。

91　Deutsche Geschichte in Bildern. Hrsg. v. Christoph Stölzl. Koehler & Amelang. 1997. S.624-625

92　モッセ『フェルキッシュ革命』一五四頁。

93　同書、一七五頁。

94　同書、一七七頁。

95　同書、一八〇頁。

96　同書、一九二頁。

97　同書、一九九頁。

98　同書、二〇一頁。

99　Eduard Spranger : Der Bildungswert der Heimatkunde. 1923. Gesammelte Schriften. Bd. II. 1973. S.298, シュプランガーの郷土科理論については拙著『教育的価値論の研究』玉川大学出版部（一九九四年）の第九章「感性の教育と価値論」を参照されたい。

100　モッセ『フェルキッシュ革命』二一八頁。

101　同書、二〇三頁。

102　同書、二〇五頁。

103　同書、二〇八頁。

104　同書、二四五頁。

105 同書、二四七頁。
106 同書、二五〇頁。
107 Ulrich Hermann, Jürgen Oelkers (Hrsg.) : Pädagogik und Nationalsozialismus. Beltz Verlag. Basel. 1989.S.10
108 ibid., S.12
109 山本尤『近代とドイツ精神』未知谷　二〇〇〇年　一六八頁。
110 同書、一六九頁以下参照。
111 Hermann, Oelkers : a.a.O., S.13
112 ibid., S.21
113 Eduard Spranger : März 1933. In : Die Erziehung 7.1933. S.403
114 ibid., S.407
115 ibid., S.408
116 坂越正樹『ヘルマン・ノール教育学の研究―ドイツ改革教育運動からナチズムへの軌跡―』風間書房　二〇〇一年　一八六頁。
117 カール・ノイマン「精神科学的教育学、ナチズム、戦争への教育」二〇〇三年十月　教育哲学会第四六回大会でのラウンドテーブル「精神科学的教育学とナチズムの問題」での講演から。
118 ドブジャンスキー『遺伝と人間』一八五頁。
119 同書、一八五頁。
120 バリバール　ウォーラーステイン『人種・国民・階級』三六頁。
121 Augustinus : Praeloquia I, PL136, 176-177(ピエール・リシュ『ヨーロッパ成立期の学校教育と教養』岩村清太訳

知泉書館　二〇〇〇年　二二四頁。）

122 マリーア・モンテッソーリ『子どもの発見』鼓常良訳　国土社　一九七一年　三八五頁。

123 ドブジャンスキー『遺伝と人間』一七〇頁。

124 アリストテレス『ニコマコス倫理学』全集13　加藤信朗訳　岩波書店　一九七七年　一一八頁。

125 ジョン・ロック『教育論』梅崎光生訳　明治図書　一九七三年　一三頁。

126 バリバール　ウォーラーステイン『人種・国民・階級』、六〇頁。

127 同書、六六頁。

128 宮田「教育政策と政治教育―ナチ・ドイツの精神構造―」八頁。

129 ドブジャンスキー『遺伝と人間』八三頁。

130 同書、一三六頁。

131 同書、一三六頁。

132 W. Keim : Erziehung unter der Nazi-Diktatur. Bd. II. S.95ff.

133 Oswald Kroh : Pädagogische Psychologie im Dienste völkischer Erziehung. 1937. S.8. In : W. Keim : a.a.O., S.96

134 W. Keim : a.a.O., S.96

135 Uwe Dietrich Adam:Hochschule und Nationalsozialismus. Tübingen. 1977, S.175. In : W. Keim : a.a.O., S.96

136 W. Keim : a.a.O., S.96

137 Hans-Christian Harten : Rasse und Erziehung. Zur pädagogischen Psychologie und Soziologie des Nationalsozialismus. in Zeitschrift für Pädagogik. 39, 1993. S.114f.) vgl. W. Keim : a.a.O., S.97

138 ペーターゼン『学校と授業の変革』三枝孝弘・山崎準二著訳　明治図書　一九八四年　一九頁以下の三枝の解

説参照。たしかに、ナチ政権が誕生する以前の著書では、実践的立場を重視するペーターゼンの教育学は土着の思想を基礎にしているゲマインシャフトの教育理論を唱えている。

139 Peter Petersen : Die Eerziehungswissenschaftlichen Grundlagen des Jenaplanes im Lichte des Nationalsozialismus. 1935. S.3

140 W. Keim : a.a.O., S.97

141 ibid., S.97

142 ibid., S.97

143 ibid., S.98

144 山本『近代とドイツ精神』一三一－一三二頁参照。

145 同書、一三四頁。

146 W. Keim : a.a.O., S.98

147 ibid., S.98

148 ibid., S.99

149 ibid., S.99

150 ibid., S.99

151 ibid., S.99

152 ibid., S.100

153 モッセ『フェルキッシュ革命』三八〇頁。

154 同書、三七六頁。

第三章

ナチス政権下の抵抗運動とユダヤ人学校

ヴォルフガング・カイムは二巻本の『ナチ独裁下の教育』(Erziehung unter der Nazi-Diktatur. Bd.I. 1995, Bd.II. 1997)で、ナチズム下で排除された教育学、迫害に耐え忍んだけれども結局はナチ政体を黙認したり支持した教育学、さらにナチスの犯罪に積極的に関与した教育学というように、さまざまな教育学があったことを顧みながら、それらの中でナチスを支持したり荷担してきた教育学が戦後久しくナチスの犯罪に対して責任がないと主張してきた点に疑問を投げかける。今日では直接・間接のいかんを問わず、ナチスの世界的犯罪に対してドイツ人として無関係であると言明することは後ろめたさを感じるであろうが、たとえそうであったとしても、その関係の意味が相対化されていることには注意しておかねばならない。過去と向き合う歴史観ではなく、未来に向かう歴史観が大切であるとは言え、その未来は過去との連関性においてのみ開かれてくることを考えると、やはりナチスの歴史的犯罪から学び取るべきことは多いのである。とりわけ、教育においてナチ権力の生起を必然的なものとし、国家社会主義の政策を歓迎した事実から目をそらしてはならない。

学校や諸教育施設がナチ化されていくときに、これまで述べてきた例の純血主義的な立場が採り入れられたさいに、「特殊教育学者と社会教育学者たちは、特殊学校、青少年福祉事業、教護の枠内で、選択の過程で、少なくとも強制的な断種との関連で、それゆえナチスの犯罪に、積極的に関与した」[1]ことは否定できない。否むしろ、ナチス・ドイツの精神を育んだ決定的な基盤は教育なのである。そうした教育を理論面で支えてきた教育学は、今日では「反教育学、似非教育学」(シュタインハウス)、「非教育学」(H・ブランケルツ)、「黒い教育学」(U・ヘルマン)等々と呼ばれて、さまざまな観点から批判的に論及されてきた。そうした傾向は、ヴェーニガーたちが活躍したゲッチンゲン学派に代表されるように、すでに「一九六五年以降、ドイツの大学およびその学問の有する国家社会主義的過去に対する批判が激しく行なわれ」[2]てきたことからも窺い知ることができる。

また、ナチス政体下での教育(学)者たちの中には、学校から追放されたり亡命したり、あるいは絶滅収容所で殺害されたユダヤ人の青少年たちに亡命の援助をした教師たちもいたが、彼らも殺されて国家社会主義体制の犠牲者となったことは意外に知られていない。その一方で、迫害されていくユダヤ人学校やそこの教師たちが必ずしも無抵抗であったわけではないケースも少なくない。カイムは同書第二巻でそのことについて詳述しているので、この点についても取り上げてみたい。

一　ナチス政権下での教育

国家社会主義的な教育の原理は、人間をいわゆる人種的由来と価値づけによって社会生物学的に区別するために、かつ区別することによって成り立っている[3]。ヒトラーの『わが闘争』によれば、教育は「最良の人種的要素の保存、扶養、発展」そして国家の価値ある成員へと訓練することを目的としており、精神と身体と性格を関係づけて形成するだけでなく、スポーツと歴史教育を重視して、「祖国の教育の最高の学校」としての陸軍へと方向づけるように規定されている[4]。ナチス・ドイツ国家にとって価値ある成員を増大させ、ファシズム的な民族共同体に不可欠な前提として据えられたのが、人種の健全さと純血性にあったことは繰り返すまでもない。そのために政権を獲得した一九三三年の春と夏に公布されたのが、すべての学科の中心科目としての遺伝学と人種学であり、すべての学校で人種学がほかの学科目を侵害していくのである。より正確に言えば、遺伝学と人種学がすべての学科目の基本原理に据えられたのである。

人種の純粋さと身体的健康とを結合するヒトラーの教育プログラムは、身体の鍛錬のために体育教育を重視して午前と午後に各一時間を割り当て、学問を価値の低いものとみなした。体育の内容には攻撃的精神と迅速な決断力、そして強靭な肉体を促進するためにボクシングに特別の意義を認めている[5]。この体育教育に次いでヒトラーが価値を置いていたのが歴史教育である。それは歴史こそ「自己の民族の未来と存続のための教師」であり、とりわけ世界史において人種問題が明らかになると考えたからである[6]。それゆえ、人文主義的な学問領域は専門的教育を基礎づけるためにも不可欠であり、自然科学的な現実教育にのみ偏ることの危険性を述べた後で、ヒトラーは歴史教育を除外してはならないとし、その代表としてギリシアとローマの歴史を挙げている[7]。しかし、『わが闘争』での教育論は、基本的に教育の使命が青少年を軍隊的教育で鍛えるためにあるとされ、彼らを立派な兵士に変えるためのものとして学校も犠牲にされたのである。そこでは指導者—従者の関係という思想が確実に浸透していくことによって、学校は命令と服従の原理を絶対的・無条件的なものとして生徒たちに受け入れさせる軍隊国家体制作りとして機能する。このことをもっとも端的に表しているのが、ヒトラーの次の悪評高いライヒェンベルク演説(一九三八年)である。

「ドイツ的に考え、ドイツ的に行為する以外には何も学ばないこの青年たち、そして一〇歳のこの少年たちがわれわれの組織に入ってきて、そこではじめてたびたび新鮮な空気を吸い、触れる時、彼らは四年後には若い集団からヒットラー・ユーゲントに入ってきて、そこで再び四年間留めおき、その後ますますもって古い階級と身分の生みの親の手に返しはせずに、即刻彼らを党に、労働統一戦線に、突撃隊(SA)あるいは親衛隊(SS)に、ナチ機械化兵団(NSKK)等々に採用する。そして彼らがそこで二年ないしは一年半いて、まだ完全な国家社会主義者にならないようだった時には、労働奉仕をして、そこで再び六、七ヶ月を全員ドイツの鍬(Spaten)という一つの象徴によって磨きをかけられる。そしてその六、七ヶ月後に、階級意識とか地位自慢を身につけてまだその辺にいるようだったら、その後二年を国防軍が扱いを受け継ぎ、二～四年後に戻ってくる時に、彼らを採用する。それによって彼らは決して逆戻りしないし、ただちに再び親衛隊や突撃隊等々に受け入れ、もはや彼らはその全生涯を勝手にすることはしないのだ!」[8]

就学時だけでなく、学校後の教育をも先取りする軍隊的教育は、ドイツ国家および国民の方向づけを容易にすることはもちろん、イデオロギーとしてヒットラーが目指した国家社会主義運動を担う青少年の再教育に最良の手段となる。身体的鍛錬と国家社会主義的理念とに仕える手段と化した教育は、キャンプや隊列行進を取り込みながら、青少年にドイツ民族としての優越感を植え付け、労働運動（社会主義）や教会（キリスト教）から彼らを切り離してナチ化することに大きな役割を果たすだけでなく、そのことが同時にアーリア人種としての全能観を醸成して第三帝国の実現へと駆り立てるのである。こうしてヒトラー・ユーゲント（HJ）、ドイツ少女団（BDM）、帝国労働奉仕団（RAD）に結びつく模範を次々と作り出していく[9]。

しかし同時に、こうした国家社会主義的理解に基づいた教育的効果は、家庭や学校においてよりもむしろ、国家社会主義ドイツ労働党を中心とする国家組織が繰り広げるプロパガンダによるところが大きい。ワンダーフォーゲル運動を統括したヒムラー、ヒトラー・ユーゲントの指導者シーラッハ、ナチ・イデオロギーの宣伝相ゲッベルス等々が中枢部を独占しながら、ヒトラーの全活動と彼の生活の全階梯を包括して形成された組織は、成長していく青少年たちの健全で主体的なアイデンティティの形成を妨げていたと言わねばならない。国家社会主義の教育政策の中でそうした組織が遂行すべき内容が、ヒットラーの『わが闘争』と上記の演説に集約されているのである。

ところで、ナチスのための教育は、ナチ術語が示しているような内容に、つまり人種感覚とか人種感情という言葉に込められたユダヤ人迫害を意味する国民感情を叩き込む教育であり、さらに青少年を強制的に訓練してナチスへと加工して作り上げる、いわば「非・教育学」[10]の教育である。親衛隊員の二の腕に刻まれた SS の文字は選ばれた優秀な人種としての象徴となり、逆に強制収容所の囚人の二の腕に刻まれた番号は排除されるべき劣等な人種の象徴となる。人間に線引きをして、未来を託された人種と、それには関与しない人種とを区別するのである。ナチス・ドイツによって行われたそうした区別、人間蔑視の最たるものが、ユダヤ人に対するポグロムである。そうした人種政策の由来を確認しておこう。

二　ナチスの人種差別政策の背景

国家社会主義ドイツ労働党の成立時代、つまり第一次世界大戦以降に流行った民族的思想に端を発するナチ・イデオロギーのルサンチマンに満ちた価値表象として、人種概念とそこから作り出された人種論がある。その創始者には『人間種族の不平等に関する試み』(一八五三―一八五五年)を著して、人種と人類史との間に一つの連関を作成し、人種の純粋性という観点から文化の興隆と衰退の基準を唱えたゴビノー(J.A.G. Gobineau. 1816-82)がいる。また『一九世紀の基礎』(一八九九年)でアーリア人種に純粋な人種を見いだし、これを中央ヨーロッパと北方ヨーロッパに由来するものとみなして、それにゲルマン、ドイツ人を同一視させ、文化を創造する人種と破壊する人種とに区別することで、前者をアーリア人、後者をユダヤ人とみなしたチェンバレンがいる[11]。ゴビノーでは人種の純粋さに力点が置かれ、人種間の混血は歴史を堕落させると考えられ、チェンバレンでは歴史は人種闘争の歴史とみなされ、最良・最強の人種が目的を実現してきたと唱えられている。周知のように、チェンバレンの立場は、一九世紀に流行した社会ダーウィニズムに基礎を置くものであり、いわゆる動植物界での自然選択説を唱えたダーウィンの学説を、人間の社会的な次元へと転換させたものである。チェンバレンによって、アーリア・ゲルマン的ドイツ人種とユダヤ人種との闘争が主要問題とされ、ここに反セム族主義的思想がドイツ語圏で受け入れられて、ヒトラーの人種観念の基礎を形成することになった。ただし、一九世紀初頭にアメリカで語られ始めた遺伝優生学思想にこそ、「ナチスドイツの断種法のモデルをしめしたのはほかならぬアメリカであった」と言われる根拠を見いだすことができるし、「民族優生学の思想については少なくとも、ダーウィン、ヘッケル、メンデル以後は、一九世紀の哲学者オイゲン・デューリングまでさかのぼりうる」[12]のである。なお、遺伝優生学については後で詳しく述べられる。

さて、チェンバレンは文化を担う人種としてのいわゆる支配者民族と、文化的に無能な、ないしは文化破壊的な人種としてのいわゆる奴隷民族とを区別した。そこで彼は支配者人種にアーリア人を、その中でも特にゲルマン人を関係づけ、奴隷民族にスラブ人、黒人、インディアン、そしてとりわけユダヤ人を関連づけた。ゲルマン人の文化構築的な業績と能力に基づいて、支配者人種、つまりアーリア人種が支配権を行使すべきであるとし、逆にスラブ人、黒人、インディアンとユダヤ人は、単に労働する奴隷的身分しか要求できないと決め付けたのである。このようなチェンバレンの唱える人種間の闘争においては、アーリア・ゲルマン的な人種が歴史の上で初めてその支配的地位を勝ち取らねばならず、その場合にもっとも重視されたのは「血の混交」を避けねばならないことである。と言うのは、血の混交は、すべての文化を絶滅に導く原因となる人種のレベル沈下に作用すると考えたからである[13]。さらにチェンバレンは、自己の人種にいわゆる劣等な遺伝子を持っている者が及ぼす影響を唱えて、「遺伝子生物学的な不健全状態」を改良するために、劣等な遺伝子は遮断されるべきであると主張したのである。いわゆる断種の正当化である。

このようなチェンバレンの人種論が、ナチズムの対ユダヤ人イデオロギーと断種政策を推し進める端緒となったことは疑いない。そしてチェンバレンとナチズムを繫ぐところにローゼンベルクがいる。彼の『二〇世紀の神話』(一九三〇年)が公にされてドイツ学芸国民賞を受けるに及んで、「血と土」を絶対視するナチ・イデオロギーは決定的な地歩を占めることになる。ローゼンベルクがナチス党の外交部長としてヒトラーの信望篤いナチスのイデオローグであったことは有名であるが、彼の著書が豊富な歴史的知識を盛り込み、まさにゲルマン民族を世界でもっとも優秀な人種に仕立て上げたことは疑いない。ヒトラーが唱えるナチ・イデオロギーの核心は次のことにあった。「今日の世界革命の本質は種族的類型の覚醒にあること」[14]、そして「自由の真の創造的理念が或る民族において充分に栄え得るのは、民族が呼吸すべき大気、耕すべき土地を有する時に限る」[15]ことであり、これを害する者こそユダヤ人であるというわけである。そこではユダヤ民族を寄食住者とみなして徹底的に非難し、血、種族こそが魂の価値を決定する要因であると規定する。「新たなる生命の神話から新たなる人間の型を創造すること、これこそ我等が世紀の課題である」[16]、「ドイツ神秘説の新時代は始まり、血の神話、自由なる魂の神話は新しい意識的生命に目醒めている」[17]というアーリア神話を打ち立てるのである。そこでは「種族混交は分裂的性格を作り、思想、行為の方向を失はしめ、内的不安を生み、ここに、人をして己が『罪悪的』な存在を痛感せしめる」[18]という、純血主義が唱えられる。

ローゼンベルクの確信は、人類の価値あるものがゲルマン人によって創造されたとすることにあり、国家も学問も、歴史や芸術も血の神話を構成する基礎であるとの理解にある。こうして彼はマルクス主義、民主主義、ボルシェヴィズムを否定するさいに、それらがユダヤ的経済によるゲルマン的世界の抑圧であると考えて、これをユダヤ的魔術と呼んで排撃すべき諸悪の根源とみなしているのである。「民族を毒する教説、民族を亡ぼす世界都市、それが計画的なユダヤの破壊活動と結んだ」[19]としながら、さらに「選ばれた民は革新された世界を支配し、世の諸々の民はその奴隷となり、かくてユダヤ人は地上に至福の生活を送るのである」[20]と敵意を示し、「ドイツ天使とユダヤ悪魔」[21]と言い切っている。そうした理解の仕方から、上述した寄食住者についてはこう言う。「他の動物に寄生してその生命を吸ひ尽くす寄生動物——ユダヤ人がある社会に侵入し、その種族力、創造力を吸ひ取り、終に没落せしめるのは、……かかる破壊こそ正に『能動的世界否定』であ」[22]るから、ユダヤ人を世界から排除せよと唱えることになる。

つまり、ユダヤ人をゲットーに囲い込み、ドイツ人と選別して彼らの人権を剥奪し、ついには異なる種族、特にユダヤ人と、シンティ(Sinti)とロマ(Roma)(いずれもいわゆるジプシーの自称)を抹殺するようになる。

その一方では、ドイツ民族自身の人種的に劣等とみなされる人々に対して、結婚の禁止、断種、安楽死(という名の殺害)による人種衛生学的な措置を断行するのである。「後代国民を遺伝性疾患から予防する法」(一九三三年七月一四日)が、またこの法律は「ドイツ国民公法」(一九三五年九月一五日)、「ドイツ国民の血とドイツ国民の名誉を守る法」(「結婚優生法」一九三五年九月一五日)、として規定され、これがいわゆるニュルンベルク法(一九三五年)である。その前文には次のようにある。「ドイツ人の血の純粋さが、ドイツ民族(Volk)の存続のための前提であり、またドイツ国民(Nation)をすべての未来のために保護すべく不屈の意志に生気を吹き込むという認識に貫かれて、帝国議会は以下の法律を満場一致で決議した」とあり、ユダヤ人の諸人権をことごとく制限、否定するのである。ちなみに、それによってナチ政権下で強制断種させられた被害者は三五万人を下らないと見られる。そうした非人道的なナチ政権の政策に法の立場から重要な理論的基礎を与えた法学者シュミット(C. Schmitt. 1888-1985)を無視するわけにはいかない。

戦後まもなく、シュルテス(K. Schultes)は「ナチスとシュミット」(一九四七年)と題する論文を書き、国家社会主義時代のもっとも恥ずべき現象のひとつは、ドイツの知識人たちがヒトラーのファシズム独裁に与したことである点に言及する。彼は第三帝国の大部分の法学者が保身のためにナチ犯罪に加担した事実を取り上げる。「これらの法学者の中でも、『第三帝国』の国法学者として国法とナチ＝イデオロギーとを結合し、『第三帝国』に特有な国家学を展開しようとした人々」がおり、その中でも「ファシズム『法思想』の推進者はカール・シュミットであった」[23]と断言しているのである。たしかに、シュミットは『リヴァイアサン』(一九三八年)で反ユダヤ主義を押し出し、ニュルンベルク裁判ではナチス・ドイツの知識人の中で唯一公職追放を宣告された人物である。もちろん、シュミット以外にも大学から追放されたり、捕虜収容所に収監された大学人もいるが、ヒトラー政権を法的に正当化する役割を果たしたことは、責任の重さからみても、決定的な意味をもっている。シュミットはワイマール憲法を弱者の法律として否定し、ヒトラーが政権を獲得した一九三三年の三月二四日に発布された暫定憲法、いわゆる授権法を、第一次大戦後の混迷したドイツを統一するための切り札として賞賛する。そこに唱えられたのが国家と運動と民族が一つになってドイツ民族の統一性が実現できるという主張であり、これを可能にしたのがヒトラーであると言う。彼が「各州の議会主義を最終的に廃止する『帝国総督法』の起草に加わる」[24]のは、右の暫定憲法を現行の法に組み入れようとした経緯からも当然と言える。しかも、シュミットは、国家は同種性によってのみ維持されるという観点から、ヒトラーの人種論イデオロギーを正当化することに加担する。否、むしろ第三帝国の国法を基礎づける『国家・運動・民族――政治的統一体を構成する三要素』(一九三四年)によって、「国法上の民族至上主義的人種理論の陣頭に立」ち、ナチ政権の国家イデオロギーを体系化するさいに、「同種性」という概念によって人種理論を国法の中に持ち込んだのである[25]。そうしたシュミットの役割と法理論に対して、シュルテスはいわゆるナチスの人種論に関わるナチズムの問題を同じ法学者の立場から戦後いち早く告発している。

ヒトラーの政治的指導性を絶対化するシュミットの法理解は、ドイツ民族の政治的統一を「ドイツ民族という自己完結的な統一体および国家と民族の担い手たる民族社会主義運動」[26]に基礎をおいて、その指導者であるヒトラーと国民とが「無条件絶対の同種性(Artgleichheit)」[27]によって実現されるというものである。ドイツ民族を同種性という概念によって統括することが、第三帝国にとっては絶対的前提であるとの立場から、異なる種族から成る国家は法的生命を維持できないと考えている。彼のこうした主張は、ニュルンベルク法制定の前年に書かれた上記の『国家・運動・民族』の中で展開されているが、その結びの言葉でシュミットははっきりと「同種性がなければ指導者全体国家は一日たりとも存続しえない」[28]と結論づけているのである。さらにシュミットは、ナチス・ドイツの侵略戦争を正当化する論稿「域外列強の干渉禁止を伴う国際法的広域秩序――国際法上のライヒ概念への寄与――」(一九四一年)を公にしながら、ナチズムの人種政策を国際法の観点から根拠づけようとする。

ところで、国際法上で人種の問題が正式に論議されたのは、第一次世界大戦後の対ドイツ問題を中心とするヨーロッパの秩序を整備するための国際連盟の創設が目指され、その規約が審議された一九一九年開催のヴェルサイユにおけるパリ講和会議においてである。いわゆるヴェルサイユ条約と呼ばれる四四〇条から成る講和条約の調印がなされ、ドイツは海外植民地を剥奪され、ヨーロッパの領土面積は一三%、人口も一〇%の削減を強いられることになる。このヴェルサイユ体制はやがてナチス・ドイツの台頭によって崩壊するのであるが、いずれにせよ、この規約内容をめぐって列強国間の国益を賭けた駆け引きが展開される。結果的には、国際平和の確保と国際的協力を企画し、軍備縮小、集団安全保障、国際紛争の平和的解決、条約の登録、人道事業などをその任務とする国際連盟は、永久平和の理念を実現するものとして一九二〇年一月の理事会、十一月の第一回総会をもって船出した[29]。なかでも本稿との関係で言えば、「宗教の自由と国民的、宗教的および言語的少数者の保護が国際連盟規約中に基礎付けられるはずであった」し、五大国のひとつであった日本は、「人種平等の原則が国際連盟規約中に表現されることを求めた」[30]点に注目しておきたい。しかし、この人種平等の原則は特にアボリジニの先住民を抱えるオーストラリアから反対され、これに対して日本代表(駐英大使珍田捨巳、駐仏大使松井慶四郎)はその対抗策として宗教の自由の採択に反対すると声明し、結局は宗教の自由と人種平等を規約に取り込む案は、どちらも廃案となったのである。

こうした国際事情に精通していたシュミットは、ナチ政権下でのドイツ国際法学の立場を代弁しながら、国際法を国家間の秩序維持のための役割から、民族の法として機能させるために、「民族によって担われる民族的広域秩序に由来するライヒの概念」へとずらし、「種および出生ならびに血および土に規定された生活現実としての各民族の尊重とが、……総統の業績が、ドイツ国の思想に政治的現実と歴史的真理ならびに偉大な国際法的未来を付与した」[31]と結論づけている。この民族主義的な全体主義国家論の展開は、彼の前の論文からも予想される法思想に照らしてみても、当然と言えないこともない。ところがシュミットは、国際法の問題として、すでにカントの永久平和の視点から『国際連盟の根本問題』（一九二六年）を書いていたし、『憲法論』（一九二八年）はワイマール憲法の教科書ともみなされていた重要な著書なのである。ところが、「国家緊急防衛措置法」（一九三四年）にかんしては、それの合法性を唱えている。すなわち、「真の総統は常に裁判官である。総統の存在から裁判権が生ずる。……総統の行為そのものが真の裁判であった。それは司法に従属するのではなく、それ自体が最高の司法であった」とまでヒトラーに媚びており、「かつてのナチ批判者は一党独裁制の弁護人になりさがって」[32]しまったのである。そこでシュルテスが、「イデオロギーと現実とを混同することが、『民族社会主義と国際法』との関係を論じたナチスの文献の特徴である」[33]と分析しているのもわかりやすい。全権を握ったヒトラーを法律的に是認して、ドイツ民族の「最高の審判者」と讃美したシュミットが、似非民主主義的なものとして議会主義を否定することは当然であった。

さて、シュミットは「ユダヤ精神に闘いをいどむドイツ法学」（一九三六年）という論文の中で、シュトライヒャー（J. Streicher. 1885-1946）の病理学に賛意を表明している。シュトライヒャーはナチス党員としてヒトラーとは最初から行動を共にし、ユダヤ人の迫害と虐殺を遂行し、『前衛"Sturmer"』を編集していた生粋の民族主義者であり、ニュルンベルク裁判では死刑の宣告を受けている。そのシュトライヒャーに同意するシュミットが、上記したように、国家原理として指導者とドイツ民族との同種性を唱えて、「人種は純粋なるべしとする原則は国法上の最高原理にまで高められ」[34]るとしたのも当然のことである。要するに、法の立場からしても決定的なものは血なのであり、それもヒトラーと同じアーリア人種でなければならないという要求なのである。

もちろん、シュミットだけがナチス体制を擁護した法学者ではない。著名な国際法学者であるブルンス(V. Bruns. 1884-1943)も、「国際法と政治」という講演（一九三四年）で次のように述べている。「ドイツ帝国の責任ある政治家の誰一人として、アドルフ・ヒトラーほど真剣かつ毅然として、諸民族の法社会の存在を信じていると述べた者はおりませんでした。」[35] ここでも当時の著名な知識人の多くが、ヒトラーの本質を見抜けていないと知られる。こうして、多くの知識人にも支えられて、ナチス・ドイツはナチ権力への絶対的服従を確実なものとするホッブズ(T. Hobbs. 1588-1679)の唱えたリヴァイアサンとなったのである。しかも、その構図の中からユダヤ人は最初から除外されていたと言わなければならない。

シュミットとの関連で言えば、法の純粋理論を追求したケルゼンも被害者の一人である。彼はウィーン法学派の草創者でもあるが、彼はカトリックの洗礼を受けているにもかかわらず、「改宗ユダヤ人」(a baptized Jew)として多くの迫害に遭っている。「オーストリア＝ハンガリー帝国の末期は、民族問題によって動揺を重ねた時期で」あり、当時の(一九二二―二三年)国情について、長尾龍一はウィーンに滞在した斎藤茂吉の歌集『遠遊』を取り上げながら検証している。すなわち、「基督教的右党のデモンストラチオン街をうづめて歩きそめたり　うすら寒き一日《ひとひ》くれたり家こもりZionismus《チオニスムス》の話をしつつ　数万にのぼるSozialdemokrat の示威運動あれど学生団比較的少し　独逸系学生団隊の動きにも胎動の如きありて未だ模索のみ（猶太学生排斥運動）　あらゆる党の合同示威運動あれば仏軍ルール占領に関連すべき　詩人歌う　"Heil dir, mein Volk, mein Vaterland! Du kannst nicht untergehen!"　猶太排斥の実行運動町を支配して大きく見ゆる旗たてきたる」[36]。ヒトラーがウィーンで反ユダヤ主義に傾倒したことを想起させるような光景であり、オーストリアでのユダヤ人排斥運動は過激であったことがわかる。

一九一一年からウィーン大学の私講師となったケルゼンは、やがて右派カトリック勢力から攻撃の対象とされ、「それは反ユダヤ主義的色彩を帯びていた。娘の通学にもいやがらせが行なわれ」るに及んで、やがて彼はケルン大学の国際法講座への招聘（一九三〇年）を受け入れることになる[37]。この時ドイツは例の大統領内閣が発足していて、それを擁護するシュミットとの間に憲法論をめぐって、両者の対立が開始されるのである。しかもケルゼンはナチ政権が成立すると同時に法学部長を辞任するが、しかし事態はより険悪となり、間もなく教授職を罷免されてしまい、ジュネーブの国際研究所に身を寄せて『純粋法学』（一九三四年）を書き上げるのである。その後彼はプラハのドイツ人大学から招聘されて赴くことになるが、「ナチスの強い影響下にあったプラハのドイツ人学生たちは、ケルゼン来学の報が伝わると猛然と反対に立った」ようで、最初の講義からして「ケルゼンが一言発するや、全員が退出し、残ろうとした者も強制的に連れ出され」、しかも「政府はケルゼンへの暴行を恐れ、外出には私服の護衛がついた」[38]と言われている。暗殺計画まで発覚する事態となれば、ユダヤ人排斥運動がいかに凄まじいものであったかを物語っていよう。こうしてケルゼンもアメリカへと亡命する（一九四〇年）。

シュミットとの関係で言えば、ケルゼンが彼をケルン大学に招聘する(一九三三年六月)ことが仇となり、ヴェルサイユ体制を批判するナチ党員のシュミットとの確執が強まるのである。「この時期よりシュミットは、『国家・運動・国民』の三位一体論、『具体的秩序思想』などを導入してナチ体制を基礎づけ、一九三四年六月三十日のレーム粛清をも『総統は法を護る』という論文によって正当化し」、「具体的秩序思想」によって「ユダヤ系法思想家の『抽象的規範主義』を攻撃する武器として用いた」[39]からである。その後シュミットは「ライヒ[帝国]論」を展開し、ヒトラーの侵略戦争に加担することになるが、やがては真偽を疑われてナチ体制からも疎外されてしまい、戦後は自分をナチスの犠牲者として弁明している。そのようなシュミットに対しては、「ヴァイマール民主制の裏切者、全体主義国家の宣教師、ナチ・イデオローグ、ゲーリングのお雇い学者、反ユダヤ主義の人種主義者、オポチュニスト」[40]という烙印が押されている。本来、正義と人権を擁護すべき法の領域でも、反ユダヤ主義を正当化するために利用されたわけで、知識人のそうした姿勢は他の学問領域においても大きな違いはなかったと言える。

以上のように、アーリア人を優秀とみなし、反対にユダヤ人を劣等とみなして差別するヒトラーは、チェンバレン主義者としてオーストリアとドイツで増大していく反セム主義の伝統に立ち、ユダヤ人こそがドイツの国家的・社会的な窮乏の加害者であると宣伝してこの風潮を利用していく。すでに第一次世界大戦以前のウィーン時代に反セム主義者であったヒトラーは、ユダヤ人を迫害のモデルに仕立て上げ[41]、敵視するマルクス主義やボルシェヴィズム、リベラリズムとユダヤ人を結びつけて、彼らを絶滅しようとする幻想に取り付かれていたのである。そうして、ナチス人種学はユダヤ人および異なる種族を閉め出す民族主義的人種主義へと結びついていく。国家社会主義ドイツ労働党の二五項目プログラム（一九二〇年）には、「国民は同じ人種の人間でしかありえない。同一人種の人間はドイツ人の血統の者でしかありえない。……それゆえユダヤ人は同じ人種の人間ではありえない」[42]とある。

こうしたプロパガンダに支配されてナチス・ドイツが採った政策は、民族的な観点からの純粋な人種と、遺伝子生物学的な健全さから見た高い価値づけとを一般化するために、優秀な民族共同体を実現しようと試みる人種の質的改良である[43]。この思想がキリスト教の人間理解の基本原理に反することは言うまでもなく、はたしてどこから動物と人間との「人種の雑種」、つまり「退化した人間」という、ある人種を価値下げる考えは出てきたのであろうか。ヒトラーの唱える健全な遺伝子生物学的国家、つまりアーリア人の国家が、純粋な人種こそ世界を支配する義務を有するという根拠として力をもち、人種に優秀と劣等の基準を設けて、一種の繁殖プログラムを実施する「人種衛生学」に賛同する教育は、教育と言えるのであろうか[44]。

こうした人種主義的課題を引き受ける民族主義的国家の教育が、ヒトラーを頂点とするナチ・イデオロギー体制の中で、あらゆるヒューマニズムの形式に対立しながら、愛国的精神を過度に駆り立てる先導的役割を担ったことは否定できない。すべての人間を「種」のカテゴリーから価値づけする方針は、いわば人間を機能的側面からみて有益性を第一義に規定することにほかならず、それが民族を絶対視する中で個人の存在価値を二義的なものとして決定するところに、ファシズムの全体主義的思想を読み取ることができる。それゆえ、ナチス民族共同体では資本家と労働者の矛盾対立は破棄されるべきであるという論理が支配するので、一九三三年五月には労働組合も不必要とみなされて破綻に追い込まれる。だとすれば、「国家社会主義ドイツ労働党（NSDAP）」という名称は、ナチ・イデオロギーにとっては社会主義と労働党が実体を欠くプロパガンダの役を果たすにすぎず、国家社会主義自体が極めて欺瞞に満ちたものなのである。アーレントが言うように、「ナショナリズムは、本質的に国民による国家の征服を意味する。……国家と国民との同一視は市民をも国民と見なすことを含意し、そのために人間の権利と国民たる者の権利、言いかえれば国民の権利とを混同する結果となった。」[45] ここで国家社会主義は帝国主義へと転換することになるが、そのために主張されたナチ・イデオロギーの核心に据えられたのが、「人種の血」と同等の重みをもつ「権利としての地」の思想である。人口の増加に伴い、ドイツ人のための生活圏を確保する政策として、軍事的手段による領土拡張政策が不可欠となったからである。帝国建設を目論むヒトラーにとって、東側への侵略はこうして正当化されていくが、ヒトラーのそうした野望を背景で支えた思想的端緒は、特に第一次大戦以降、ワイマール共和国でも広く流布し、大衆に読まれていたグリム（H. Grimm. 1875-1959）の小説『土地なき民』（一九二六年）にある[46]。小説ではアフリカに民族生存の地を求めるものであるが、これをヒトラーは東側への生活圏の拡大として目標を定位したのである。ちなみに、グリムはナチスには協力することなく、イギリスとの和解のために尽力した作家である。

以上のように、ヒットラーの人種主義的な基本政策から導き出せるナチ・イデオロギーの中心的な要素は、次のように要約できる[47]。

第一に、その人種的な出自と価値によって、価値ある人間と劣等な人間へと人間を社会的・生物学的に区別することは、生存権に対して異なる要求を導き出す。

第二に、純粋に人種的で、遺伝子生物学的に健全な民族共同体というフィクションが最高の価値を生み出す原則となり、同時にこれを人間の訓練と精選によって樹立することに価値を認めるという、国家目的が確立される。

第三に、指導者―従者原理に基礎づいた民族秩序の表象は、ヒエラルヒー的・エリート的な構造および家長的構造をもたらす。

第四に、緊急の場合には、劣等なものとして宣告された諸民族に対して、軍隊的暴力をもって生活圏を要求する権利を支配民族は貫徹してよい。

このようなナチ・イデオロギーの独断的主張を支えているものは、いわゆる劣等民族を奴隷化するための思想、すなわち生きるに値しない生命は否定してもよいとする、優生学的ないしは人種衛生学的な措置の正当化にある。そうしたナチ・イデオロギーに基づく反ユダヤ主義政策について、ホーファー（W. Hofer. 1920-）はその発展段階を次のように述べている。「(イ)三三年―三五年、緊急命令および授権法にもとづく個別的措置、(ロ)三五年―三八年、ニュルンベルク法およびそれにもとづく政令、(ハ)三八年―四一年、ユダヤ人迫害およびポーランドの強制収容所への大量移送、㈡四一年―四五年、ガスその他による大量殺戮。じっさい、戦争勃発にいたるまでのあいだに二五〇以上の反ユダヤ主義的政令が公布されていた。」[48]この背景になっていた原理は、指導者―従者原理によって非ドイツ的なもの（民主主義、自由主義、社会主義、マルクス主義）を排斥し、ついには侵略をもって自民族の生活圏の拡張を要求する歴史観・世界観を育成するために、ナチズム下におけるファシズム・ドイツ国家の教育政策が整備されていくのである。それがすでに述べたヒトラーの例のライヒェンベルク演説に集約されていることは繰り返すまでもない。まさにヒトラーのねらいは「他の人種主義者と異なり、ナチは人種主義の真理を信じていたというよりも、むしろ世界を人種的な現実へと変えようと望んだ」[49]ことにある。

三　ユダヤ人の教育活動と教育制度

ナチスが権力を獲得する以前から、つまりワイマール共和国時代から、すでにドイツでは反セム主義が人々の意識の深部に刻み込まれていた。一般的には、ワイマール共和国ではドイツ人とユダヤ人が共生できたと言われているが、それも経済恐慌以前のことであり、ヴェルサイユ体制下での困窮とともに、経済的にも政治的にも活躍していたユダヤ人に対する反ユダヤ主義の台頭は必然的なものとなっていく。自らもユダヤ人として苦渋を体験したマンハイム（K. Mannheim. 1893-1947）は、『変革期における人間と社会』

（一九三五年）の中で社会的な不安状態を心理的調整によって解消する似非活動をこう分析している。「名誉や卓越の安価な体系を新たに設立することによって、社会的大望心は再び満足を与えられる。そして失業の結果自尊心を失ってしまった人も、他人をその統制下に置く組織に一地位を占めることによって、再び自尊心を見出す。政党内には一人として最下低に位するものはない。何となれば、その下に最下級のものは、追放者すなわちユダヤ人であるからである。」[50] こうして同化していたドイツ・ユダヤ人と非ドイツ・ユダヤ人も、ヒトラーが政権を獲得した一九三三年の冬と春に制定された人種主義的な諸法律によって、決定的な差別と迫害を受けることになる。それはワイマール時代の世界史を紐解けばわかるように、帝国主義、植民地、ナショナリズム、戦争といった文言が日常化している時代の流れの中で、一段と厳しい環境に追い込まれていくユダヤ人の運命を決定するものであった。同化したドイツ・ユダヤ人にとっては、第一次世界大戦で祖国ドイツのために戦った誇りもあり、反セム主義は克服されるべき過去の遺物という楽観的な見方を打ち砕かれたナチスの出現であった。

一九三三年にドイツ在住のユダヤ人はおよそ五六万人であり、これは約六、六〇〇万人の全人口の一パーセントにも満たない数であった。その三分の二は人口一〇万の大都市に住んでおり、ベルリンではおよそユダヤ人人口の相当数がいた。四〇〇万人の主要都市には一六万人のユダヤ人がいたことになるが、その数はおよそ二五人に一人の割合にすぎなかった。ワイマール時代から職業上の制限を受けていたこともあり、彼らは主に働く場を求めて地方や小さな町を敬遠したが、結果的には固定されない自由な商売に取り組むことによって、商業の分野でかなりのシェアを占めていたのである。

また、ワイマール期のユダヤ人は宗教的、文化的、政治的な面でも、メンデルスゾーンを典型として仰ぎながら、教養主義と自由主義を表明しながらドイツ国家に同化していった。そうした実態のひとつを紹介しておこう。「一七四三年、せむしのモーゼス・メンデルスゾーンがユダヤ門からベルリンに入ったとき、守衛の記録に『本日、ローゼンタール門を六頭の牛と七匹のブタと一人のユダヤ人が通過した』と記されたあの日以来、……ドイツ文学、哲学、音楽、科学、そして考えられる限りのあらゆる学問分野において、ユダヤ人はドイツ側の受け入れ態勢をはるかに越えて、進んで貢献する形になっている。」[51] 多くのユダヤ人が、同化したドイツ・ユダヤ人のカリスマ的存在となったメンデルスゾーンに続けとばかりに、他の国でとは比較にならないほどの役割を社会の諸領域で発揮するようになったことは確かである。彼らが第一に求めたものは、ドイツ社会に融和するための教養であった。「レッシングの戯曲『賢者ナータン』は、ドイツ・ユダヤ人の大憲章であったし、ありつづけ、〈教養〉と啓蒙主義の普及に貢献した」[52]と言われる。こうした伝統を引き継いでいくドイツ・ユダヤ人にとって、教養の世界に入り込むことこそ同化の道であった。まさに「ドイツ市民であることは、彼らにとって、『血』の問題ではなくて、精神の問題であった」[53]が、それを夢物語にしたのがナチス・ドイツである。

一般に言われる律法を厳守する正統的ユダヤ教を信奉するユダヤ人は少なくなる一方で、そうした同化したユダヤ人と依然として宗教的な伝統と風習を堅持するユダヤ人とに大別されはするが、そのいずれもが同じようにドイツ社会を構成する一部分として理解されていた[54]。そのほかにもユダヤ教をユダヤ人の国民文化の立場から捉えて、一種の国民運動としてシオニズム運動を展開する集団も存在した。そして伝統を重視するこのシオニストたちは、ドイツに在住するユダヤ人総数の二〇％（一〇万人）に相当し、子沢山にしてカフタンやフロックコートを纏い、主に一九世紀末にロシアとポーランドから迫害を逃れて移住してきた東側ユダヤ人が多く、ドイツ国家の市民権をもたない外国人であった。しかし、一九三三年のナチ政権の発足によって、これらのいずれもが排撃の対象となるのである

さて、ユダヤ人がドイツに根強くはびこっている反セム主義に対抗するための組織的活動の中で、政治的および文化的な面で整備した制度の一つが学校であり、さらに成人教育と社会教育にかんするユダヤ人組織の運営である。一九三二年にすべてのユダヤ人の青年の二五―三〇％（約二六、〇〇〇人）が、また一九三六年までには六〇％（五〇、〇〇〇人）がユダヤ人組織に属していたと言われる[55]。しかし、ドイツの市民社会に同化していくユダヤ人が増えていくに従い、ユダヤ人学校への入学者は減少していき、事実、第一次世界大戦前にドイツ国内に二五〇校あったユダヤ人学校は二〇年代には一五〇校へ、三三年には八〇校へと激減しているのである。都市への集中と出生の減少が重なり、地方の学校は縮小・削減せざるをえなくなるが、その一方で、都市のユダヤ人学校に入学してきたいわゆるよそ者たちは、伝統的な民族のアイデンティティを保護する教育を求めるようになる。そのために、二〇年代にはベルリンに二校、シオニズムを受け入れる学校が存在し、ユダヤ的アイデンティティの発展に寄与したと言われる[56]。

フランクフルトには一〇校のユダヤ人高等学校があったけれども、卒業試験の権利(＝大学入学資格試験)をもつものは五校にすぎず、同化したユダヤ人の多くはその不利な条件を考えて、子どもの入学を敬遠して一般の公立学校に通わせることになった[57]。そのために相当数の公立学校ではキリスト教と並んでユダヤ教の宗教教育も整備することになる。だが、ユダヤ人の入学者が増えるにつれて、同化したドイツ・ユダヤ人たちにとっては、キリスト教徒とユダヤ教徒の比率が逆転現象を起こしてきたこともあり、そこにユダヤ教の教師の不在も加わり、大きなユダヤ教区での宗教教育は自分たちの手で行うことになる。

現代の福祉社会、人権尊重の流れから見ても注目に値するのは、ユダヤ教区によって維持された孤児院や子どもと青年の教育ホーム、盲・聾・唖者ないし精神的障害者のための施設、無宿者と失業者のためのホームといった保護制度が設けられていたことである。いわゆる社会的弱者の立場にある人々に対しては、やがてナチス・ドイツは差別と虐待、隔離と断種、そして歪んだ千年国家論から抹殺にまで至る非人道的措置が取られていくのであるが、一九一七年に創設されたドイツ・ユダヤ人の中央福祉機関は、すでにユダヤ教の宗教的義務に基づいて貧者と弱者のために社会正義の樹立を掲げていたのである[58]。なお、聴覚障害者に焦点を絞ったナチス・ドイツの非道については、中西喜久司『ナチス・ドイツと聴覚障害者』(文理閣、二〇〇〇年)と、中村満紀男代表「二〇世紀優生学が障害者の生存・生活・教育に及ぼした影響に関する総合的研究」(平成一一―一三年度科研費研究成果報告書)が詳しく検証している。

いずれにせよ、ナチスが政権を獲得する以前からユダヤ人の教育制度が多様な形態で存在したことは、ドイツの学術・文化の発展に大きく寄与したこととも関連して看過できない。その意味では、第四章でも述べるように、戦後の世代がユダヤ人を評価する大きな要因として、学問と文化の領域での成果が思い起こされるし、むしろドイツ人はユダヤ人のプラス価値をもっと学んでもよかったであろう。ただし、この点にかんしては、同化したドイツ・ユダヤ人について言われる場合が多く、ドイツ文化を基礎にもつとしても、シオニズムに結合した独自の国民国家を待望するユダヤ的教育は、やはり好意的には受け入れられなかったのである。ナチス政権発足以降は、例の国家的犯罪としてのユダヤ人の諸権利の剥奪と追放によって、教育全体が破壊されることになる。

一方、ドイツ教育学の理論的研究においても、精神科学的教育学や人文主義的な伝統と価値を重視するシュプランガーのような教育学者でさえ、青少年の固有価値を無視するナチスの反教育学的要求に対していとも簡単に屈服し、ナチスの非人間的な教育目標への抵抗については無能であったことをカイムは問題にする。事実、伝統的なドイツ教育学は、一九三三年一月三〇日以降は、ナチスの非人間的目標を規定する独裁者ヒトラーの教育観に支配されていくのであり、その背景には「第一次世界大戦以来の経済的・社会政策的な激変、とりわけ世界経済危機」に対して、当時の教育学者たちが「ナチ・イデオロギーに対する幅広い親和性」[59]を抱いていたこと、それゆえまた諸教育機関でもナチ政体の唱える教育制度の支配に対して抵抗するよりも、むしろ自己統制してしまうといった力学が働いたことは疑いない。

六〇〇万人の失業者がアウトバーンや自動車産業、軍事産業の振興政策によって、五〇万人にまで減少したことは、ナチスの政策を否定しがたい事実として容認させ、微妙に国民感情を味方に引き込んでいたのである。

四　ナチスの似非科学論と科学者の位置

第三帝国での学問のなかで科学者の果たしてきた役割については、これまでほとんど言及されたことがない。国家社会主義が展開した諸政策には、経済的な窮乏状態を解決するためのさまざまな試みがなされたが、そこでは多くの科学者たちがどのようなかかわり方をしているかも興味深い問題であろう。彼らが表明した命題は「われわれ科学者は共に建設する」[60]というものであるが、もちろんその意味は「第三帝国を」ということである。これは一九三三年に遺伝学者のフィッシャー（E. Fischer. 1874-1967）が、そしてドイツの大学教授たちがヒトラーと国家社会主義国家を支持するために表明した命題である。そして命題はこう続く、「フェルキッシュな基盤、同種性の思想、同じ人種、同じ精神といった思想、つまりすべての世紀にわたってドイツ文化が成長させられてきたフェルキッシュなドイツ人の精神性という思想を基礎にした真の指導者」[61]になることを、科学者も目指そうというのである。この文言からも明らかなように、科学者もナチスの人種論に即して多方面の研究活動を担っていくことになるが、この時の中心的な指導者が親衛隊長、ゲシュタポ長官、内相、国防軍司令官を務めたヒムラーであった。ここでヒムラーは北方人種のゲルマン民族の精神や遺伝質を科学的方法によって根拠づけるための研究を組織だてて推進する。その計画をヒムラーは「祖先の遺産（Ahnenerbe）」と名づけて、例の血と土のイデオロギーをメタファーとする似非科学を展開するのである。そこには「氷は世界の基礎物質そのものである」とする、「大氷河論（Welteislehre）」および「氷河・宇宙発生論（Glazial-Kosmogonie）」が唱えられ、この理論から「世界の発生から終わりに至るまでの説明をする」ための研究が科学者たちによって取り組まれる[62]。しかも、この理論はヒムラーだけでなく、ヒトラー、シーラッハ、ゲーリングも信奉したというから、一笑に付すわけにはいかない。

右の研究を組織的に遂行するために、ヒムラーは気象学の管轄を重視して天文台の整備をはじめ、天文学や気象学、地質学や鉱物学の基礎研究を唱えるが、そもそも大氷河論は次の四つの仮定の上に成り立っている。すなわち、①世界の基礎物質としての宇宙的氷の存在、②一〇〇万の数千倍もの太陽群をもつ熱い大きな星の存在、③宇宙は星の運動を速度制限するエーテルで満ちているという観念、④宇宙空間にはニュートンの法則に矛盾する固有の宇宙弾道学が支配しているという主張、である[63]。そして氷は熱と戦う英雄的存在であることを導き出し、これを人種論にまで敷衍させて北方的英雄としてのドイツ・ゲルマン民族を「祖先の遺産」に結びつけるのである。それゆえヒムラーの関心は古代ゲルマン的な民族文化の残滓を発掘することへと向かい、大氷河論を気象学や地理学だけでなく、国家社会主義イデオロギーに対応させる人種研究へと発展させながら、医学的研究の奨励を導き出してくるのである。そうして自然科学と精神科学を関連づけようとする試みがなされ、大きく見ればナチスの世界観を構築するための科学の進歩が唱えられることになる。もちろん、大氷河論、氷河・宇宙発生論からすれば、アーリア人は世界空間の氷のなかで保存されて生き続けてきた萌芽であるとの理解に立つから、ダーウィンの進化論は当然否定されるし、アインシュタインの相対性理論も誤ったものとして排除される。進化論は社会ダーウィニズムへと利用され、アインシュタインはユダヤ人として迫害されるというこれまでの一面的な理解は、これによって新たな説明も加わることになる。つまり、大氷河論がフェルキッシュな世界観を可能にした大きな役割を果たしたのであり、それを支持する科学者たちの存在は決して看過されてはならない。「有能な科学者はイデオロギー的・政治的な理由から妨害され、言論を抑圧されたり追放された、褐色の一二年は科学を誤用し、非常に害し、ついには破滅させた」[64]と言われる理由でもある。

こうした似非科学としての大氷河論が、あたかも北方ゲルマン神話と同じように信奉され、結局は正当な科学者を締め出すことになる。アインシュタインやハイゼンベルク（W.K. Heisenberg. 1901-1976）のようなノーベル賞受賞者をはじめ、多数の優れた科学者が研究を疎外されたり、亡命を強要された反面、多数の人種学関係著書を書いた人類学者のギュンター（H. Günther. 1891-1968）が優遇されたのは言うまでもない。要するに、反ユダヤ主義を唱える物理学者がドイツの大学の講座を独占するのである。そうして彼らは強制収容所の問題にも関係していくこととなり、ナチスのあの人類的犯罪に加担していく。「第三帝国におけるイデオロギー的に歪められた科学者あるいは似非科学者のそうしたイメージは、ナチスの絶滅機構に直接からめとられた人たちで拡大され補充された。つまり、強制収容所での残酷な人体実験によって、病人や精神障害者のえり分けに関与することによって、あるいは死体の研究によって彼らの堕落した研究を遂行した。」[65] そうした科学者たちが「祖先の遺産」を人種論に結びつける限り、良い科学を破壊する悪い科学者でしかないことは明白である。とりわけ、近代理論物理学を排除してナチスを支持したノーベル物理学賞の受賞者レーナルト(P. Lenard. 1862-1947)に代表されるようなドイツの物理学が問題であった。そうした科学者が戦後七〇年代にまで及んで研究機関から解雇されたのは当然である。

その一方で、国家社会主義イデオロギーとは無関係に、政治化しない純粋な科学的研究に取り組んでいた科学者が存在したであろうが、しかしその場合にも、客観的な科学的研究は歪められ、省みられず、禁じられてしまった。こうした傾向は社会科学においても顕著に見られ、一般化して言えば、科学の政治化は避けようがなかったのである。「全体主義体制の非合理主義と支配の独占とは、科学的創造性の活動の場を妨げていた」[66]のであり、たとえ科学の価値中立的立場を理由にして研究に臨んだとしても、結果的には多くの問題を生み出すことになった。その一例として、「ドイツの人種衛生学は、国際的な優生学運動に欠かせない構成要素として認められ……この運動は世界中でそれ自体が自然科学的方法によって人種的にある程度『役に立つ』人間の序列を打ち立て、……『人種改良に』影響を与えることを要求してきた」[67]と言われている。それは地理学においても同様であり、第三帝国の政策の大きな部分を占める占領政策に果たした科学者の役割も無視できない。生活空間の拡大というナチスの植民地獲得政策は、すでに一九世紀末に人間集団の性質と地理的環境の関係を軍事的観点から唱えていた地理学者のラッツェル（F. Ratzel. 1844-1904）に見ることができるが、その研究を財政的にも人的にも促進することで具体化していったのである。いわゆる「土」のイデオロギーを確かなものとするために、ナチスは「第二次世界大戦を見越して、一九四二年から数学と、特に航空研究と宇宙航空学とが、いかに科学者が戦争の指導のために大規模に自己動員している」こと、それゆえ彼らが「自らの学問分野から国家社会主義的政策の構築に積極的に関わる共犯者となった」[68]ことが知られる。とりわけ、地理学的には東方に対する研究が重視され、東側総合計画が一九四〇年―四二、四三年に驚くほどの構想を策定して、東ヨーロッパにドイツ化された領土拡大を実現していくのである。その際、この計画にはヒムラーが率いる親衛隊だけでなく、「科学的に養成された農業専門家と経営専門家、建築家、人口統計学者と地理学者、また地理学者の中でも……合理的な『近代的』地球研究者と土地計画者が関わった」から、「第三帝国は非合理的なイデオロギーを科学と技術のダイナミズムに結合することに依存している」[69]と言われる。こうしてナチ政権は、科学者と技術者を柱にして、党と軍隊が一種のネットワークを形成しながら、国家総動員体制を確かなものにしていくのである。

以上のように、ナチスの人種政策と科学者との歪んだ関係が進行していくが、教育学者も例外ではなかった。そこでこの歪んだ研究者のあり方および大学教育政策に対して展開された抵抗運動を取り上げておこう。次々と打ち出される国家社会主義的な教育政策に抵抗した教育学者リットの活動についてである。

五　ナチ教育政策への抵抗者としてのリット

従来の教育学研究ではほとんど触れられることがなかった国家社会主義に対するリットの抵抗運動について、一九八二年に組まれた Pädagogische Rundschau 36号の「リット特集号」で「Ｔｈ・リットと国家社会主義」という長い論稿を寄せたニコーリン (F. Nicolin. 1926-) の論述を参考にしつつ述べておこう。

ナチ政権が発足してから一貫して学者としての良心に従ったリットは、徹底して第三帝国の国家社会主義に対して抵抗した教育学者である。ニコーリンはリットのナチズムに対する抵抗内容を明らかにするさいに、リットと国家社会主義の問題を、①個人的・伝記的側面――ナチス国家に対するリットの見解と態度がどのようなものであり、またそれを第三帝国でどのように獲得したのか、②事実的・内容的側面――政治的、しかも世界観的体系としての国家社会主義に対するリットの議論、という二つの観点から論じることによって、リットがナチズムに対して対決した方法・原則・難点を指摘している。同時にそこから、③一九三三―四五年という時代的限定枠を取り払うと、彼が体験したナチス統治と個人的に耐え抜いた葛藤から受け止めたものは、リットの後期の著作にどのように出てくるのかという、三番目の問題が浮上してくることになる。そしてニコーリンは①について中心的に語り、②と③についてては典型的なものに限っている。

リットは一九三一年一〇月三一日にライプツィヒ大学での学長就任講演「大学と政治」を行い、その中で特に力を込めて語ったことは、当時の現実を踏まえた大学の不適当な政治的傾斜に対する警告であった[70]。第一次世界大戦後から顕在化していた時代精神と社会的潮流を注意深く観察していたリットにとって、学問が政治に強く奉仕する傾向が明瞭となってきていたからである。彼の事実認識は、単に学問の政治化を否定することではなくて、両者間の正しい重要な関係性を見誤らないことにあり、大学が時代の政治的流れに力を貸すことは、学問それ自体を危険な状態に陥らせると見抜いていたことにあった。そこでリットがパラフレーズしながら挙げているのが、「民族的生の特定の解釈・秩序・評価［をすること］が、大学の本来的でもっとも固有の使命」[71]であるという点である。パラフレーズしながらと言うのは、この言説には具体的な指名を控えながらも、国家社会主義者が大学に関与することを拒絶する意図が隠されているからである。だからリットは、やがて大学が研究と教授の自由を必ずや脅かされることになると講演を結んでいる。すなわち、「大学に生じている事態を実際に進展させることが、この大学の高い任務を果たす可能性を放棄することになるのかどうかは、われわれの誰一人としてわからない――しかし学問的真理の理念を空虚にするのを意欲しなかった人間を排除することによって、そうした理念を否定するような幻想には用心する」[72]必要があると語っている。

こうしてリットは、迫り来る国家社会主義的な学生集団によるすべての障害と挑発に対処したのであるが、大学は突然閉鎖されることになる。しかも彼の遺品の中には、ドクロマークや鍵十字が捺された、リット宛ての匿名の手紙（一九三二年二月）があり、それには「ユダヤ人の奴隷者！……度が過ぎているぞ！おまえは次の学生自治会投票を待たずともいなくなる。報復は間近だ」という過激なものもある。当時の学生に広がっていた傾向を正しく診断していたがゆえに、学生に批判的に対処していたからである。しかもリットは、ダンツィヒでの学生組合集会（一九三二年一〇月）で、「国家社会主義的な学生集団のでたらめさと嘘つきに対して反対の立場がとられるべきだ」という「大学教師の声明」を提案している。ところが、学生の運動が心底では純粋な性質のものであるとみなすシュプランガーは、後に次のように報告している。「私はこの〔提案〕計画には議論で異を唱えた……当時まだ多くの健全なことをリードしている熱い期待をもって歓迎された国民的波に、ただ教師ぶって態度表明をしようとは、大学にとっては極めて有害な効果しかもたないだろうに。したがって、この措置は進められなかった。」[73]リットの炯《けい》眼に比べると、シュプランガーの鈍い現実把握の態度には雲泥の差がある。

一九三三年以後の時代にも、第三帝国に反対闘争を試みた大学教師として、リットは国家社会主義の思想的な根拠と対決してきたし、それを自らの教授課題として引き受けたのである。それは著作や半ば公的に求められた講演の機会に、批判的判断と良心に従ってなされたものであり、これは政治的側面からの働きかけによる公然たる扇動と妨害に曝されもした。しかしもちろん、リットがそうした困難に屈することはなかったのである。

さて、三三年三月はじめに、リットは同僚から、大学教師がヒンデンブルク大統領(P.v. Hindenburg. 1847-1934)への忠誠を公に表明すべき宣誓書に署名するよう要請された。その宣誓書の文面はこうである。「署名したドイツの大学教師は、帝国大統領から任命された国民の帝国政府が、すべての党派の利害を超えてドイツ民族のあらゆる祖国の力を共通の仕事に結集することを使命としてきたこと、それによってついにはドイツ民族にとって自由とすべての他民族との同権への道と、文化および経済の全領域での有望な研究可能性とが再び開かれることを、大いに歓迎する。」[74] リットがこのような宣誓書に署名することを拒絶したことは想像に難くない。彼ははっきりと「この政府が『党派を超えて』行うという主張は、私には現実の情勢に無知であることを示しているように思える。……ドイツの大学教師の集団がこの政府に賛成票を投じることによって、特定の党派が結合することに賛成票を投じることになる」[75]と見抜いているのである。つまりそれは、教師が政治的な態度決定をするように義務づけられてしまうことへの異議申し立てなのである。だから、リットは大学を党派の争いに巻き込んだり、力によって民族の利害に反するような展開を大学に促すことになる行動はとれなかったのである。リットはその宣誓書がもつ副次的効果を読み取っているのであり、署名しない者は「疑いなく、国民として信用できない」と烙印を押されるのを覚悟せざるをえないとわかってもいたのである。リットがとった態度は、教授の分裂を外部に表明することになる危険性を含みながらも、大学の内外の状況を現実的に見抜いていて、国家社会主義者の意図を正しく判断していたことを教えている[76]。

三三年一一月に六五〇人以上の学者がナチ政体を支持することを表明した別の署名簿には、リットの名も勝手に載せられていたと言われる。それは「アドルフ・ヒトラーと国家社会主義国家へのドイツの大学教授たちの信仰告白」と称されるものであり、ザクセン国家社会主義教師同盟のものであるから、ザクセン州のナチ教師同盟に対立していたリットには無関係のものであることは明らかである。彼の立場表明は、まさに国家社会主義の意図とは対立することを公言していたし、そのことは五月一二日の研究室会議の記録からも知ることができる。さらに、ニコーリンは好意的な学生グループが書いたリットへの手紙を取り上げ、そこにはリットの哲学が民族的要因と生物学的なものの意義を十分には考慮していないこと、つまりリットは国家社会主義イデオロギーを無視していることに注目する。しかも学生への返信には、リットが会議の記録を同封している点に言及している。その会議でのリットの発言内容について要旨を以下に紹介しておく[77]。ナチスの人種差別政策を正面から批判していることが知られよう。

無数の団体、同盟、組合が国民的心情を吐露して、忠実なドイツ人だ、愛国者だと毎日ドイツの至る所で喧しく叫んでいるが、この不快かつ誇大宣伝に私も賛同すべきだと要求するなら、それは不適切でありそうもないことなのだ。ハーケンクロイツ旗の下に身を置いたり、右手を伸ばして、「私も君たちの傍にいる、私も愛国者だ！」などと道徳的にありえないことを私に要求するのは、どんなにか品位を失わせることであるのかを見通せもしないのか。彼らは党の綱領に無条件に屈服することを求めているのだから、これに私が簡単に同意することはできないし、受け入れない最後の人間である。とりわけ人種原理には同意できない。これはひどい極端な生物学主義である。人種思想はその形式においてひとつの世界観の基礎を生み出すべきであるかのごとく、特に若者の心の中に深刻な障害を引き起こしている。このことに注意を促し、まさに今それを特に強く指摘することが、ドイツの教授および教育学者としての私の義務である。私はまた、人種原理により世界がわれわれに対する評価に有害な結果をもたらしている点について語らねばならない。その結果をここにいる人たちは無視しているが、人種原理をすっかり体験しているのだから、みなさんはこの結果を引き受けねばならないだろう。未来がドイツ人に教えるであろうことは、破壊のために引き起こされたこと、そしてわれわれがそれによって引き起こしてきた憎悪の大きさについてである。

さらにリットは続けて言う、

私はドイツの大学の教育学者および教授として責任ある発言を強要されるなら、以上のことに我慢して沈黙せざるをえないくらいなら、今日にも私の講座を辞任したい。私と同じように、今日われわれの民族のすべての有能な者は、それぞれの分野で、われわれの時代の錯誤を認識し、暴露し、取り除くことを支援する義務がある。とくに学者、教師と法の番人、そしてキリスト教会の代表者はそうしなければならない。現代は精神的自立への勇気をもち、瞬間の陶酔に負けることなく、起っていることを明晰かつ冷静に熟慮して整理し、歴史的生の大きな連関へと組み入れる人たちと機関が存在しなければならない。このことは、とりわけ大学教師の道徳的義務であり、不可避の使命である。すべての学生は、単に感激して共鳴するのではなくて、明晰な洞察力と判断力を保つ義務がある。これは毒された雰囲気を純化するために不可欠なのであり、それ以上にドイツ民族の繁栄のために不可欠なのである！

研究室会議でのこうした議事録からも予期されるように、リットは一九三三年五月二五日に学長に手紙を認め、夏学期が始まる前に学長代理職の辞任を申し出ている。辞任の具体的な理由は記されていないようだが、この申し出にさいして、リットは自由な決意を強調しているということである。学生たちはリットの辞任の理由として、彼が一年前に学長職にあった時、国家社会主義的な学生集団が大学生活を妨害することに反対していた点に見いだし、またその時の学長代行者もさらなる衝突を避けるために学生たちの主張を支持するのであるが、リットは辞任を撤回もしなければ、学生たちの理由づけに同意することもなかった。彼は徹底して不当なこととみなしていた、外部からの要求に屈服することは望まなかったのである[78]。

こうした対立が表面化していく中で、リットはさまざまな妨害を受けるようになる。ミュンヘン大学の教育学・心理学研究所が開催する「国家社会主義国家の教育」（一九三三年五月）での講演者にリットが招かれた。彼はこの招きを承諾して、「国家社会主義国家における精神科学の位置」というテーマで報告をすることにした。だが、二カ月後に、研究所から国家社会主義的指導者たちの抗議が出たことを理由に、自主的に研究報告を断念して欲しい旨の申し出がなされる。もちろん、リットは自発的に辞退することは拒み、納得のいく説明を求めながら、講演原稿を出版することになると返答している。

会議の主宰者によってプログラムからはずされてしまったリットの講演内容とは、一体どのようなものなのであろうか。リットによれば、国家社会主義国家は、「言葉のもっとも本来的な意味で、息詰まる、吐き気をもよおす、効果的で挑戦的な現在」[79]にのみ関係していて、超歴史的な課題には無縁な国家であるという理解があった。講演の第一部でリットが取り扱おうとしたことは、学問と政治的な支配部局との関係を規定し、国家社会主義の運動は精神から生み出すべきものを退けていることへの攻撃だったのである。それはこの運動が、精神によって弱められる本能に依存しており、要するに非合理的なものに支えられているからである。そうした問題を克服するには、そして政治的運動を支える理念を明確に基礎づけて公式化するためにも、精神科学が欠かせないというのである。だからと言って、リットが精神科学の役割として、国家社会主義の世界観を基礎づけるために加担すべきだなどと考えたわけではない。

彼はどこまでも学問が政治から自由であることを要求するのである[80]。

リットが考える自由な学問とは、時代を正しく捉え、時代と共に生きている精神科学的学問を意味していた。しかし、国家社会主義は精神科学に対して無理解であり、その教育学に対しても信頼を寄せず、その政治的陶冶の構想も批判的にしか見ていない。したがって、精神科学的学問が歴史的な後退としてみなされるのに対して、リットは、「時代は精神の探究者にいくらかの関心を抱くことができ、精神の作品は時代自身がもともとすでにあり、かつもっているものの残響以外の何ものでもないのだ！　単なる共鳴でしかないことは、精神的現実の解釈者にはふさわしくない」と言い、シラー（F.v. Schiller. 1759-1805）の言葉から「汝の世紀と共に生きよ、しかしその産物と共にではない」および「その学問を学問外の権力の命令に服従させる奴隷に成り下がる」ことであってはならない点を引き合いに出している[81]。

もちろん、ディルタイ（W. Dilthey. 1833-1911）と同じように、リットが精神科学を自己認識に関する哲学的学問として自然科学に対照づけていることは明白である。それゆえ、彼は個別科学としての精神科学ではなくて、「精神的存在に関する哲学的な原則科学」、あるいはまた「哲学的人間学」という術語さえも使用しているのである[82]。

ところで、リットの講演に対する妨害の背景、外的要因には、ナチの組織単位を意味するガウ大管区の国家社会主義教師同盟が、会議の後援者であったバイエルン文化相ハンス・シェム（H. Schemm）宛ての書簡で、リットに講演させるなら責任を問うと脅している事実がある[83]。その数日後に、ザクセンの国民教育省は、リットが四月にリガで行った講演で国家社会主義とアドルフ・ヒトラーをけなし、ドイツの青年たちが完全に理解していないと言明したことを取り上げ、彼の罪責について議論しているのである。彼の公の活動を制限することは、今や体制側からすれば避けられないものとなった。それは西ドイツラジオ放送が予定していた二つの講演（一九三三年七月六日、一三日）が、ガウ・ザクセンの党の要請によって中止されたことにも現れている[84]。

翌一九三四年の一一月に Völkische Beobachter がリットの講演「哲学と時代精神」に対する論文を掲載し、これには一二月一七日付けのライプツィヒ大学新聞が次のように論評している[85]。（これについても概要のみ記しておく）

リット教授は国外でも高い評価を得ているライプツィヒ大学の哲学と教育学の教授であるが、国家社会主義者ではない！　国家社会主義的な学生としてのわれわれの使命は、われわれの手中にある学生たちの政治的教育が、われわれには手を出せないでいる学問的成果を偽って適用することで、どれ程妨害されたり堕落させられているかを監視することにある。しかし、われわれが国家社会主義者とみなすことのできない者、また自分自身を国家社会主義者と呼びたがらない者が学生たちに教育学講義を行い、自分の文化理論を世界観として押し付けている者が民族の国家政治的な教育を行うとしたら、これは学生たちだけでなく、われわれ民族全体の政治的教育を危険にさらすものである。だからと言って、われわれはリットの理論内容が変わることを望まないし、反対にあえて承認することによって、むしろ彼の教育学的・政治的な影響が批判的に考察されることを望むものである。

この記事が端緒となってリットの講義は中止に追い込まれ、三五年一月初めのライプツィヒ日刊新聞には、大学新聞の公式発表「リット失脚」が報道されるのである。大学新聞は学長がリットの講義の中止をクリスマスの数日前に命じ、さらに一二月二〇日に哲学部の学部長およびドイツ学生組合の指導者グループと共同で、ザクセンの国民教育大臣に報告したことを取り上げている。その上で、「リット教授が代表するような哲学が、国家社会主義国家の特質とうまくやっていけるのかどうかは、指導的な党の立場で決定される」とし、そうなれば大学と学生組合の指導はリットに気遣うことがなくなるという理由を付して、「リット教授は今日、新年の大学の最初の講義日に、講義を再開したのだった」[86]と報じている。

リットが講義を再開した時の様子は、受講生の一人でヘッセン州の後の大臣シュッテ (Ernst Schuette. 1904-72) によれば、講義の時間に講堂は受講生とそれ以外の学生で超満員であったと言う[87]。そこにはリットに賛同する者と、講堂から同僚の教師たちを退出させようとする褐色の制服を着た学長がおり、リットが現れても拍手をしないよう警告した。だが、二分遅れてリットが現れ、聴衆の後方に隠れるように褐色の制服を着た一団、つまり学長、サークル役員や町の役職者、省の代表者、いわゆる権力の指導者たちがいたにもかかわらず、彼が教壇に登ると大きな拍手が起ったのである。リットは聴衆に静かになるよう語りかけ、「みなさん、私は今日、……生物学的唯物論について話したい」と切り出し、ローゼンベルクとその人種論に対する率直な批判を講義したのである[88]。ナチスの政策の核心にあった人種論を臆することなく批判することが、当時いかに勇気のある行為であったかを想起すれば、リットのこの姿勢は驚嘆に値すると言わなければならない。それゆえ、この年の五月にザクセン州の政令により、ライプツィヒ大学学長は第三帝国大臣ヘス（R.Hess. 1894-1987）の代理人として、リットの教授活動を哲学にのみ制限し、国家社会主義的世界観の成果に対するリットの理解や批判的発言に対して、特別厳しい制限を課することになる[89]。そこでリットに求められたのは、学生たちを国家社会主義的に教育することであったが、この要請に批判こそすれ、同意するリットではなかった。

こうして、一九三七年までリットは講演を禁止され、それは国外でのものにまで及んだ。それでも、この国外講演の禁止命令が出されるぎりぎりの時に、教育関係の帝国大臣からオーストリアへの講演旅行が許可され、リットはオーストリアの三箇所での講演と、その後ラジオ放送で語ることになっていた。もちろん、ラジオ放送での講演には草稿の特別許可が必要とされ、結果的に予定されていたラジオ放送講演は禁止されてしまうのである。そこでライプツィヒに引き返したその日（一九三六年一〇月二八日）に、彼は見切りをつけて退職を申請するが、その時の気持ちをこう記している。「私は、自分が最善と信じながら言ったり書いたりするものが、職務面で国の利害に益しないものとして判定されたかどうかは、全く知ることができないだろう。私は上役に当たる関係当局の不信感によって絶えず監視されており、今体験しているような侮辱的状況の可能性にいつも曝《さら》されていると感じるであろう。」[90] そして再三の申し出が実り、翌年の七月三〇日にリットは退職するのである。

その後もリットの国家社会主義との対決は続くが、当然講演は禁止され、出版は検閲を受けて困難となり、ザクセン科学アカデミーからも脱退することになる。それでも彼は四一年に「精神科学的認識の構築における一般的なもの」という論文を公にするが、ユダヤ人のカッシーラーとヘーニッヒスバルト（R. Hönigswald. 1875-1947）を引用しているという理由で、「ナチス文献を保護するための党公認の査問委員会」から非難されている。学問的にユダヤ人を引用する場合にも、その根拠を示さない限り引用は原則的に許されなかったのである[91]。

そもそもリットが重視した時代批判的な自己意識の根本問題は、歴史に対する民族の関係を問うことであり、それを彼は国家社会主義の歴史的評価という観点から取り扱うのである。そこでは、はたして国家社会主義を過去との関係で捉え直すのか、それとも歴史と対立する立場から捉えるのかが問題になるが、それをリットは国家社会主義的イデオロギーの本質問題から説き明かそうとする。それが人種学(Rassenkunde)だったのである。

ニコーリンも「人種学が指導科学にさせられているところでは、歴史は価値を引き下げられる」と喝破している[92]。その上で、リットの批判的立場は、人種論を身体的な人間類型を対象にする狭義の生物学的概念に制限することなく、心的特性さえも取り込んで、これを政治の支配理念にまで拡張しているナチズムの問題性を暴露したと見ている。人種論を歴史と結びつける歴史家の手にかかると、「歴史は『血の相続』、『人種的な遺伝素質』の安定した歴史でしかない。より正確には、歴史はこの血の相続を保持するか、浪費するかのどちらかである」[93]と、リットが見抜いていたことの指摘である。このように、リットは人種学と歴史研究が根本的に両立しえないと考え、人種思想から出発する歴史解釈は誤りであると批判する。ここに国家社会主義国家における精神科学は、「すべての『人種学的』排除〔の論理〕には反対して、歴史の機能」を守るという使命があることに注意を促している[94]。ニコーリンはそうしたリットの姿勢が、すでに『歴史と生』（一九一八年）の「前書き」にも見られることを見逃していない。すなわち、リットは「過去を現在に奉仕させる代わりに、現在の主人にすること」を説いていたし、時代批判の観点から人種学に対決しながら、自由な学問研究の立場に立って歴史研究の重要性を唱えていたからである[95]。

以上のようなリットの理解は、一九三五年の『哲学と時代精神』から一九三九年まで変わることがなかった。当時、国家社会主義的世界観を基礎づけていた哲学は、帝国新聞主幹のディートリッヒ（O. Dietrich. 1897-1952）がケルン大学の新しい建物の落成式で行った講演「国家社会主義の哲学的基礎」で示したものであったと言われる[96]。しかし、リットは哲学が時代精神の命ずるところに従属すると、「その名が表しているところのものであることをやめる」と述べて、ヘーゲルの唱えた「哲学はその時代を思想によって捉えて来た」という命題を引き合いに出している。そこで彼が言わんとしたことは、「その時代の中で生きている『世界観』を思想形式で言い表すことが、哲学の事柄であろう」[97]という点にある。

さて、世界観の問題は、ディルタイでは一つの「典型的な心的状態」、特別の「人間類型」を表現するものであるから、その系譜を継ぐ哲学者たちがそうであったように、生の哲学はナチズムの人種論へと傾斜せざるをえない要素を内包していたことになる。リットは「われわれの時代は……民族と人種に世界観の根基を見つける、〔生の哲学の世界観と〕同じような類型化の形式を優先している。つまり、それは『北方系の人間』、その顔が現代のわれわれに信頼された世界観を見つめている『ドイツ人』である」[98]と言い、北方系ドイツ人の抱く世界観が人種論を正当化する準則にされていると分析している。したがって、時代を超越した哲学的真理を求めることによって、民族や人種に狭く限定する国家社会主義の世界観に対しては、哲学は批判的法廷とならねばならないと考えているのである。そこで、『哲学と時代精神』を踏襲したリットの講演について、Völkische Beobachter が一九三四年一一月一四日に掲載したリット批判は、こうである。リットが国家社会主義を評価していると期待したが、むしろそれとはわからないように国家社会主義を密かに攻撃していること、言表することなく人種思想を攻撃していること、国家社会主義の世界観を限界づけていること、ユダヤ人が混じっている聴衆を満足させようと画策していること、と言った具合である[99]。要するに、リットこそナチズム批判の先鋒であり、ユダヤ人を擁護している第三帝国の反逆者であると決め付けている。しかし、リットの抵抗はその後も衰えることを知らなかった。

それを証明するのが一九三八年に刊行された『ドイツ精神とキリスト教——歴史的出会いの本質につ

いて——』での国家社会主義的な人種論批判である。リットはこの人種論をフェルキッシュ・生物学的理論と呼んでいるが、そこではローゼンベルクの『二〇世紀の神話』を取り上げることによって[100]、人類や民族が位置づけられている歴史過程を人種論の展望のもとに歪曲している国家社会主義批判を展開する。それは副題にもあるように、リットは、身体的にも精神的にも、民族は異質の民族と出会い、他者との交際を通じて人間的な陶冶過程を形成してきたという理解を基本テーマに据えているからである。

こうしたリットの立場からは、前述したように、ローゼンベルクがフェルキッシュな共同体に不変の「根本価値」を付与していること、そして宗教も「人種に拘束された民族に奉仕する」ものとみなしていることが批判の対象となろう。リットの主張は、キリスト教の信仰がゲルマン人に起源をもつものではないという素朴な事実、しかもゲルマン人は非アーリア的な民族世界から成長したものであって、北方的魂を同化してきたことの指摘にある[101]。この点もローゼンベルクとは対立する。民族の精神が形成されていく陶冶過程での出会い概念に注意を促すのも、そのためである。いかなる個人も民族も、そして文化も純粋に自己のみで発展することはできない。民族と文化との歴史的出会い、つまりゲルマン人とキリスト教との歴史的出会いが生み出してきた数々の偉業は、ルターに代表されるように、ゲルマン人の創造力を単純に無視できる性質のものではないのである。その意味では、国家社会主義イデオロギーが、特にヒトラーがフェルキッシュ共同体を絶対視して、キリスト教は有害であるとみなして排斥することは、まさに歴史的認識の欠如を意味している。リットは権力によって民族の精神を強制することはできないと考えたに違いないのである。

さて、リットがナチズムとの対決を表明した最後の論文は一九四二年に書かれ、一九四八年になって公刊された『国家暴力と人倫性』である。著書のタイトルからも予想できるように、リットは「暴力が制度化される所は国家である」が、この暴力を政治的な暴力行使にしないための倫理性に注意を促している。ここで持ち出されている理論は、倫理的原理を自然に帰する倫理的自然主義の危険性についてである。と言うのは、倫理的自然主義の公式は「より強いものの権利」を意志し、強いものが権利を語ることにあるからである。これは社会ダーウィニズムにつながる理論でもあり、それをリットは惑星と太陽、月と惑星の関係を取り上げながら、ヒトラーがそうした自然現象の法則を人間の世界へ拡大して、倫理的自然主義を第三帝国において実践に移していると告発するのである[102]。要するに、倫理的原理が暴力を正当化することに転換されていて、政治的権力の行使に利用される手段でしかないことの問題である。「粗野な暴力が戦場を支配し、そして精神は単なる見かけの生を生き長らえている。」[103]

人生の最後の一五年間を政治的テーマに取り組んだリットは、特に全体主義を否定する根拠を探究し続けた教育学者である。彼の国家社会主義との対決を示す最後のものは、一九五五年にロンドンで出版された論集『第三帝国』に寄稿している論文である[104]。そこではヒトラーの目論んだ国家社会主義的運動を成果へと導いた理由は、生の哲学の伝統に依拠していた例の青年運動が民族共同体の理念と結合したことにある点を指摘する。つまり、青年運動が民族共同体の理念に民族の生を定位することで、ドイツ民族を外部から抑圧するものを拒絶するという一種の闘争が生起したのである。「このようにして、『生』のうちにその理想理念をもっている『世界観』は、生物学主義的、主意主義的、ついには極端なナショナリズム的な性格を引き受けることになるが、それもこの世界観の発展を担う者たちには、青年運動の根源的な精神と離反しているとは意識される必要もなくである。」[105] 国家社会主義イデオロギーを現実のものとしていくさいに、青年運動が果たした役割は大きかったというのが、リットの分析である。

たしかに、国家社会主義国家においては真理への感覚を衰退させる学問の政治化が要求され、人種差別を押し進めるフェルキッシュな世界観が正当化された。それによって反セム主義、反ユダヤ教がナチズムの闘争スローガンとなり、人種の区別を問わずにユダヤ人を受け入れていた青年運動もその影響を受けていくのである。もちろん、すでに第一次世界大戦中から大戦後にも、反セム主義的気分が大学生たちに見られるし、ワイマール期の困窮と重ね合わせながら、ドイツ・ユダヤ人を無責任者、信用できない者、私腹を肥やす者として非難するのが通例であった。そうしたユダヤ人への憎悪感は高等学校にも広がり、国家社会主義の反セム主義計画は着実に浸透していったと言わねばならない。したがって、教育学者として、リットが国家社会主義と対決するさいに、ナチスの人種論を厳しく批判したのは当然のことなのである。

リットの批判は大学人に対しても及んでいる。いわゆる身体的特徴からアーリア人を区別するために説かれた生物学的人種主義に賛同して、ナチ党に魂を売り渡した大学人は少数派であり、また研究を脅かされるとナチ党に抵抗しなければならないと感じていた者も少数派であった。すなわち、ナチズムに積極的に同意する立場と、消極的に反対する立場とは、いずれも少数派だったとリットは見ている。多くの者はナチスとの衝突を避けようとして、国内亡命という形での態度保留の立場をとっていたと思われる。そうした付和雷同型の大学人に対して、リットは彼らを『美的過失(Schönheitsfehler)』に甘んじている市民層の典型と呼んで批判するのである[106]。そこでリットは、二〇世紀初めのドイツ市民層のそうした基本的態度として、「古典的遺産に固執する教養思想と、政治、経済、技術に専心する権力と成果の獲得努力」[107]という、典型的なドイツ的二元論について語っている。それは、現実とはかけ離れた教養意識の重視と、現実政治に対する利害関係の重視とを同居させながら、国家の指導者に対しては進んで服従し、国家が自己主張する意志を不可欠のものとみなして、すべての国際的協定を信用しないという態度である。「ドイツの大多数の大学教師団の政治的思考も、こうした枠内にある」[108]とリットは言う。

もちろん、大多数のドイツ人も、つまり国家社会主義の支持者たちも中途半端な教養をもっていたがゆえに、教養の精神的世界に対する曖昧な位置にいて、政治的な影響には抵抗力をなくしていた。そのさい、重要な立場にあったのが労働者階級である。国家社会主義は労働者階級が唱えるマルクス主義の歴史観を嫌悪していたから、ナチ・イデオロギーの妨げとなるマルクス主義的教義を非ドイツ的・ユダヤ的な毒のある誘惑と理解させるプロパガンダを展開する必要があった。つまり、フェルキッシュ共同体を支えてきた労働者に対して、マルクス主義は敵対するものとして位置づけたことをリットは問題視するのである。

このように、国家社会主義に対するリットの抵抗活動は、ナチ政権が誕生する以前から行われていたことであるが、彼ほど徹底してナチズムと闘った大学人は稀有である。同時に、ナチス体制下での抵抗がいかに困難であったかを教えているであろう。

六　抵抗運動とユダヤ人学校の実態

一九四一年に国外移住禁止令が出されるまでに三六万人のユダヤ人が亡命を余儀なくされていたように、ナチ教育がすべてを支配する状況下にあって、なおもナチズムに抵抗するユダヤ人の教育が存在したことを忘れてはならないであろう。つまり、亡命だけが抵抗運動だったわけではないのである。もちろん、ユダヤ人にとってドイツの国民学校に就学することは多くの困難を伴っていたし、同化したドイツ・ユダヤ人にしても事情は同じであったろう。彼らはヒトラーが政権を樹立する前から、独自のユダヤ人学校と教育制度をもっていたことは既述したとおりであるが、それも禁止されるに及んで、ナチの人種主義的な差別と迫害に耐え抜く精神の援助に、そしてユダヤ人であることに積極的な価値を見いだす意識の鼓舞に、むしろ彼らは固有の新しい教育的意義を獲得していくのである。それはあたかもユダヤ人の社会学者デュルケムが『社会分業論』(一八九三年)で、「ユダヤ人の社会を『未開社会』と同質のものとみなし、その特徴は氏族を中心とした『機械的連帯』にあ」り、この『機械的連帯』から『有機的連帯』への移行」[109]を説こうとしたことと一致している。その代表的な教育学理論の一つに、ブーバーのシオニズム的教育学がある。

一方、ドイツから亡命した教育者たちは、迫害されている青少年たちのために遠隔地からさまざまな支援の手を差し伸べる。難民収容所と児童施設における教育的世話、亡命のための学校施設の配慮、成人のための特殊な教育の提供等々、である。苦しんでいる青少年たちを想い、亡命した教師たちの多くは反ファシズムの闘争を展開しただけでなく、ナチの支配から開放された時を予想して、ドイツの教育制度の脱ナチ化と民主主義化のための計画と構想を作り上げていたとも言われる[110]。ドイツに残っていたわずかの教育者たちも抵抗運動に従事したことは言うまでもなく、そうした抵抗はドイツ人の教師や教育学者によってもなされたのである。そのうちの一人で、ワイマール体制を維持する立場を表明していたドイツ社会民主党に属していた教育学者のライヒヴァイン（A. Reichwein. 1898-1944）は、ルストによって「公務員制度再建法」の適用を受け、ハレ大学の教授職を解任され（一九三三年四月一日）、やがてティーフェンゼーの児童数わずか三〇名の田舎の小学校を任され、後に国立ベルリン博物館に招聘されてから（一九三九年）新しいドイツのためにヒトラー政体に対する抵抗運動に加わる。そうした思想を動機づけたものは、時代の政治的問題と取り組んで著した「ドイツ国民としてマルクスと共にか、それとも対立か」（一九三二年）という論文である。すでにドイツ社会民主党員となっていた彼は、労働者階級と社会主義思想に深い結びつきを実感していたこともあり、ヒトラー政体に抵抗することになる。彼は「幅広い反ヒトラーの交友グループ、いわゆるクラウザウ・サークル」に属して、「レジスタンス勢力との共闘を進めたりもしていた」。そして、一九四四年にゲシュタポに逮捕され、ヒトラー暗殺の謀叛罪で処刑されるまで、ナチズムに抵抗する意志を貫いた教育者である[111]。このように、ナチの組織に対して距離を取ること（多くは辞職であった）を表明したり、あるいは自らに降りかかる不利益を省みず、迫害されている者を擁護したりする運動がなかったわけではないのである。

学生の中にも抵抗運動に身を投じた者がおり、ミュンヘン大学のカトリックの学生たちが組織していた「白バラ」と称する抵抗運動のグループ活動として、ショル兄妹（H. Schol / S. Schol）がいる。彼らは身の危険を顧みず、ロシア戦線に衛生兵として従軍していた医学生として、「白バラ通信」を発行しながらナチスの非道を告発したのである。その秘密ビラでは、「ポーランド征服以来、三〇万人のユダヤ人が……人間の尊厳に対するこの上なく恐ろしい犯罪を見る。人類の全歴史の中で比類のない犯罪をである。ユダヤ人も人間である。……ドイツ民族は、なぜこうしたこの上なく恐ろしい犯罪、人間の品位を落とす犯罪に直面して、こうも無感覚にふるまうのか」[112]と警告している。しかし、彼らもゲシュタポに捕らえられ、一九四三年に処刑されている。

さらに、ナチズムに対する最大の抵抗勢力はキリスト教、とりわけカトリック教会であったことも無視できない。すなわち、カトリック聖職者組織の抵抗として具体的に指摘できるのは、ブレスラウ大司教ベルトラム枢機卿、ミュンヘン大司教ファウルハーバー枢機卿、ミュンスター司教フォン・ガーレン伯爵等がおり、彼らはヒトラーの真の意図が征服ではなく、殺戮にあったという真実を知っていたと言われる[113]。プロテスタント系の反ナチ組織として結成された告白教会も、ニーメラーを中心に全体主義に抵抗運動を展開したことは知られているし、また官界、財界の保守的な人々の反ナチ秘密サークルの中心人物であった、ライプツィヒ市長（一九三〇—三七年）のゲルデラー（K.F. Goerdeler. 1884-1945）がいる[114]。そうした正義を貫いた人々については別の章でも取り上げる。

さて、一九三三年一月のナチ政権の誕生と共に、ユダヤ人の教師と生徒たちへの差別が同級生からも強くなり、その年の三月の復活祭前後にはもはや顔を合わせることさえ敬遠される状態にあった。その当時の様子をブーバーは同年五月のユダヤ評論の中で次のように書いていた。「子どもたちは起こったことを身をもって知り、そして沈黙するが、彼らは何一つ嘆かないし、夢から目覚めて、暗闇で身動きできないでいる。つまり、世界は当てにならなくなってしまった。一人の友がおり、その友は明らかに太陽の光のごとくであった。今や彼は突然一人の見知らぬ人を正視して、口元はあざ笑っている。……今や彼［教師］が誰かに語るときに、もはや発言権はない。校庭の空間は彼に対してもはや開かれていない。」[115]当時は約四五、〇〇〇人のユダヤ人の青少年が一般の国民学校ないしは高等学校に通学していたが、彼らは原則的に境界づけられる運命から逃れられないでいた。彼らが差別を免れるためには、ドイツを去るか、約八〇校あったユダヤ人学校に転学するか、あるいはすでに約一五、〇〇〇人が在籍していた学校の規模を拡大するかしかなかった。しかし、先述したように、バーデンやミンデンのような地方のユダヤ人学校は生徒数の減少により、閉鎖されていた。こうしたナチ迫害に対処するとともに、学校拡大の問題を構想面と財政面で調整していたのが、神学者とラビたちによって組織されていたドイツ・ユダヤ人帝国代表団（以下「代表団」と略記）である。その活動には教材の調達や製作も含まれており、ユダヤ人教師を継続的に教育することも課題にしていた[116]。

ところで、ユダヤ人学校の拡大については、カイムが詳細に述べているのでそれを参考にすると、一九三三年のベルリンのおよそ一、〇〇〇人の子どもたちのためには、ユダヤ民族学校で二〇学級が新たに整備され、一九三四年の過ぎ越しの祝いにはさらに八〇〇人の新入生が予想された。しかし必要な場所を獲得するために、労働手段も両親からの財政的な寄付も期待できない状態にあったので、「代表団」とベルリンのユダヤ人教区がその費用を負担し、生徒たちの窮乏に対しては学校給食を準備したと言われる[117]。その「代表団」は、新たなユダヤ人民族学校を整備するのに大きな教区を創設して、多くの教区の子どもたちが通った管区学校の創設のために小教区を支援した。学校の整備が実現できなかった管区の子どもたちは、「代表団」や別のユダヤ人組織の費用で中央の寄宿舎に寄宿させられて、その都度学校に送られたのである。全体的に見ると、一九三四年の過ぎ越しの祝いまでに九つ、そして一九三八年までに私的なユダヤ人民族学校が新たに整備されていく[118]。またバーデン州やバイエルン州では、学校制度における「人種分離」を担保するために、教区はユダヤ人民族学校と一般の国民学校へ通うユダヤ人を区別する役割を引き受けた[119]。

ところで、国民学校よりも高等学校制度の拡大と受容の方が困難であり、数少ないユダヤ人高等学校では、急増する生徒数を収容できるようにするために生徒と教師を一カ所にまとめる必要があった。その中でも正統的なケルンの「Jawne」学校では、一九三三年の二一七名が一九三七年には四二三名に倍増し、その約二五％がケルンの近隣や広範囲な地域、ボン、ゾーリンゲン、デュッセルドルフ、デュイスブルフ、エッセンから通学する生徒であった。「彼らはしばしば鉄道で何時間もかけてやってきたし、あるいは学校の斡旋により週日はケルンに滞在した。若干の生徒は親戚や知人のもとに住み着き、ほかの者は教師や同級生のもとに住み、またケルンの孤児院が……生徒たちを受け入れた。多くの家族は子どもの高い学校教育に関心をもち、実にケルンに移住したのである。」[120] しかし、ナチスはユダヤ人の高等学校に対してはっきりと制限を設け、徐々にすべての国家的・都市的な補助を削除して、その上税制面の特典を剥奪していった。このほかにも私立のユダヤ人高等学校（グリュンバルト校やトニー・レスラー校、ロッテ・カリスキー校）も創設されたが、そこに通える生徒は裕福な家庭の子どもたちであった[121]。こうしてナチ政権の最初の四年間に、ユダヤ人の学校は一七〇校となり、一四の高等学校、一中等学校、豊富な教育計画をもった四学校があり、それらにはおよそ二三、七〇〇人（全ユダヤ人の就学義務者の六〇％に相当）の青少年が通学したのである[122]。もちろん同時期にはユダヤ人の全生徒数は亡命者が相継ぐ中で、およそ三分の一に減ったとも言われる。

一七〇校近くのユダヤ人学校の地域的な配置は一様ではなく、ベルリンが比較的高い人口比率を示していたから、それに応じて八つの高等学校(教区学校と私立学校)、二つの実科学校、そして六つの大きな民族学校と三つの小さな民族学校があった[123]。それ以外にもフランクフルト、ハンブルク、ブレスラウ、ケルンとライプツィヒにもあり、比較的密集していたユダヤ人の民族学校制度をもっていた地方は、ビュルテンベルク、バーデン、ライン・マイン・ネッカー地域、フランケン地方、ヘッセン、ライン・ヴェストファーレン工業地域等々に広がっており、それらの地方ではユダヤ教が存在していた。それに対して東ドイツのユダヤ人学校は、全体的に人口比率が低いのに応じて、わずかな都市にしか存在しなかった[124]。

ユダヤ人の地方学校ホームとは一種の寄宿学校であり、経済的に裕福なユダヤ人家庭の子どもが入学するのが常であったが、それが改革教育学を背景にしながら、ユダヤ人教育との関係で特殊な意味をもっていたことを述べておきたい。

ナチスが権力を獲得する前に、ユダヤ人の寄宿教育が特別の役割を演じることはなかったようである。それと言うのも、ユダヤ教の伝統を意識していたユダヤ人の子どもは、可能な限り家庭で教育されたのであり、また同化ユダヤ人は止むを得ない場合を除いて、子どもをオーデンヴァルト学校のような地方のリベラルで非ユダヤ人の教育ホームに通わせたからである。ところが二〇年代末、近代的な地方教育ホームであった「寄宿舎のある最も有名なユダヤ人の教育場所の一つ、ヴォルフェンブッテルのサムソン学校」は、生徒数が少ないために閉鎖せざるをえなくなった[125]。そうした背景にはナチスの支配が顕在化してきたことがあり、多くの夫婦関係は壊され、追放によって住まいを喪失し、逃亡の途中で親子が引き裂かれたりした結果、子どもたちは家族の緊密な関係を失うことになるのである。このような子どもに精神的な安定を与えてくれる理想的な場所こそ、財力のある家庭が融資して成り立っていた地方の学校施設であった。その意味では、本来は裕福な家庭の子どものための寄宿学校だったものが、不幸なユダヤ人の子どもたちにも広く解放されていくのである[126]。

ここでカイムが取り上げている寄宿学校は、カプト(Caputh)、ヘルリンゲン(Herrlingen)、コーブルク(Coburg)のそれである。これらの施設は、それぞれ異なる条件と状況のもとにあって、各々の陶冶過程と生徒たちの年齢構成に関係して、それぞれのホームの特殊性を発展させていた。コーブルクの寄宿学校はユダヤ人の共同生活に学校を統合していたし、カプトの施設は音楽活動と改革教育学的精神とに基づいた学校生活と教授を特に貫こうとしていたし、ヘルリンゲンの地方学校施設はシオニズムと改革教育学を結合しようとしていた。これらの特殊性は校長の人柄と関連しており、校長は一切をリベラルな観点から主張し遂行したのである[127]。その具体的内容にかんして、一例としてコーブルクの寄宿学校について簡単に触れておこう。

コーブルクの寄宿舎は、第一次世界大戦後に、コーブルクの町にいたラビで説教者のヘルマン・ヒルシュ(H. Hirsch)によって私的なユダヤ人教育寄宿学校として創設され、コーブルクにある高等学校に通っていた外国の生徒たちを受け入れていた。しかし、ナチ政権の誕生によってユダヤ人の青少年が一般の学校から閉め出されたのに伴い、ヒルシュは私的なユダヤ人の民族学校としての許可を得て、高等教育施設を備えた寄宿学校へと変えていき、一〇歳から一六歳までの青少年男女を受け入れたのである。ここには民族学校の五学年から八学年までの生徒が通い、さらにその上に設けられた二つの継続教育学級に通うようになっていた。ヒルシュ校長は一九三六年に親衛隊によってナチスから解雇されていた四人の教師を雇い、彼らはナチ政権以前には公立学校で教えていた教師たちであったので、かなり高い資格をもつ、時には学位をもった者たちであった。生徒数はと言えば、社会の動向に左右されながら、一九三五年五月二八日から同年一〇月までに四二名、そして一九三六年一〇月には六〇名へ上昇したが、一九三七年一〇月には五四名に下降している。そして一九三八年一一月の迫害（「水晶の夜」）を契機として、寄宿生の突撃隊員たちによってコーブルク寄宿学校は徹底的に粉砕され、ほんのわずかの年月で閉鎖するに至ったのである[128]。

このコーブルクの地方学校施設の特殊性は、施設と学校がユダヤ教区の中での神への奉仕と緊密に結びついていたことにある。もともとユダヤ教の神への奉仕は、一九三二年までにシナゴーグに代わって、昔の福音主義の礼拝堂で行われていたものであるが、礼拝堂が町から契約解消を告知されて以降、ラビ兼校長ヒルシュの家に移さざるをえなくなった結果、家のロビーが大食堂と祈りの場として使用されるようになった。この家の二階以上には明るくて風通しのよい簡素な共同寝室があり、教育施設として十分に機能を果たした。しかし、生徒数が上昇した時にはより広い建物を借りざるをえず、この建物を神への奉仕を維持するための学校施設として使用するようになった[129]。

こうした地方教育施設の性格と合致していたのは、宗教教育と実践的学習であり、それは頭と心と手の全体的な教育というコーブルクの構想を具現するものである。それはドイツを離れた時の生活のために、できるならパレスチナでの生活のために準備しておく必要があったユダヤ人の青少年たちの窮状を考慮しての教育構想であった。それゆえ、外国語の知識、とりわけヘブライ語の広い基本的能力を習得させる必要があり、その意味で校長ヒルシュはユダヤ人学校の教育プランを拡大しようと努力するが、ユダヤ人が外国ではアカデミックな地位を確保できなかっただけでなく、パレスチナでは職人を必要としていたために、実践的学習がより重視されたのである。コーブルクの学校は家具製造のような実践的能力の形成に力を注ぎ、例えば施設に大きなテラスを作るまで実践力が鍛えられたりした[130]。だが、もちろん寄宿舎教育の中心となる精神的要素は宗教教育にあったし、それが可能になるのはユダヤ人教区での生活に学校が深く関わることによってであった。そこでヒルシュは教育の最高原則として、「この共同体においてはユダヤ的に生かされ、ユダヤ的に執り成され、ユダヤ教が探究され、そして精神的にも心的にも克服される」[131]ことを公式化する。そうした教育がなされるならば、「厳密なユダヤ的意識は自明に」なるはずだった[132]。ただし、コーブルクの地方学校施設についてこれ以上のことはあまり知られていない。

一方、カプトとヘルリンゲンの寄宿舎についてはよく知られており、ポツダムの近くにあるカプトのユダヤ人子どもの学校寄宿舎と地方学校施設は、ナチスが権力を獲得した時にも二年間存続したものである。この施設の創設者であった女性校長は社会教育学者のファイアータ一ク（G. Feiertag. 1890-1943）であり、以前に北海にあるノルダーナイ島（Norderney）でユダヤ人の子ども保養施設を管理していた人物である。生徒数は最初の一二人（一九三一年）から八八人（一九三五年年始）へと連続的に上昇し、三八年一一月に強制封鎖されるまで比較的コンスタントに生徒を集め、閉鎖される少し前には九四人もの生徒数に達した。「一九三四年まで子どもたちは主にベルリンからやってきて、一九三五年からは少なくとも三分の一はほかの二四の町からやってきていた。」[133] カプトの寄宿舎の教師の数は八名から一二名であり、ここでの特徴は学校生活と教授との徹底した改革教育学的な教育に成功していたことである。それを可能にしていたのは、当時自明ではなかった社会教育学的な教育と、また改革派での経験を結集できた教師たちの存在である[134]。これらの教師の中には、ヴォルフェンブッテルの伝統的なサムソン校、パウル・ゲヘープのオーデンヴァルト校で働いていた最初の学校長フリドリン・フリートマン（F. Friedmann）がおり、彼の後継者のクルト・ハーン（K. Hahn）によって指導されたボーデン湖の地方教育施設シュロス・ザーレムでの経験のあるエルンスト・イシング（E. Ising. 1900-1998）や、またベルリン・ノイエケルンのフリッツ・カールセンのカール・マルクス校で実習教員を卒業したゾフィー・フリートレンダー（S. Friedlaender）がいた[135]。

カプトの改革教育学的傾向は、家族に近い家共同体での寄宿生活の組織が明らかにしている。この共同体は村から離れていて、海岸に隣接しつつ、学校の近くの空家を自由に使うことができた。空家の所有者には、ナチスから追放されたアインシュタインもおり、模範的な寄宿学校のオーデンヴァルト校での生活と同じように、自由を感じさせるものであった[136]。

このように、生徒、教師、先生たちは地方学校ホーム共同体を形成していた。いわゆる相談［評議会］会議（学校教区に対応して）は共同決定の可能性を申し出たり、とりわけユダヤ人祝祭日の共通の形態が一致団結に役立っていたのである。つまり、安息日、過ぎ越しの祝い、仮庵の祭、光の祭等々がである[137]。祝祭日は生徒の演奏によって多様に飾り立てられた。さらに特殊な改革教育学的な調整は教授をも特徴づけた。教授にはコーブルクに代表されるように民族学校の教育計画が基礎づいており、それは特に外国語において際立っている。そうした一連の教育支援活動を受けながら、ユダヤ人学校は苦難の中で教育を実践していくことになる。

七　ユダヤ人学校の陶冶目標と教育計画

ナチ政権下でユダヤ人学校が直面していた困難は、地方から流入してくる青少年の受け入れのための施設面と財政面での対応だけではなかった。学校は何よりも迫害に遭っている青少年たちに精神的な支援をするように配慮しなければならず、教育計画はきわめて緊急の課題であった。青少年が未来に対して希望を失えば、ユダヤ民族の将来はないからである。学生としても研究者としても大学からも締め出され、職業上の展望も開かれない現実に対処しようとすると、ユダヤ人学校の陶冶目標と教育計画は多くの壁に阻まれることになった。しかも、ユダヤ人の内部にもリベラル派と伝統派とシオニストとの三者間で教育観が相違しており、一概には陶冶目標の統一を取ることが難しかったのである。

リベラル派のユダヤ人は青少年たちをよいドイツ人へと教育すべきだと考え、それによってドイツ文化とユダヤ文化とを綜合しようと望んだ。一方、伝統派のユダヤ人は、彼らの子どもたちにはユダヤ人学校が好ましいと考えたが、ナチ政権下でユダヤ教の価値が切り下げられるのに対して困惑していた。特にユダヤ的教育の難点はトーラー("Thora" モーゼ五書、律法のこと)の言語としての古代ヘブライ語と宗教教育にあったし、そうした状況下でも一般陶冶とドイツ文化は放棄されることはなかった[138]。これに対して、生きたユダヤ教とパレスチナでのユダヤ国家建設を重視するシオニストは、近代的なユダヤ文化を理解するための前提として、古代ヘブライ語に代わる近代的なヘブライ語教育の必要性を唱えた。ユダヤ人学校にとっては、ここに一つの葛藤が生じざるをえなかった。要約すると、ドイツ文化を放棄せずに、伝統的なユダヤ教に代わって、実際生活的なユダヤ教の精神によって貫かれていたのがリベラル派の陶冶目標であり、生徒たちにパレスチナでの国家建設について理解させ、ドイツ人とは袂を分かつように強要したのが、正統派とシオニストの唱える陶冶目標であった。

以上のような内容を、カイムは一九三四年の「代表団」の学校区分から、そして一九三七年の「ユダヤ人民族学校の教育計画のための方針」から分析しているのであるが、当時のユダヤ人学校の統一問題は、基本的方針として「子どもはリベラル、正統的ないしはシオニズム的な家庭からまずは自分たちがユダヤ人であることを学び始める」[139]ことに期待している。そしてこうした方針を実現するために、「ユダヤ人の宗教の永遠の価値を生き生きと理解」し、「現在のユダヤ人の生活を理解し、特にパレスチナにおける「国家」建設を理解」するように覚醒する陶冶目標を掲げて、リベラル派よりもシオニズム主義と正統主義とを結合した目標設定が強く唱えられるのである[140]。

それは基本的には現代でも変わることはなく、時代を超えたユダヤ人の宗教性と深く関わっているであろう。カイムはパウロの回心（新約聖書　使徒行伝9章）に譬えて次のように言う。「まったく改宗かと思われるような危機の中で、これらユダヤ人たちは、丁度ダマスコ途上のパウロのように、その人生の曲り角で、自らが結局はユダヤ人であることをさとるのである。」[141]

さて、一九三四年の「方針」では、ドイツに生活しているユダヤ人のすべての子どもが、「ユダヤ的原体験とドイツ的原体験」という「二重の原体験」を内面に抱えていることが論じられている。この両方の原体験をどちらか一方に偏ることなく、同じように意識させ発達させることが大切であり、緊張関係のうちにも豊かな実りをもたらすべきことの大切さが言われている[142]。ここにはドイツ的教育とユダヤ的教育とがもっている伝統を尊重することによって、健全なドイツ・ユダヤ人であるように求められている。

もちろん、現実はユダヤ人としての「すべての誇りとすべての不自由とが結びついていた」[143]ことを自覚した上でのことではある。だから、郷土科の教授においては、ユダヤの歴史とドイツの歴史の両方から郷土の領域を語ることになり、また音楽の教授ではユダヤ教の典礼歌とヘブライ語の歌と並んでドイツの歌が教材として使用されることが要求されている[144]。一九三四年の時点では、陶冶目標はどこまでもユダヤ的なものとドイツ的なものとの統一にあったと言わねばならない。

ところが、ユダヤ人を排撃するいわゆるニュルンベルク法が制定されて後の一九三七年の「方針」では、子どもたちの「二重の原体験」について言及することはなくなっている。ドイツ的教育とユダヤ的な教育を並行させる方針を廃して、純粋にユダヤ的教育を維持する傾向に向かうのである。ドイツ・ユダヤ人としても迫害を受けることになれば、彼らに残された道は価値を引き下げられた存在を死守する方向へと傾くこと、つまりユダヤ的教育に固執する学校こそが大きな拠り所となり、その中で自己の存在価値を獲得しようとするようになる。これをナチに対して免疫を形成する教育と呼ぶことができる[145]。そのためにこれまで四時間を割り当てていた宗教とヘブライ語の授業が六時間に増え、郷土科の教授もユダヤ教の意識を高めるために準備させるものとなり、典礼とヘブライ語の歌が音楽の内容となるのである。そしてすべての学年で地理の教授はパレスチナの知識を最優先するものとなる[146]。

一九三四年の「方針」によれば、ユダヤ人はドイツからの移住が緩和されることを予期して、すべての生徒たちに西ヨーロッパの外国語の習得の機会を、新しいヘブライ語の習得と同じように与えるよう勧めていたことがわかる[147]。またスポーツ教授と作業教授が重視され、スポーツ教授はユダヤ人の子どもたちが身体の教育をとおして、迫害に耐えて「特別に困難な生存競争」に打ち勝つための援助を、作業教授は諸技能を形成することによって、生活面で不可欠となる就労のための職業教育を援助することにあった[148]。

学校の区別が進行する中で、同化したユダヤ人の多いリベラル派ユダヤ人が求めた教育は、一般的にユダヤ教に対して距離をおくものであったが、正統派とシオニズム派の人々の求めた教育は、教師たちにユダヤ教とユダヤ人の生活のための基本的知識を伝達するための長期間の教授過程と教師の継続教育であった。その場合に決定的な役割を演じたのはブーバーであり、彼が唱えるユダヤ的な成人教育の思想である。一九三五年には教師集団をパレスチナの研修旅行に連れて行き、学校新聞を作成するための教育的な研究会議も生まれた。こうして、ユダヤ人教師たちが苦難の中で団結し、教師としての任務を継続していたことは、ユダヤ人学校新聞からも見て取ることができる[149]。出版に対する締め付けが厳しい状況下にあっては、学校新聞という手段をとらざるをえなかったのである。

外部からもユダヤ人の出版社「Vortrupp」、Schocken〔ショック前衛隊〕」が、校長ハイネマン・シュテルン（H. Stern）を中心とする多くの教育関係者の共同作業による『ユダヤ人学校の教授学』を編纂出版して、国民学校からユダヤ人学校に転任する教師たちに新しい教育学的立場を示し、理論に基礎づけられた実践的指導のあり方を支援している。ほかにも三〇冊もの読書用教材が出版され（一九三四―三八年）、それらは、ドイツ語教授にユダヤ人の精神財を導き入れて、ユダヤ人の生活と創造活動、思考と感情にかんするイメージを与えることに貢献しようとするものであった[150]。そうした教材のタイトルには、「マカベア族の自由闘争」(Nr.4)、「B・アウエルバハの著作選書」(Nr.6)、「ユダヤ年。考察、記述、物語」(Nr.8)、「ポーランドのユダヤ人」(Nr.9)、「自由主義的ユダヤ教」(Nr.11)、「律法に忠実なユダヤ教」(Nr.15)、「母語浄化・一つの源泉版」(Nr.20)、「作業教授の簡易な指導」(Nr.23)、そして「一七、一八世紀のイギリスとアメリカのユダヤ人」(Nr.28)等々がある[151]。五学年から七学年のためのユダヤ人の読本も、ナチスの帝国読本に対して政治的な抵抗を示すものとして、学校関係者や教育学者の鑑定を経て作成されたが、ユダヤ人迫害により世に出せる状態にはなかった。そこでユダヤ人の教師たちは、教授内容をユダヤ人の新聞記事から即席で作らざるをえなかったのである。

こうして、ユダヤ人の学校を拡大することに寄与した「代表団」は、迫害されている青少年のために、ナチズムの支配するドイツの真只中で、リベラルか正統的・シオニズム的かの選択よりも、それらが一致協力して新たなユダヤ人的意識を形成できるように配慮するようになる。その目標は人種差別に傷ついた青少年たちの精神と身体を強化して、ナチスに対する精神的な抵抗力を育成することにあった。そうして、ユダヤ人の教育は一九三七年にはすべてのユダヤ教の集団によって共同して担われたのであり、この教育目標を最初に実現したのが、ユダヤ人の地方学校ホームにおいてであった。

ナチ支配下のユダヤ人の教育は、こうした例を見ると、ユダヤ人の教育施設は一方では実践的な目的をもちつつ、他方では宗教的精神の陶冶を無視することなく、生徒と教師とによる地方学校ホーム共同体を形成しながら、改革教育学的な教授によって特徴づけられていたと言えるであろう。そしてその基礎はどこまでもユダヤ民族の教育計画にあったと考えられる。いかなる境遇にあっても民族としての伝統を守ろうとする姿勢こそが、むしろナチスの迫害に拍車をかけたと言えなくもないのである。

注

1 Wolfgang Keim : Erziehung unter der Nazi-Diktatur. Bd.I. Wissenschaftliche Buchgesellschaft. 1995. Primus Verlag. S.2

2 H.E. Tenort : Wissenshcaftliche Pädagogik in dem nationalsozialistischen Deutschland. In : U.Hermann, J. Oelkers (Hrsg.) : Pädagogik und Nationalsozialismus. Bertz. 1989. S.56

3 Wolfgang Keim : Erziehung unter der Nazi-Diktatur. Bd.II. 1997. Primus Verlag. S.15

4 ヒトラー『わが闘争』(下)平野一郎・将積茂訳 角川文庫 一九九四年 二七版 六九頁。

5 同書、六四頁。

6 同書、七九頁。

7 同書、八一頁。

8 W. Keim : Bd.II. S.18

9 W. Keim : Bd.II S.17

10 Herwig Brankerz : Die Geschichte der Pädagogik. 1982. Wetzlar. S.272

11 W. Keim : Bd.1 vgl. S.10f.
12 中西喜久司『ナチス・ドイツと聴覚障害者』文理閣　二〇〇〇年　二一九頁、二二四頁。
13 W. Keim : Bd.II. S.324
14 ローゼンベルク『二十世紀の神話』丸川仁夫訳　三笠書房　一九三八年　二六七頁。
15 同書、二九九頁。
16 同書、四頁。
17 同書、一一八頁。
18 同書、四四頁。
19 同書、一六八頁。
20 同書、二〇〇頁。
21 同書、二六二頁。
22 同書、二六三頁。
23 カール・シュルテス「ナチスとシュミット」(一九四七年)カール・シュミット　カール・シュルテス『ナチスとシュミット』初宿正典・岡田泉・服部平治・宮本盛太郎　木鐸社　一九七六年　一七二頁。
24 山本尤『近代とドイツ精神』未知谷　二〇〇〇年　一五九頁。
25 同書、二〇〇頁、二〇二頁。
26 カール・シュミット「国家・運動・民族―政治的統一体を構成する三要素」シュミット　シュルテス前掲書　三二頁。
27 同書、七〇頁。

28 同書、七七頁。
29 岩波講座『世界歴史25』岩波書店　一九七〇年　二〇頁以下参照。
30 シュミット「域外列強の干渉禁止を伴う国際法的広域秩序—国際法上のライヒ概念への寄与—」（一九四一年七月二八日）シュミット　シュルテス前掲書、一一四頁。
31 同書、一三〇頁、一三一頁。
32 山本『近代とドイツ精神』一六一－一六二頁。
33 シュルテス「ナチスとシュミット」二〇九頁。
34 同書、二〇三頁。『ドイツ法律家＝新聞』に所収の論文。
35 同書、二〇九頁。
36 長尾龍一『リヴァイアサン』講談社学術文庫　一九九四年　九五－九六頁。
37 同書、九九頁。
38 同書、一〇五頁。
39 同書、一一五頁。彼は「真理でなく権威が法をつくる」という決断主義を主張していた（一四二頁）。
40 同書、一六一－一六二頁。
41 W. Keim : Bd.I. S.12
42 ibid., S.12
43 ibid., S.12
44 ヒトラー『わが闘争』（下）五七頁以下。
45 ハンナ・アーレント『アーレント政治思想集成1』齋藤純一・山田正行・山野久美子訳　みすず書房　二〇〇

二年　二八一頁。

46 W. Keim : Bd.I. S.14f.

47 ibid., S.15

48 宮田光雄『西ドイツの精神構造』岩波書店　一九六八年　一一二頁。

49 ハンナ・アーレント『アーレント政治思想集成2』齋藤純一・山田正行・山野久美子訳　みすず書房　二〇〇二年　一七七頁。

50 マンハイム『変革期における人間と社会』福武直訳、みすず書房、一九九〇年(十版)一六六頁。

51 J・P・スターン『ヒトラー神話の誕生　第三帝国と民衆』山本尤訳　社会思想社　一九七五年　二九一頁。

52 ジョージ・L・モッセ『ユダヤ人の〈ドイツ〉』三宅昭良訳　講談社　一九九六年　三五頁。

53 スターン『ヒトラー神話の誕生』二九二頁。

54 W. Keim : Bd.II. S.222

55 ibid., S.223

56 ibid., S.223

57 ibid., S.226

68 ibid., S.226

59 W. Keim : Bd.I. S.3

60 Margit Szöllösi-Janze : 》Wir Wissenschaftler bauen mit《 — Universitäten und Wissenschaften im Dritten Reich. In: Bernd Sösemann (Hrsg.): Der Nationalsozialismus und die deutsche Gesellschaft. Wissenschaftliche Buchgesellschaft. 2002. S.155

61 ibid., S.155
62 ibid., S.156
63 ibid., S.157
64 ibid., S.158
65 ibid., S.159
66 ibid., S.161
67 ibid., S.162
68 ibid., S.164
69 ibid., S.165
70 Friedrich Nicolin : Theodor Litt und der Nationalsozialismus. Pädagogische Rundschau. Jg.36. 1982.2 S.95
71 ibid., S.96
72 ibid., S.96
73 Eduard Spranger: Mein Konflikt mit der national-sozialistischen Regierung 1933. In: Universitas. 10. 1955. S.457
74 F. Nicolin : a.a.O., S.97
75 ibid., S.97
76 ibid., S.98
77 ibid., S.98f.
78 ibid., S.99
79 ibid., S.104

80 ibid., S.105
81 Ibid., S.106
82 Ibid., S.107
83 ibid., S.100 その書簡には次のような内容が書かれている。「たとえリット教授が定評のある学問的に偉大な人であるとしても、国家社会主義的な全学生に対する闘争によって、……あなた［大臣］が今日的状況の極めて大きな由々しきさを指摘すべきこと……。」
84 ibid., S.101
85 ibid., S.101
86 ibid., S.102
87 ibid., S.102
88 ibid., S.102
89 ibid., S.102
90 ibid., S.103
91 ibid., S.103
92 ibid., S.107
93 ibid., S.107
94 ibid., S.107
95 ibid., S.108
96 ibid. なお、『哲学と時代精神』は、リットが一九三四年にベルリン大学で行った講演の完成原稿であり、これをマルクーゼはフランクフルト社会学研究所の機関紙に寄せて、「その思索的態度において、現在のドイツでの大学哲学のもっとも立派な記録の一つである」と称賛している。ibid., S.121

97　ibid., S.108f.

98　ibid., S.109

99　ibid., S.109

100　ibid., S.110

101　ibid. リットは「私は『一人の他者』だけでなく、私としての『他者』でもあるところのものとの交際においてのみ成熟できる」と言う。ibid. S.111

102　ibid., S.112

103　ibid., S.113

104　ibid., S.115 その英語のタイトルは「ドイツにおける道徳的傾向の国家社会主義者の使用」となっている。

105　ibid., S.116

106　ibid., S.117

107　ibid., S.117

108　ibid., S.117

109　大嶋仁『ユダヤ人の思考法』ちくま新書　一九九九年　一六二頁。

110　W. Keim : Bd.II. S.220

111　A・ライヒヴァイン『自己形成の教育』明治図書　一九八九年　長尾一三二の解説参照のこと。二六ー二八頁。

クラウザウ・サークルでのナチ抵抗運動の詳細については、對馬達雄『「市民的」抵抗グループのナチズム観―運動課題としての《覚醒》から《人間形成》へ──」(『秋田大学教育文化学部研究紀要』 二〇〇三年)が解明している。また、H・E・ヴィッテヒ「アドルフ・ライヒヴァイン──ヒトラー政治体制に抵抗したドイツ教育学者の生涯と功績」拙訳『文化と教育5』所収 東洋館出版社 一九八三年も参照のこと。なお、長尾一三二は、「徹底してナチズムの支配に抵抗した彼のエートスを、論理的に可能なところまで究明してみるという作業」の重要性を指摘する。(同書、五八頁。)

112 スターン『ヒトラー神話の誕生』二九九－三〇〇頁

113 同書、三〇四頁、三一六頁。

114 H－U・ヴェーラー編『ドイツの歴史家』第5巻 ドイツ現代史研究会訳 未来社 一九八五年 一一四頁。

115 W. Keim: Bd.II. S.227

116 ibid., S.228

117 ibid., S.228

118 ibid., S.229

119 ibid., S.229

120 ibid., S.229

121 ibid., S.229

122 ibid., S.229f.

123 ibid., S.230

124 ibid., S.230

125 ibid., S.237

126 ibid., S.238
127 ibid., S.238
128 ibid., S.238
129 ibid., S.239
130 ibid., S.239
131 ibid., S.240
132 ibid., S.240
133 ibid., S.240
134 ibid., S.240
135 ibid., S.241
136 ibid., S.241
137 ibid., S.241
138 ibid., S.231
139 ibid., S.231
140 ibid., S.231
141 ibid., S.234
142 ibid., S.234
143 ibid., S.234
144 ibid., S.234

145 ibid., S.234
146 ibid., S.234
147 ibid., S.235
148 ibid., S.235
149 ibid., S.235
150 ibid., S.236
151 ibid., S.236

第四章
戦後ドイツの歴史認識とナチス教育への反省

前世紀末から今世紀にかけて見られる世界的規模での諸現象、とりわけ経済混乱と失業の問題、少子化問題、カルト信仰者の増加、さらに世界各地での紛争問題といった混乱には、ちょうど一世紀前の人類の歴史と重なる内容のものが多いことへの払拭しがたい危惧がある。われわれは過去の反省を活かしているのであろうか。人間は過去から学び、その基礎の上に未来を創造する歴史的存在であることを忘却しつつあるのではないか。核兵器やテロの脅威が再び人類を混乱に陥れ、力による対決の姿勢は何ら変わっていない。平和が望まれているにもかかわらず、それに逆行する現実を見るにつけ、教育が人類や世界の平和の大切さを唱えることの無力さを感じさせられる。今や経済的・軍事的・技術的に勝っている強者が弱者を支配し、バランス・オブ・パワーの地図を自由に描こうとしている時代にあって、人類の歴史は前世紀の反省を失ってしまっている感がする。すなわち、姿を変えた全体主義的イデオロギーが台頭してきている。

そうした歴史的反省をどのように実現するかにかんして、教育の責任は重い。もう一度、ナチズムの脅威を教育学の観点から見直して、現実世界の教訓にしなければならない状況にある。そこで、戦後のドイツおよび世界はナチズムをどのように理解してきたのかを反省的に捉え返してみたい。国連の無力さが指摘される中で、それでもなお第二次世界大戦の反省の上に取り組んできた戦後教育の役割を考え直してみなければならない。

第二次世界大戦後まもなく開催された第二回ユネスコ総会（一九四七年）で、「国際的理解に影響をおよぼすもろもろの緊張」について研究することが決議され、これを社会科学者が中心となって取り組む課題とされたことは周知のことであろう。この決議は侵略的国家主義を生み出した主要因とは何か、二度と悲惨な戦争が生じないようにするための努力とは何か、を明らかにすることを目指していた。当時のプリンストン大学の社会科学教授ハドレイ・キャントネルはこの崇高な課題を与えられて、大戦中に迫害を受けた四名を含む八名の国際的研究者からなる緊張研究計画プロジェクトチームを組織し、一九四八年にパリで開催した会議の成果を一二項目に及ぶ「共同声明」の形で公表した。その中に教育的課題として指摘されている項目は三つあり（E、I、J）、世界平和のために教育が果たすべき使命の重要性を次のように宣言している[1]。

E　両親や牧師たちにとっては、多くの場合、彼等自身の少年少女時代に――したがって現在とは異なった条件の下において――獲たその心的態度や忠誠心が、今日この変化しつつある世界においては、もはや有効な行動への手びきとしてどのくらい不適当なものとなっているかを承認することがなかなか困難である。教育は、そのあらゆる面において、国家主義的自己正義観と戦わねばならず、さらにまた、自他いずれもの社会生活の諸形式に対して、常に批判的な、自己抑制に充ちた評価をつくりあげるように努めなければならない。

I　経済的または政治的勢力が、研究者に対して偏狭な党派的見解を承認させようとする場合には、社会科学における客観性を達成することはつねに不可能である。なによりもまず集中的な、そしてまた充分な財政的基礎を与えられた国際的な研究及び教育のプログラムが要望される。

J　たとえばわれわれは、広い地域的あるいは国際的規模における社会科学者たちの協力、乃至はまた国際的庇護の下での国際大学やいくつかの世界的社会科学研究所の創立を提唱する。ただ国際的規模における事実の科学的な調査研究こそ、各国民の文化に関する最も有益な知識を供給し、また全世界にわたって諸国民の正当な願望、抱負とともに、もろもろの危険な不安状態や緊張の諸原因をも明らかにしてくれるであろう。同様に、家庭、学校、青少年団その他の諸団体における教育方法の研究——即ち青少年の魂に、戦争へか、平和へかの方向づけを与えるような教育方法の研究——もまた必ずや効果多い仕事であるに相違ない。これら諸研究からもたらされる知識が広く普及されることになれば、おそらくわれわれは各国家それぞれの教育プログラムの指導に関しても充分具体的な提案をなしうる日を期待してよいであろう。

上記の「I」は、世界の平和を可能とするための歴史的反省点を明確にする国際的研究体制の構築を目指して、社会科学的研究の国際的整備を財政面でサポートすることが不可欠であることを主張している。それに対して、「EとJ」は、教育の役割として、戦前・戦中の誤って植え付けられた価値観を修正するために、教育が正しい価値観の習得へと青少年を導く必要があること、そして具体的に平和への心の形成を遂行すべき教育の方法を確立する必要があること、を提言している。もちろん、過去の歴史的認識が現在と未来に連関する価値観を形成するために不可欠のものであるが、これらの諸項目が例のユネスコ

「平和憲章」に謳われた国際平和の理念から導き出されたことは明白である。問題は、はたして以上のような声明が説得力をもって機能してきたのかどうかであろう。

本章の目的は以上の課題を論及することにある。ちなみに、ここでは主題的には触れないが、それは国際化時代における異質な他者の理解、共生社会の教育的課題と関連していることでもある。そうした問題意識を受け止めると、戦後ドイツが引きずっているユダヤ人問題にかかわる人種論についても無視することはできない。これは大きな問題であるので、この声明の中で暗にそのことを示唆していると思われる項目についても紹介しておこう。すなわち、

G　いかなる集団にとっても、自分が将来いつまでも劣等者的地位に止まらなければならないであろうということは、到底受け入れがたい。これらの理由によって、植民地的搾取や、一国内における少数民族圧迫のごときは、結局世界平和とは両立し得ない。社会科学者としてわれわれは、いかなる人種的集団といえども天賦的に劣等者であるという証拠はなに一つ知らない。

ここには優生学的・人種論的・民族差別的なイデオロギーを国際社会から一掃する決意が述べられている。しかし、事はそう簡単ではなかった。特にユダヤ人問題を見れば、一九四八年に建国をみたイスラエル共和国は今日までアラブ諸国との間に戦争が絶えたことがなく、また解決の手がかりも見いだせないほどの混迷状態にある。そうした他者排斥の諸現象は、基本的に戦争が作り出す人為的結果である。人類の発生時から他者に対して抱く曖昧な恐怖感——厳密には自分が襲われるのではないかという被害

者感覚――が、本能的に相手を制圧する行為へと駆り立ててきたのであろう。そこに政治・経済・文化・宗教等がからんで、戦争を通じて強者が弱者を支配する構図が成立すると、近代戦争は相手国を民主化するための政治的・経済的な面での支配を正当化し、さらに劣等者として位置づけしつつ文明化を推進しようとする。その最良の教化手段こそ教育ということになる。このことは第二次世界大戦後の日本やドイツの占領統治政策として、教育に最大の関心が向けられたことを想起すればわかりやすい。いわゆる野蛮な国家は教育によって精神から教化しなければならないという理解である。

では一体、アウシュヴィッツに象徴されるナチズムの対ユダヤ人問題をめぐって、戦後のドイツはどのような歴史的反省の道を歩んできたのであろうか。

一　ナチズムの価値観・世界観は変革されたか

ネオ・ナチズムが問題視されている戦後のドイツでは、イスラエルやポーランドをはじめ、侵略した国々との間に国交が回復され、戦後処理の中心に置かれた被害国への経済的な賠償・補償政策と、移民の積極的受け入れという国際福祉政策とに多大な努力を払ってきた[2]。しかし、それらに一段落がつけられ、自国内での失業問題等々が顕著になるにつれて、国民の心底にくすぶる強きドイツ、第三帝国への回帰を求めるかのごとき過激なナショナリズムが息を吹き返すことを期待する人々が出てきているのも事実である。そうした過激な運動の推進者は、ハーケンクロイツを纏った若者が中心であるかのように報告されているとはいえ、必ずしも若年層にだけではなく、旧きよき時代を知る世代にまで及んでいることも確かである。と言うのも、「九二年四月五日のシュレースヴィヒ・ホルシュタイン州とバーデン・ヴュルテンベルク州の州議会選挙では、それぞれの極右のドイツ国民連合が得票率六・三パーセント、同じく極右の共和党が一〇・九パーセントを獲得した」[3]といったことからも知られる。もちろん、一九五一年三月に発足した外務省（外相アデナウアー）の官吏の六割以上が旧ナチ党員で構成されていたような背景があったことを無視できないし、六四年にはハノーファーで極右政党のドイツ国家民主党（NPD）が結党をみている。そうした問題を戦後の西ドイツの歴史から確認しておくと、一九四九年五月にドイツ連邦共和国憲法が西側三カ国軍政府により承認され、八月には第一回連邦議会総選挙が、一〇月にドイツ民主共和国憲法が発効、五〇年には西ドイツ軍が創設をみてNATOへの編入が決定し（加盟は五五年五月）、五二年五月には連合軍の占領終結を告げるドイツ条約（「ドイツ連邦共和国と英米仏三カ国との関係に関する条約」）が調印され、同年七月には連邦議会で旧ナチ党員の市民権復活法案が可決されるといった経緯を考えに入れておく必要があろう。

また右の傾向は、視点を変えてみると、一九五〇年代以降に第一次大戦をテーマにした「西部戦線異常なし」や第二次大戦にまつわる「コンバット」「史上最大の作戦――ノルマンディ上陸作戦――」といった戦争映画がアメリカで制作され、日本でも人気を博したことは記憶に新しい。それらはいずれも連合国軍がナチス・ドイツ軍を撃破するという内容で一致している。一方、西ドイツでも五四年から六〇年にかけて七本の戦争映画が作られたが、これは国防軍の名誉回復をねらったものと、再軍備政策への心理的効果を期待したものとの見方もある[4]。実際、五五年六月に国防省を新設し、アメリカと軍事援助協定の調印がなされ、五六年七月には一般兵役義務法が、また翌五八年三月に連邦議会は国防軍の核武装決議案を可決しているのである。敗戦後の国情は実にめまぐるしく推移した。

ドイツの教育学が抱えている現代の諸問題を考えるときに、とりわけ多文化社会、多民族社会、グローバル化社会での異質な他者との共生時代を迎えている今日的状況を受け止めつつ、国家社会主義の時代をどのように総括できたかによって、戦後教育の果たしてきた責務と、今後果たすべき使命も見えてくると言える。ヘルマン(U. Hermann. 1939-)とエルカースが主宰した「教育学と国家社会主義」をテーマとする会議では、①ワイマール期の伝統文学との関係から見た、民族主義的思考をもつ改革教育学と国家社会主義の関係問題、②亡命した社会学者を中心とする社会科学から見た、精神科学的教育学の国家社会主義との関係問題、③政策科学としての教育学が国民の共同性構築や、身体と精神、生活と学校の統一という関係から見ての国家社会主義との関係問題、という三つの問題が設定されている[5]。ここで問われている第一の問題は、教育学の立場から第三帝国の遺産を問うことであり、第二の問題は科学的教育学のファシズム化の問題、最後の問題は国家社会主義が教育に及ぼした功罪の問題、である。これらの問題は、要約すれば、ナチ政権の誕生を歴史的にその前後の時代との連続性ないしは非連続性の問題として捉えなおす作業によって、現在および今後の教育学研究のあり方を明らかにする試みである。

その場合に、国家社会主義の犯罪を戦争につきものの犯罪として歴史的に一般化することも、また倫理的・道徳的な観点から学問的ないしは科学的な判断を棚上げにすることも避ける必要があることに注意しておかなければならない。と言うのも、道徳的観点を問題にすれば、国家社会主義を歴史的に相対化することによって、その本質がぼやけてしまう危険性があり、学問的観点を重視すれば、国家社会主義の固有性を問いながらも、逆にそれが道徳的判断をも鈍らせることになる、というジレンマを生じさせると考えられるからである[6]。そこでナチス・ドイツに対するに教育学の立場を明確にするためには、この問題を主題的に論じるさいに、教育学的伝統を歴史的に考察することが不可欠となり、国家社会主義と教育学との関係性を明確にしなければならないのである。しかし同時に、ナチズム下の教育学の歴史的位置づけをめぐっては、教育学が依拠している教育にかんする思考方法や概念および規範を問うことが大切であるし、実際に歴史的反省の立場にたっていかなる教育実践がなされたかを知ることも無視できない。はたしてドイツにおける教育学的伝統は、戦前・戦後をとおして連続しているのか、あるいは断絶して新たな教育学が構築されてきたのか。この問題をより具体的に考察することは、先述の三つの問題に対して答えることにもなろう。

ドイツのみならず、わが国においてもそうであるが、戦後教育の第一の課題は国家の健全な再興にある。歴史的反省を踏まえての政治、経済、文化の全領域にわたっての民主化であり、国家主義的思考方法を克服して民主主義的教育に基づいた世界市民としての国民の育成が課題であった。わが国の平和憲法の理念はそのことを如実に表しているが、そうした理念を実現するための努力は何よりも教育に課せられ、とりわけ次代を担う青少年の歴史的知の形成に期待するものが大きかったのは、ドイツにおいても同じである。この姿勢は国際化の進行する現在においても何ら変わるところはない。しかし、反省を促す内容に満ちた過去の歴史に対する評価は、懐古趣味に陥らずとも、国民に卑屈さを生み出す国家の価値下げに結びつくものとして、自己防衛のためにとかく消極的に評価することを常とする。これはたとえ為政者が策を弄しないとしても、学ぶ側の青年たち自身の精神的・心情的立場によっても、多くの抵抗に遭遇することになる。その結果は、歴史教育が過去の歴史への無関心を招くだけでなく、正しい現状認識と未来への予測を誤らせる危険性を高めると言える。したがって、世界平和の実現を決意した戦後の国際情勢を顧みるときに、さらに「過去の克服」として再び同じ惨禍を回避するためにも、新旧世代の価値観・人種観・イデオロギーの形成に果たした教育の役割について考察することが大切となる。

自らの国家を愛する心の育成は、論理的説明を超えた教育作用の一つに属する。それは国民が歴史に対してきちんと向き合う姿勢をもちさえすれば、敢えて法的に規定する性質のものではない。第二次世界大戦の教訓は、いかなる国家・民族も外国からの支配と侵略を受けない、また支配と侵略を行わないことの確認を人類に教唆したはずである。それゆえ、それぞれの国家の教育努力は、愛国的教育が世界市民的教育と同義のものであることを前提にしていなければならなかった。それが民主主義的教育ということである。はたして今日のドイツの団魂の世代に対してなされた過去の歴史教育はどうであったろうか。その世代の子どもたちが現実社会を担う時代にあって、ドイツにおいてはネオ・ナチズムの台頭が、他の国々においても右傾化した政党の躍進が報じられていることは、一体何を意味しているのであろうかが問われる。

一九六一年にオスロで開催された教育学研究促進のための国際会議での「時代史と国家意識」にかんする研究報告、一九六三年に実施された「罪と祖国」についての調査結果によれば、調査対象となった当時のギムナジウムの生徒たちに問われた歴史的知を確認する内容と範囲は実に八〇項目にも及ぶものであるが、それらの問いはすべて、結果として第三帝国との関連性を導き出すものであることが知られるようになっている。まさに歴史の連続性と非連続性の相互関連を確認する歴史教育の実態を調査したものと言ってよいであろう。

もちろん、ドイツだけが野蛮な戦争犯罪に関与したわけではなく、戦時においては国際的現象として共通した国民的立場がそれぞれの国家で主張され、国家意識を形成していくなかで、歴史的知と人間的行動の間にある矛盾は棚上げにされていくのが常である。歴史像が意図的に操作されて歪められ、国家は国民国家、民族国家へと仕立てられていく。この調査結果についても言えることであるが、事実を知識として知っている(wissen)ことと、それを認識して(erkennen)理解している(verstehen)ことが異ならないように、つまり知識と実践との両者の溝を埋めるために、戦時下と戦後における教育の差異を正しく見据えることが大切なのである。

そこで、まず戦後ラーシュ（Rudolf Raasch）とファフキナー（Kurt Favkiner）によってなされた調査結果「現代史と国民意識」（Zeitgechichte und Nationalbewusstsein.1964）を手がかりにしながら、ナチズムと教育の問題に迫ってみよう。この調査については、すでに宮田光雄が『西ドイツの精神構造』（一九六八年）の中の「戦後世代とナチズム」でも一部取り上げているが、青少年の意識調査結果のデータだけでなく、より詳細な視点から戦後教育の内実に迫ってみたい。

二　戦後ドイツの歴史教育と生徒の歴史認識

一九六〇、六一年および一九六三年に旧西ドイツのヘッセンとニーダーザクセンのギムナジウムの第七学年（Obersekundaner, 高校二年相当）から第九学年（Oberprima, 大学一年相当）の生徒を対象として、いわゆる「過去の克服」がどの程度なされているかについての政治的陶冶の成果を知るために、練習問題集による研究調査が実施された。それは時代史、民主主義的教育、国家市民的教育、国家的および超国家的教育といった領域に及んだもので、一九六〇、六一年に実施された具体的データの内容および一九六三年の調査結果を見ると、第二次世界大戦中と戦後まもなく生まれた世代の歴史観、国家観、国民意識の実態が明らかになる。この調査では年代別、男女別のデータが示されているだけでなく、カトリックとプロテスタントによる違いもわかり、しかも問題集の設問形式が選択肢と記述式の両方の解答を求めているので、調査結果は数値化するだけで終わってはいないのである。したがって、調査結果はドイツ人の戦中・戦後の歴史教育の内実を知る上でかなり資料的価値の高いものと言ってよいであろう。

戦後の旧西ドイツにおける政治的陶冶は、民主的国民の育成を目指して、いかにして政治的な責任意識をもって行為する能力を養うかに重点が置かれてきた。それを中心的に担ってきたのが歴史・公民・社会の各教科であることは言うまでもない。単に社会や国家の動静に従属するのみの人間形成は、政治が学校教育に介入する危険性があるとして警戒されることになる。正しい教育計画とは、ナチス体制下での全体主義的・ファシズム的な「過去の克服」のための陶冶計画であり、「生徒を政治的な実質知で武装させること、彼を政治的・社会的・経済的な事態の認識と判定へと知的に形成すること、そして彼を民主主義のために教育することが、政治的陶冶の課題」[7]となったのである。要するに、正しい政治的な知識と判断力を育てて、民主主義的な生活態度を育成することを目標とする教育の推進である。それゆえ、民主主義的な政治的陶冶は知識だけでなく、感性や精神性をも考慮に入れて計画されなければならない。奇しくも、敗戦四〇周年の一九八六年に大統領ヴァイツゼッカー（C.F.v. Weizsäcker. 1912-）が連邦議会で次のような演説を行っている。「罪の有無、老幼いずれを問わず、われわれ全員が過去を引き受けねばなりません。……過去に目を閉ざす者は結局のところ現在にも盲目となります。非人間的な行為を心に刻もうとしない者は、またそうした危険に陥りやすいのです。」[8]　戦後ドイツがつねに向き合い、自らに問い続けてきた「過去の克服」問題は、この演説の二〇年前と変わっていないのであろうか。

さて、「過去の克服」には歴史的、社会的、経済的そして文化的といった諸側面をトータルに見据えて、政治的陶冶の基礎を構築することが不可欠となる。ただし、過去の罪深い歴史を教育の素材に取り上げることは、第三帝国の罪と全体主義国家での国民意識の解明に関連させざるをえないため、生徒たちに必ずしも好意的な評価を生み出すことにはならないであろうし、不快感を抱かせる結果になる場合が多いであろう。そうした点を自覚した上で、一九六〇、六一年と一九六三年の調査は行われたのである。調査の目的として、ラーシュはまず大きな観点から捉えて、

A　ギムナジウムの最上級学年における生徒たちの政治教育の状態はどのように発達しているか。

B　全体として見ればいかなる政治的な陶冶状態を経て、生徒たちは一三年の学校時代の後にギムナジウムを出ていくのか。

という点を知るために、以下のような個別問題への調査を行った[9]。つまり、

1．いかなる時代史的な知識水準を一一学年（一七歳）の始めと一三学年（一九歳）の最後に生徒たちはもっているのか。

2．いかなる包括的・質的特徴が生徒の時代史的知に属するか。

3．いかなる立場を一一学年と一三学年の生徒たちは国家社会主義に対してもっているか。

4．いかなる立場を一一学年と一三学年の生徒たちは反セム主義に対してもっているか。

5．一一学年と一三学年の生徒たちは罪の問題に対していかなる態度をとるか。

6．一一学年と一三学年の生徒たちは祖国的立場をもっているか。

これらの問題設定にかんして、彼らが有している知識や印象には、諸々のメディアをとおして獲得したものが含まれていることは疑いない。もちろん、学校教育に対する学校外からの影響は、プラスにもマイナスにも作用するから、生徒たちが有している政治的知識や歴史的知について、そのすべてを学校教育の結果として判断するわけにはいかないであろう。しかし、そのことの確認がまた、学校教育の範囲と役割および課題を明るみに出す貴重な手がかりになることも確かである。言い換えれば、青少年たちにとって学校は聖域ではなくなっているのであるから、政治的陶冶にかんしては学校は外部からの諸制約とどのように緊張関係を維持すべきかが問題となる。とりわけ、敗戦国のドイツにあっては愛国心を涵養する教育は否定されたこともあり、民族や祖国といった概念は戦前の国家社会主義によって唱えられた概念だけに、その後も曲折あるもの、ないしは消極的・古臭いものとして価値の切り下げの被害を受けてきたものである。だからと言って、現在わが国の教育基本法の「改正」論議に見られるように、卑屈さからの脱出とか、精神的支柱の再構築といった理由を立てて、「過去の克服」を唱えることもできないドイツにとっては、青少年たちの歴史と国家にかんする意識を正確に把捉することから出発せざるをえなかったのである。ちなみに、この調査がなされた翌年にハンナ・アーレントが『全体主義の起源』を公にしたことは、ドイツにとっては皮肉としか言いようがない。ラーシュは「現実主義的・独立的な教育思想は支配的なイデオロギーを無視して、人間の高い導きの意味で人間の態度構築のために効果のある、それゆえまた不可欠であるものを問わねばならない」[10]と述べている。W・ブレツィンカ(W. Brezinka. 1928-)もまた一九六二年に、次のように言っている。つまり、「徳なしには民族は存しないが、徳を参照することはなおも常に徳を非常に悪く誤用した『第三帝国』の像を生じさせることが、一つの国民的不幸である。今日人間を利己的に、衝動的に、そして強欲にさせたがる誰もが、その人を利用しつくすために、しつけ、犠牲、社会的奉仕への要求を新しい奴隷状態への手段であると、あまりにも軽々しく中傷できてしまう。」[11]もしかしたら、この調査は歴史教育、政治的陶治をとおして愛国心という概念を導き出すことよりも、民族、国民、祖国といった概念を教育学的に見直すことの試みなのかも知れない。たとえその結果が、教育学の真理は政治学の真理に依存しない、という結論に至ることになったとしてもである。

では、この調査から何を読み取ることができるのか。ここでは「一九三三―一九三九年の国家社会主義」という大きな項目に関する生徒たちの知識の有無について、一二の問いが出されているなかで[12]、正解が低かった設問を取り上げてみよう。[(%)は一一：一三学年の男・女比による正答率](その他の設問については[注]に列記しておく。)

設問43　ドイツ帝国議事堂放火事件[一九三三年]後に公布された、一九三三年二月二八日の民族と国家の防衛条例は、いかなる内容をもっているか。(17.2：7.2%　20.3：20.1%)

ａ ＫＰＤを禁止する．ｂ 政治的殺人を死刑にする．ｃ ドイツ帝国議事堂放火事件発起人を追求する．d 個人的な自由権を迫害する．e ユダヤ人に公務員の任用を禁止する．

設問38　授権法はいかなる直接的な結果をもっているか。(17.2 : 7.2%　22 : 13%)

a ドイツ帝国首相〔一八七一—一九四五年〕とドイツ帝国大統領〔一九一九—一九三四年〕とが一つにされる．b 内閣が解散される．c 内閣が退陣する．d ワイマール憲法が制限される．e 憲法が無効にされる．

正解が低かった右の二つの設問43と38は、国家社会主義独裁がいかなる経緯で成立したかについての知識が青年たちに欠けていることを示しているのである。国家社会主義の意味の理解については次節で生徒たちの記述内容から分析を試みるが、国家社会主義イデオロギーを吹き込んだヒトラー自身にかんする知識の有無についての問いにも触れておこう[13]。

設問75　アドルフ・ヒトラーは第一次世界大戦中に何であったか。(62.9 : 36.9%　78.9 : 56.9%)

a 軍需工．b 伝令兵．c 衛生兵．d 戦車指揮官．e パイロット．

設問89　アドルフ・ヒトラーは第一次世界大戦中にいかなる勲章を得たか。(52.3 : 26.3%　59.1 : 40.7%)

a 鉄十字1等．b 突撃戦車階級章．c 戦争功労十字勲章．d 接近戦ブローチ．e 金のドイツ十字．

設問78　ヒトラーは彼の友人ムッソリーニに対してどのように振る舞ったか。(55.7 : 26.3%　67.5 : 45%)

a 捕虜の間見殺しにした．b 落下傘部隊の投入によって捕虜から解放した．c イギリス人に売った．d 敵前での臆病ゆえに銃殺させた．e クレタ島に追放した．

設問60　アドルフ・ヒトラーはどのように生きたか。(58.6 : 47.8%　83.9 : 69.3%)

a 彼はアルコールを飲まず、タバコをすわず、質素な衣類を着ていた．b 彼はワインを好み、高価なパーティを好み、多くの女友達をもっていた．c 彼は大いにスポーツをし、登山家であり、スキーを好んでした．d 彼は色鮮やかなユニフォームを愛し、高価な指輪をはめ、大きな猟をした．e バラを育て、Rominter Heide で大きなミツバチ飼育をした．

次に、調査は第二次世界大戦にかんする生徒たちの知識の有無をさまざまな観点から検証するが、総じてニュルンベルク国際軍事法廷（一九四五年一一月－四六年一〇月）から経過した歳月を考慮すると、調査がなされた一九六〇年代初頭というこの時期には、占領政策の影響にかんして肯定的と否定的との両面を見て取ることができる。すでに敗戦後の監督と指導のもとになされた占領軍政下での教育施策の効果も明瞭になってきているが、既述したとおり、占領地区が四分割されて統治された状態では、各々の州によって教育政策も異なっていた。とりわけ占領軍政が廃止されて西ドイツ連邦共和国が発足をみた一九四九年には「ボン基本法」も成立し、「教育問題に関する連邦の権限を放棄して……文教政策における《連邦主義》の原則」[14]に基づいた教育が実施されたことも、調査結果には大きく反映している。そのさい、何よりも戦後の歴史教科書の内容が決定的な役割をもったことは疑いなく、宮田光雄が「戦後直後を特徴づけたナチズムをドイツ的《本質》の表現として断罪する《ドイツ人》の普遍的罪責のテーゼは、しだいに影をひそめていった」[15]と述べているように、歴史教育がナチズムへの批判的視点から弁証的視点へと少しずつ転換していくことも看過できない。占領軍政の基本的方針であった非ナチ化と再教育の政策が破綻していく時期にあって、そうした歴史教育の混乱を反映するかのように、生徒たちの解答にはいくつかの問題点が見られる。正解の低い順番から示すと、質問は次のごとくである[16]。

設問50　第二次世界大戦中、イギリス空襲の主要目標はどれであったか。(6.2：2.5%　4.9：1.3%)

a 工場の破壊．b 裕福な住宅地区の破壊．c 連絡駅の破壊．d 労働者住宅地区の破壊　e 兵舎の破壊．

設問66　一九三九年にブロンベルクで何が起こったか。(いずれも25：13%)

a ブロンベルクでリトアニアに住んでいるすべてのユダヤ人が絶滅された．b ブロンベルクではドイツ住民のもとにいるポーランド人が大虐殺を起こした．c ブロンベルクでドイツ・フィンランドの軍事同盟が締結された．d ブロンベルクでドイツ国防軍とドイツ親衛隊の間に武装闘争が生じた．e ブロンベルクで二五、〇〇〇のフィンランド将校、学者、技術者がロシア人によって射殺された．

設問61　ヒトラーは一九三九年九月三日イギリスの宣戦布告にどのように反応したか。(32.8：13%　42.3：16.4%)

a 彼は打ちひしがれ途方に暮れた．b 彼はイギリス市民の爆撃命令を与えた．c 彼はベルリンのイギリス大使を拘留させた．d 彼は一九三九年九月四日にルドルフ・ヘスを和平交渉のためにロンドンに送った．e 彼はゲッペルスをとおして「全面戦争」を布告させた．

設問86 ポーランドに対する戦争はどのようにして勃発したか。(79.1 : 57.7%　88.2 : 73.3%)

a ポーランド大使が一九三九年九月一日およそ四時四五分頃ドイツの帝国政府に宣戦布告をしてきた．b ドイツ参謀幕僚は帝国政府が知らないうちに攻撃命令を与えた．c ブラウヒチュ陸軍大将はアドルフ・ヒトラーに一九三九年九月一日の夜に攻撃命令を請うた．d ポーランドの飛行機が九月一日の朝にダンツィッヒを攻撃した．e ヒトラーは一九三九年九月一日の数日前にすでに攻撃期日を確定していた．

設問74 ソビエトに所有されたドイツの地域とポーランドに統治された東ドイツの領域間の境界の延線をどの地図がしめしているか。(80％以上)

（省略）

さらに設問は、ナチ政権に対するドイツ国内での抵抗について、反セム主義の問題をアウシュヴィッツ、ガス殺害、絶滅作戦等々についても問われる。そこで、国家社会主義を中心問題として考える際に、人種問題つまりユダヤ人問題が密接に関係していることを考慮し、この問題について生徒たちの歴史認識と知識を検証してみたい。

三　歴史教育におけるユダヤ人問題

本章が主題とする、戦後ドイツの教育が「過去の克服」にいかなる役割を果たしてきているかの問題は、今日の教育的課題からすれば、人間の尊厳と人類の平和というキーワードに関連させると、ユダヤ人問題に収斂していくことになるのは疑いない。現代でも第二次世界大戦と言えば、ほとんどのドイツ人がホロコーストを想起するし、「ドイツにおける戦後補償を特徴づけるのは、……『ナチズムの迫害の犠牲者に対する補償』という意味」[17]に他ならない。それだけ一層、ユダヤ人問題を語ることはドイツ人にとっては心理的葛藤を生じさせるから、できるだけホロコーストには距離をおこうとする心理が働く。「四九年から五二年にかけての一般世論調査でも、建前としての反ユダヤ主義否認にもかかわらず、……反セミティズムの原因をユダヤ人の民族的特性に帰するものが五三％も存在することは注目される。」[18]このの民族的特性という捉え方は、戦前から一貫してドイツ人が抱いてきた一つの人種観であるし、ナチス・ドイツの国家社会主義は人種論を基盤として現出してきたものであり、犯罪者や共産主義者、身体的弱者の排除もさることながら、そのなかでもユダヤ人の絶滅という過激な非人間的世界犯罪に結びついていったものである。設問はユダヤ人迫害について、反セム主義の問題としてアウシュヴィッツ、ガス殺害、絶滅作戦等々にまで至る八項目にわたっている[19]。

設問45 アウシュヴィッツで第二次世界大戦中何が起こったか。(89.8 : 85.4%　93.5 : 93.4%)
　a アウシュヴィッツではドイツの原子爆弾が製造された．b アウシュヴィッツではユダヤ人が迫害された．c アウシュヴィッツではヒトラーとスターリンが出会い、ポーランドの分割を確認した．d アウシュヴィッツでは一〇、〇〇〇の推定ポーランド将校の集団墓地が見いだされた．e アウシュヴィッツではロシアとアメリカの兵隊が初めて出会った．

設問94 ユダヤ人ガス殺はどのように生じたか。(77.8 : 70.8%　85.4 : 81.2%)
　a 親衛隊のハインリッヒ・ヒムラーという帝国指導者がユダヤ人ガス殺の命令を下した．b ユダヤ人ガス殺は命令されなかった．ガス殺は親衛隊部下が承諾なしに実行した。c ユダヤ人ガス殺は一九四二年三月三一日にユダヤ素性の親衛隊指導者から命令された．d ドイツ民族は民族判決においてユダヤ人の絶滅を要求した．e ユダヤ人の野営における飢餓破滅を避けるために、ユダヤのキャンプ年長者は病人と身体的に弱いユダヤ人を殺すための提案をした．

設問34 ヒトラーは彼の反ユダヤ政策をいかに根拠づけたか。(83.3 : 78.5%　92 : 89.7%)
　a ユダヤ人はイエス・キリストを十字架につけた．b ユダヤ人は戦争従事拒絶者である．c ユダヤ人はシラーを毒殺した．d ユダヤ人は第一次世界大戦で罪がある．e ユダヤ人は民族の特性を破壊する．

設問23 「ニュルンベルク法」のもとに何を理解するか。(34.5 : 26.3%　58.4 : 48.4%)

a　BGBの拡大．b　非ナチ化法．c　民主主義のニュアンスのための条例．d　ニュルンベルクで生じている帝国党大会に関する法．e　ユダヤ人に反対する法．

設問88　"Stürmer"（前衛隊）とは何であったか。（31.7：9.1%　44：24.6%）

a　一九四〇年五月二三日に攻撃され衰微したドイツ飛行機部隊．b　スターリングラードで指名された親衛隊師団．c　一九三三－一九四五年から非合法的に印刷された共産主義の新聞．d　反セム主義的新聞．e　ヒトラー青年団の運転日誌．

設問73　帝国水晶の夜とは何であったか。（79.3：64.9%　89.8：81.2%）

a　国家社会主義的にイラストされたもののタイトル．b　自衛権の再興にちなんだ祭り　c　国家社会主義者から操縦された反セム主義的迫害．d　帝国議会［一八七一－一九一八年］の火事のための名称．e　権力掌握の夜の名称．

設問21　ユダヤ人のシナゴーグに火をつけて、ユダヤの本を焼き、ラビに教育活動を禁じるのを、だれが勧めたか。（3：0.4%　15.9：6.6%）

a　フリードリッヒ大王．b　マルティン・ルター．c　カール・マルクス．d　ヴィルヘルム・v・ケッテラー．e　オットー・v・ビスマルク．

以上の調査結果からは、生徒たちが宗教的な反セム主義にかんして極めてバランスを欠いた知識に支えられていることがわかる。生徒たちは強制収容所についてはよく知っていたが、ユダヤ人迫害の歴史をヨーロッパでのユダヤ民族の運命としてではなく、ドイツでの国家社会主義的な反セム主義に制限していることが明白である。設問23の「ニュルンベルク法」についての低い正答率も気になるが、設問21の極端に悪い正答率からもわかるように、ルターによるユダヤ人迫害の歴史を教えられていないことには驚きを禁じえない。

そうは言っても、アーレントが指摘するような側面も無視できないかも知れない。すなわち、「反ユダヤ主義はけっしてたんなる過激なナショナリズムではないのである。それはそもそものはじめから、それはインターナショナルなものとして機能していた」[20]とすれば、ドイツ人だけの問題ではなくなるからである。いずれにせよ、上記の内容から次のような論述を導き出すことができる。それは、この調査が最初に行われた一九六一年に、バーゼルでのインタビューで放送されたユダヤ人問題の最終的解決に対するヤスパースの次の言葉に集約されている。「われわれはヒトラーのドイツがかつてしたことを、忘れようとしてはならないし、また人類に忘れるよう求めることも許されない」[21]（傍点は引用者）という理解の仕方である。

そうした点から見れば、戦後のドイツ人自身の意識の内にも、「歴史的知識から遠ざかろうとする隠蔽と忘却の基本的姿勢は、戦後一貫して不変であるといわなければならない。総じてナチ時代そのもの、とくに反ユダヤ主義は、文字通り社会的タブーなのであり、戦後における顕在的な反ユダヤ主義の減少は、その《潜在的傾向》（R・ケーニヒ）の強さを否定するものではない」[22]ということになる。それだけますますこの問題は現代にまで引きずっている人類的課題に属すると言えよう。

四　時代史的認識に対する教育効果

戦後の歴史教育は史実を知識として教えればよいだけではなく、教育の効果がどのように現れるかについても配慮しなければならなくなった。とりわけ、国家社会主義の中心的な政策であった反ユダヤ主義、反セム主義に対して、青年たちはいかなる理解と態度・心情を育成してきたのかが、調査の重要な目標とならざるをえない。ここで用意された設問には、「ドイツ民族の歴史における所与の事態としての国家社会主義と反セム主義とは、罪の問題に対する問いへと導く」[23]ことが避けられず、実際に調査は国家社会主義およびドイツ人の罪の問題を設定している。この罪の認識は、第一章でもヤスパースの理解を取り上げて触れたとおり、四種類の罪が考えられるが、国家社会主義に対する生徒たちの罪の認識は戦後の歴史教育によって必ずしも成果をあげているとは言いがたいのである。もちろん、ドイツ国家としての罪を問うなら、それは政治的教育のあり方と関連することになるが、そのことがドイツ国内の問題としてだけでなく、ヨーロッパの中でのドイツ国民全体の問題として受け止めざるをえないことは疑いない。たしかに、宮田光雄が指摘するように、占領軍政下で「ナショナリズムや軍国主義の禁止だけで、同時にそれを生み出した社会的条件を根絶することなしには、民主化の不可能なことが自覚されていたことは重要である。……ドイツの再教育ないし民主化は、長期的な展望において社会革新の過程の一齣としてとらえられねばならないだろう」[24]と言える。そこにはやはり罪意識の自覚問題が課題として出てこざるをえない。はたしてドイツの青年たちは自国の過去の罪を受け止め、耐えていく意識を養ってきたのだろうか。しかし、調査結果を見る限り、戦勝国が敗戦国を一方的に裁くことの権利について、ドイツの青少年たちは理不尽な要求であるとの意識を隠していないのである。

ちなみに、以上の問題は同じ敗戦国の日本においてはどうであろうか。極東国際軍事裁判（東京裁判、一九四六―四八年）での主要な戦争犯罪者の審理と判決をもって、戦争責任の一端が決着したと受け取られている点は、ドイツ人がナチスの指導者を戦争犯罪人に仕立て上げている心情と類似している。しかし、日本の場合は被爆国という惨事があるために、敗戦は罪の意識よりも被害国家という意識のほうが先行しているとも言える。ドイツでは複数の戦勝国による統治形態と、国家の分断にまで及ぶ戦後処理のあり方から考えて、ドイツの青年たちが国民意識を国家に結びつける動機づけが高くなるのに対して、日本では被爆国として世界人類の平和問題に視点が移され、日本の青年が国家意識を強くもたない理由ともなっている。これもまた戦後教育の皮肉な成果なのである。戦後ドイツでの平和主義と国際和解のための国民的な努力目標は、侵略戦争と人種論イデオロギーに対する反省から出てくるものであるが、日本の場合は心情的レベルの問題として、教育基本法の「改正」論議で取りざたされているような、愛国心に関わる政治的教育の問題へとずれていくことになるのである。

こうして、「過去の克服」問題は、まず国家社会主義に対して青少年たちが否定的判断をするような教育を受けてきたかどうかが問われる。この判断がなされているかどうかが、戦後ドイツの歴史教育と政治教育の成果を確認する指標になることは確かである。そのことは同時に、国家が「過去の克服」のために唱えた価値規範を、教育が正しく具体化し推進してきたかどうかの責任問題へと通じている。ただし、青少年たちが国家社会主義を拒否するだけでドイツの戦後教育の正否を確定すること以上に、彼らが国家社会主義に対決するまでの積極的な価値判断が育成されているかどうかも大切である。いわば知的な判断が実践的態度の形成にまで至ってはじめて、真の「過去の克服」とも言えるからである。そこで設問は次のように出された。つまり、

「国家社会主義が一人のユダヤ人も殺害せず、一つの強制収容所ももたなかったとしたら、その場合は国家社会主義を何一つ非難すべきではなかろう。」[25]

そこでこの問題をより鮮明にするために、ヒトラーの反ユダヤ政策には五つの局面が見られることを指摘しているリュビー（M. Ruby）の分析を取り上げておきたい。それによれば、第一局面はポーランド占領［一九三九年九月］に伴って検挙されたドイツ国内のユダヤ人の抑留、第二局面はフランスの［一九四〇年春］に伴って、ナチ占領地区にいた二五〇万人ユダヤ人のマダガスカルへの移送計画、第三局面はユダヤ人のゲットー化であり、その実態はこうである。ウッチに作られた最初のゲットーには一五万人（一九四

〇年四月三〇日)、一九四〇年一一月一五日に作られた最大規模のワルシャワ・ゲットーには一年足らずの間にワルシャワ市の人口の三三%にあたる四四万五、〇〇〇人(一九四一年九月)、例のユダヤ人問題の最終的解決を決定したヴァンゼー会議(一九四二年一月二〇日)をうけて、高齢のユダヤ人を収容したテレージエンシュタットのゲットー(一〇万人以上、四万八、七〇〇人が死亡)、第四局面はソ連占領地域でのユダヤ人の男女子どもの絶滅、第五局面はユダヤ人の完全な殲滅、という五つの局面である[26]。要するに、ナチスがヨーロッパにいる一、一〇〇万人以上のユダヤ人を最終的には絶滅させるために取られた段階的な対ユダヤ人政策である。この暴挙をヒトラーは一九四一年の秋に決意したと言われるが、とりわけ対ソ連侵攻に勝利した一九四二年二月二四日に、ユダヤ人壊滅こそ戦争目的の一つであると強調して、「ユダヤ人こそが絶滅させられるであろう。……それこそが最終的な結末としてあろう」[27]と語っているのである。

もちろん、ユダヤ人迫害と強制収容所のみが国家社会主義の問題ではないので、意地悪な設問と言えなくもない。しかし、裏を返せば、それほど対ユダヤ人政策がナチズムの基本問題だったということの証左でもある。そしてこれに対する解答を見ると、「正しい」と答えた生徒(5.9 : 4.4%　3.1 : 2.1%)、「正しくない」と答えた生徒は(67.8 : 58.9%　81.5 : 73.3%)、「どちらとも言えない」は(14.7 : 18.9%　11.5 : 16%)、「わからない」は(8,4 : 14,5%　2,1 : 4,5%)である[28]。つまり、はっきりと国家社会主義は正しくないと理解しているのは、平均値で一一学年が六三%、一三学年が七七%ということになり、国家社会主義についての理解が必ずしも十分になされているとは限らないとわかる。「ナチズム（国家社会主義）は保守的な国家主義と進歩的な社会主義をくっつけたものでナチス独特のやり方」であり、「その中核には、……ヒトラーの人種理論があった」[29]という錯綜した構造が、ナチズムの本質を見えにくくしていることも作用していそうである。

そこで、まずこの設問に対しては記述式解答がなされているので、その理由を見てみよう。紙数の関係から、箇条書きで要約することになる。

A「正しい」と答えたもの

＊国家社会主義は共産主義や社会主義と同じく一つの「理念」であり、貫徹されねばならない。

＊ヒトラーはドイツ民族を一つの民族にすることを理解していたし、現実に一つの民族のごとくに感じられた。たとえその体系が独裁であれ、国家社会主義の目標は本来的に正しいとわかったし、独裁が常に悪いものであるとは言えない。

＊犯罪行為はほとんどなかったし、真の民族的文化の保持、くずの除去、愛国的思考。

＊人々に労働があてがわれ、国家の安泰と秩序に配慮した。

＊民主主義など存在しないし、ヒトラーはドイツを大きくしようとした。国家社会主義の根本思想は良いものだ。

ここに挙げられている理由は、戦後ネオ・ナチズムの主張と同じであることがわかる。「ネオ・ナチズムにおいて、……一致してみとめられるのは、《帝国》理念の強調されていることであろう。……《帝国》の理念は、ドイツ民族にとって特別の感情的価値をもっている。それは、……国家的統一にたいする民族的憧憬の表現でもあった。」[30] それは「未克服の過去」とも呼ばれるものであり、長いドイツの精神的伝統の中に脈打っている民族的・社会心理的な意識なのである。だから、ネオ・ナチズムにおいては「第三帝国の政治的復活それ自体は問題とはなりえないとしても、ナチズムに宿る《理念》そのものは普遍妥当性を失わず、未来のための歴史的価値をもつ」[31]と言われている。戦後間もなくにして活動を展開したネオ・ナチズムの諸政党や組織の実体からも、そうした徴候が読み取れる。その組織が活動している実体を踏まえ、かつ調査結果から見て、現在でも五％前後のネオ・ナチスがいることを示す根拠ともなろう。

これに対して、この命題がB「正しくない」と解答した生徒の主な記述内容を見てみると、学年を問わず概ね三つのカテゴリーに類別可能であり、以下のように要約できる。[32]

①国家社会主義の実態にかんするもの

＊国家社会主義の国家形式は独裁であるので、民主主義に反する。具体的には基本的人権を侵害し、人格および人間の諸自由を抑圧した。またキリスト教を抑圧し、国家社会主義ドイツ労働党以外の党派を禁止して政治的敵対者の排除をもくろみ、正規の裁判も無視された。強制収容所はユダヤ人も非ユダヤ人も殺害し、人種思想と民族狂気を煽った。たとえユダヤ人を殺さず、強制収容所を持たなかったとしても、国家社会主義は拒絶すべきである。

②国家社会主義のイデオロギーにかんするもの

＊国家社会主義のイデオロギーは間違っており、空虚であるから排撃すべきであり、人種イデオロギーはキリスト教の原則と一致しないし、ヒトラーは数百万の人間を死に至らしめ許されない。
＊人種イデオロギーと盲目的国粋主義から構築された国家社会主義は、ユダヤ人、他の民族（ロシア人、オランダ人）を脅威にさらし、共産主義と同じく空理空論的かつ不寛容であり、弁護できない。
＊国家が自己目的であったし、権威主義的な社会形式として人権を軽蔑する人種思想は廃棄すべきであり、国家社会主義では平和は維持できない。
＊国家社会主義は倫理的・道徳的な概念を相対化し、その世界観は不合理かつユートピア的であった。さまざまな階級へと人類を分類することは、すべての人間は神と法の前に平等であるという民主主義とキリスト教の意向に矛盾している。
③国家社会主義の戦争責任にかんするもの
＊人種政策だけを拒絶すべきではなく、ヒトラーの全政策が戦争をもくろんでいた。ホスバッハ議事録を見れば、東側での生活空間を獲得しようとしていた犯罪である。
＊戦争への意志は犯罪であり、ヒトラーと国家社会主義は戦争を欲し、彼の権力獲得の努力はドイツを崩壊させ、全世界に不幸と苦痛をもたらす第二次世界大戦に導いた。
＊ユダヤ人殺害と強制収容所だけが悪なのではなく、ヒトラーは多くの精神病者も殺害させ、神に逆らい、狂気の権力政治のためにドイツ民族を利用し、第二次世界大戦という最大の悪を生じさせた。

ここで顕著に指摘されていることは、反民主主義、人種論イデオロギー、戦争の惹起、キリスト教弾圧、というように、ニュルンベルク裁判で問われた「平和、戦争、人道に対する罪」に対応していると言ってよいであろう。しかしまた、戦後の「歴史教科書には、犯罪をやったのはナチスだと書かれてました」との証言から、「ナチスだけに罪を押しつけるゆがんだ歴史認識」[33]が垣間見られないこともない。

次に、C「どちらとも言えない」というアンビヴァレンスな解答をした一五%前後の生徒は、どのような理由によるのであろうか。その内容次第で、上記二つのパーセンテージは変化することにもなる可能性を含んでいる[34]。

①国家社会主義の長所と短所

＊ユダヤ人問題だけが批判されるが、独裁には長所と短所がある。国家社会主義は良い面（アウトバーン建設、失業者救済）もあるが、別の民族をないがしろにするドイツ・ヨーロッパの権力意志は許せないし、ヒトラーは全ドイツ民族を戦争に導いた。

＊否定的側面は民主主義の破壊と戦争、肯定的側面は失業の終わり、経済的・政治的・軍隊的な観点でのドイツの強化であり、強制収容所と戦争がなければナチの統治は有益だった。

＊国家社会主義はドイツ民族にワイマール共和国の混乱から一つの道を示し、ドイツ民族の大部分は国家社会主義の中に当時の共産主義的危険に対する唯一の打開策を見た。

②弁護を含む批判

＊ユダヤ人だけでなく、政治的に別の考えをもつ人たちも自由を奪われ殺されたのであり、自分たちの法にしか従わない自由をユダヤ人に許す国家は持続しえない。戦争によって新たな領域を獲得しようとする衝動は拒絶すべきである。

＊一九三三－三八年の積極的な業績はあるが、人格的自由と自由な意見表明の許可はなかった。独裁は常に民族を手中にしていることで終わるし、戦争は非難すべきである。

＊強制収容所と並んでヒトラーが実現した否定的な点は存在したが、彼の党派の根本理念が悪かったのではない。(一九二三年の二五項目プログラムを見よ)

③設問以外の否定すべき理由

＊ユダヤ人の虐殺と強制収容所がなくても、人格の自由を抑圧し、アーリア人種の優越という理論は証明できないので、国家社会主義は排撃しなければならない。民主主義的観点から人種理論を土台にしたヒトラーは当然拒否しなければならない。

＊権力把握は違法だった。ある国民がすべての他の民族に対して「支配者権力」としての権利はもっていない。国家社会主義は容認できない世界観の上に構築され、第三帝国の成果は決定的に危険で大きな妄想。

＊ユダヤ人殺害と強制収容所でナチスを排撃するだけでなく、ヒトラー＝ナチ・イデオロギーそれ自身、人間の間違った価値評価とそれに結びつけられた権力の濫用であり、排撃すべきだ。

以上の記述内容を見ると、弁護する理由と批判する理由とが重なっているものが多く、結局は経済的問題と人権的問題の対立を指摘する一方で、独裁と戦争がなければ問題ないとの意見もあり、共通して批判していることは人種論イデオロギーである。また、正当化する理由としては「防衛的ナショナリズムから侵略的ナショナリズムへ」[35]という侵略戦争につきものの論理が見え隠れしている。しかし、全体的に見れば、国家社会主義には批判的態度を表明している生徒の方が多いと知られる。

最後に、D「わからない」と答えた生徒では、上級学年はさすがに七％弱と少ないが、それでも全体では八％強となっている。以下にその記述内容を要約する[36]。

＊私は国家社会主義の意味と目標についてほとんど知らない。

＊国家社会主義は常にユダヤ人迫害との関連でしか出会わなかったので、真の国家社会主義については表明できない。

以上の調査結果を見ると、「正しい」および「わからない」と答えた生徒の中には、明らかに国家社会主義をほとんど拒絶できていない生徒がいるとわかる。その理由として、ヒトラー体制のもとに遂行された厳しい国家指導の不可避性を挙げており、国民に配慮しない理念を無理に押し付けないなら、民族的文化の自律的保持と民族的統一とを成し遂げることには価値を認めているのである。一方、アンビヴァレンスな解答をした生徒からは、国家社会主義には否定的側面と肯定的側面の両面性があるとの理解が共通している。ところが、「正しくない」と答えて、国家社会主義を拒否する生徒に共通している考えは、主に基本的人権の無視と人種イデオロギーの誤り、戦争を引き起こしたことへの批判にあると言える。いずれにせよ、戦後の教育において民主的な国家再興の努力が、国家社会主義に対する正しい歴史認識に基づいてなされてきたかどうかを判定するための重要な手がかりを与えてくれていることは確かである。概ね、妥当な結果を示していると言えるであろう。しかしまた、それがユダヤ人問題として焦点化されると、どのように変化するのかも気になる。

五　ユダヤ人問題の事実認識

ラーシュたちの行った調査は、国家社会主義に関する歴史的認識と知識、そして判断力を問う設問にも現れているように、ユダヤ人問題に正面から取り組んでいる。いわゆる反セム主義という、ナチス・ドイツが展開した人種政策について、生徒たちの理解度を把握するものである。そこでは、生徒たちが国家社会主義を否定する理由として挙げたのは、基本的人権（諸自由）の抑圧と並んで、このユダヤ人迫害（ポグロム）を正当化していた人種政策に対してであった。そこで調査は、さらに彼らが国家社会主義イデオロギーとユダヤ人問題との関係をどのように理解しているのかを知るために、「ユダヤ人はドイツの禍である」との設問を用意して、生徒たちの内面を解き明かそうとする。だが、この設問に対する解答を知る前に、この設問がもっている特殊な意味について触れておきたい。

すでに一八七〇年代に、ユダヤ人がドイツ社会でスケープゴートにされ、反ユダヤ主義者同盟までも創設をみて(一八七九年)、人々の間に反ユダヤ主義運動を引き起こしていた。この時期、反ユダヤ主義を唱えたのはベルリン大学の歴史学者トライチュケである。彼はプロイセン学派の最高指導者であり、全ドイツ主義を唱え、ドイツ至上主義によって独自の歴史観を打ち立てて国民国家論の形成に大きな影響を与えたが、一八七九年の『プロイセン年報』での論文「われわれの見通し」の中で、「ユダヤ人はわれわれの禍である」という言葉を使用して、反ユダヤ主義論争の口火を切ったのである[37]。当時は、ビスマルクの治世下にあって、第二帝国とも称されるドイツの支配体制が整備されていく時期にあたり、まさにドイツ・ナショナリズムが台頭する時でもある。トライチュケはドイツ・ユダヤ人が同化することを主張し、東方ユダヤ人と区別して「良いユダヤ人と悪いユダヤ人という二分法的観念」[38]を生み出している。そうした二分法はその後ヒトラーの政権獲得までドイツ国民の一般的なユダヤ人観となっていた。しかし、一八八〇年代になると反ユダヤ主義は大衆運動へと発展して、外国からのユダヤ人流入の制限、ユダヤ人の公職からの排除、司法職の制限といった内容からなる請願書が、ドイツの北部と中部を中心に二二五、〇〇〇人の署名を集めて帝国宰相ビスマルクに提出されている(一八八一年)[39]。そうした運動を引き起こした背景には、同年三月のロシア皇帝アレクサンドルⅡ世(Alexander II. 1818-1881)の暗殺事件が引き金となってウクライナでポグロムが起こり、大量のユダヤ人が植民してきたことがある。ここに『反ユダヤ主義者の教理問答』(一八八七年)のような過激な反ユダヤ主義を煽る著書も出版され、ドイツからのユダヤ人追放運動は加速していくのである。ちなみに、この本の著者であるフリッチュ（T. Fritsch. 1852-1933）は、ナチスによって教父として崇められ、人種論の立場から反ユダヤ主義を唱えたのである。

さて、例の設問「ユダヤ人はドイツの禍である」という、ドイツ人の心情的な側面に触れる問い方は、人種問題としても見えてくるものであるだけに、戦後の歴史教育のみならず国民教育全体の基本的性格を垣間見ることにもなると言えるであろう。その解答は下表のとおりである[40]。

この表が示していることは、概ね「正しくない」に解答しているが、「正しい」（四%）と「どちらとも言えない」（一四%）を選択した生徒が、必ずしも反ユダヤ的な理由からというわけではないことにも注意しておきたい。と言うのは、その中の六・八%の生徒（第七学年四・六四%、第一学年二・二%）は反セム主義の性格を認識していなかったからである。それにしても、「正しくない」と答えた以外の三〇%弱の生徒が、戦後約一五年を経てもなおユダヤ人問題を清算できないことは、この問題の根の深さを思い知らされる。一体ユダヤ人の何が、彼らにとっては問題なのであろうか。そこで以下に解答の選択肢に沿って、生徒たちの記述した理由を概観してみる[41]。

まず、A「正しい」と答えた生徒（男女平均値で一一学年で三・六%、一三学年で四・三%）の理由には、消極的（ドイツの弁護）と積極的（反ユダヤ主義）の二つの内容が読み取れる。

①消極的意見

学年	性別	正しい	正しくない	どちらとも言えない	わからない
11学年	男子 女子	4,1% 3,1%	70,2% 65,2%	14,2% 17,6%	8,8% 11,1%
13学年	男子 女子	4,7% 4,0%	72,4% 73,6%	13,6% 11,5%	6,5% 6,7%

＊ドイツは償えない借金を背負ってしまった。ユダヤ人問題によってヒトラーは間違ったレールを進み、それによってわれわれは自らを犯罪者としてさえみなし、自尊を喪失することへと強いられた。
＊ユダヤ人に対するヒトラーの狂気の行為によって、今日ドイツ民族には深い罪が存し、われわれの声望を全世界で汚してしまった。
＊もともとユダヤ人がそうなのではなく、悲しいことにユダヤ人はそうなったのだ。と言うのは、ヒトラーがユダヤ人に関する間違った見解を流布し、この物差しに従い妨害と償いとしての実現が痛ましい状態へとドイツを引き入れるから。

②積極的意見

＊ユダヤ人はすでに中世に愛されなかったにもかかわらず、彼らはますます多くがやって来たし、良いことよりも悪いことを引き起こした。
＊国際的関係をとおしてユダヤ人は、たとえ彼らがドイツ国家に所属していても、良き国家市民にはなれず、その後も疑いなくユダヤ人であり、ドイツ人ではない。またユダヤ人は敵側におり、私は人種の混合を拒否する。
＊ユダヤ人は住民のわずか一％だったのに経済の三六％を支配し、ドイツ実業家を没落させた。これを除去するために、ユダヤ問題は解決されねばならなかった。
＊財政上の権力をもち、住民を蝕み、国家の中の国家を形成していた。世界ユダヤ教はドイツ人種を迫害し、

ドイツの遺伝素質を堕落させる。

次に、B「どちらとも言えない」と答えた生徒(一一学年で一五・九%、一三学年で一二・六%)について、その理由を取り上げてみよう[42]。上記の「正しい」と答えた生徒たちと一脈通じる理解を示していることの解答は、どちらかと言うとユダヤ人問題を戦後も引きずっていると思われる者が相当数おり、それは歴史教育の問題であるだけでなく、人間の尊厳に関わる倫理観・宗教観が混乱しているとも考えられる。その意味では、きわめて現代的問題に通じているのである。ここでも解答の内容によって、消極的と積極的の二つに分けられるが、典型的なものを列挙する。

①経済的・文化的・宗教的理由

＊ユダヤ人は異質な民族に押し入り、その上指導的立場も占めようとしたので好ましく見られなかったとしても、大量殺戮をせずに国外追放によって取り除くことができたから。

＊ユダヤ人は国家の中にひとつの国家を形成し、一部分は危険な傾向をもっているけれども、彼らをドイツの禍と呼んではならず、迫害もガス殺戮もしてはならない。しかし、彼らがフィンランド人やアメリカ人、日本人やインド人よりも悪い民族性格をもっていることは否認できない。

＊ユダヤ人は稼ぐために戦争になることを欲した。学問や芸術の領域でユダヤ人(アインシュタインとハイネ)は疑いなく秀でていたが、経済と商売の領域では事態はおよそ違っており、金融制度と銀行制度では

ユダヤ人は国家社会主義的政体以前に決定的な地位を占めていたし、お互いの間で団結し、相互に援助しあい、自分たちの利益だけを考えた。

＊すべての民族はその特性をもっており、それを自分の国内で促進し維持する時には良いが、別の民族に押し入り、その民族の本質を変化させるならば罪がある。だから、ユダヤ人に一つの故郷を創造しなければならず、それによって彼らは世界の禍にはならない。

＊この命題を一般化すべきでなかったし、多くのユダヤ人がおり、ドイツ国が害を与えたのであり、すでに三三年前にユダヤ人追放をしたのだ。特別の理由がなければ、ドイツのユダヤ人に対してそのような憎悪はなされなかったろう。しかしドイツ国にとって経済、学問、芸術でのユダヤ人の業績は是認すべきである。

＊人間性の法則によりユダヤ人はドイツから国外追放されてはならないが、この民族はわれわれの国で大きな顔をしてきたし、われわれの国の財政政策とかき集めた富に従事し、無思慮に自民族の有利を考慮した。

＊ユダヤ人はドイツの文化(文学等々)に大いに業績がある一方で、影響の強い立場(新聞、出版)を独占し続け、彼らの確かな営業手腕によってドイツの同胞を消極的な意味で不利にしたことを考えると、この非難は正しい。

②東方ユダヤ人嫌悪

＊ユダヤ人はドイツ国のために多くをなしたが、東からの「カフタンを着たユダヤ人」はまったく好ましくない要素であった。そして彼らはドイツの禍ではある必要がなかったけれども、彼らの混血によってドイツ人の「君主的民族」を堕落させ、時代と共にますます「混血人」が生まれて、もはやドイツ人の勇敢さという特性がなくなったが、それでもなおこの命題は否と解答すべきである。

＊ユダヤ人はビスマルク国家の構築に決定的に関与し、文化と学問で部分的に法外なことをなしたが、東方ユダヤ人（第一次世界大戦の）はドイツ民族に異質なものを現して部分的にずうずうしく振舞った。この命題では「ドイツ人」とは少しも感じない東方ユダヤ人を考えており、私が完全に信じている国とすべての面で一致して政治的、文化的に働けると思わない。

＊命題から考えられるのは、第一次世界大戦後にドイツに来て反セム主義を強めた東方ユダヤ人だけである。西方ユダヤ人はドイツ人の国民意識をもっている一方で、東方ユダヤ人が堕落的に作用した。

③ドイツにいたことが原因

＊悲しいことにユダヤ人によってこの問題は現出した。ユダヤ人がいなかったなら絶滅には至らず、ドイツ国に悪い評判は生じなかったし、その上明らかに証明されるのは、ユダヤ人も罪をもっており、また悪いユダヤ人も存在したことだ。

＊命題は小さな部分でのみ正しい。ドイツ国にユダヤ人が存在しなかったなら、ドイツ国を大いに毀損するような集団殺戮には至らなかったろうし、ユダヤ人もドイツ文化の業績に貢献した。

④対外的非難の理由

＊ヒトラーがいなかったなら、ユダヤ人はドイツ国の禍ではなかったろう。第三帝国の反セム主義をドイツ人が忘れない限りで、命題は正しい。

＊ユダヤ人はその巧妙な商売によって部分的にドイツ経済を助けたのに、彼らがわれわれによって殺害されたことで、彼らはドイツ国に対する憎悪と軽蔑の波紋を呼び起こした。ユダヤ人の追放と根絶のゆえに、ドイツ人はしばしば外国で軽蔑的に見られてきたし、またそれは再三「ドイツ民族」に対する新たな中傷を生み出す。ユダヤ人はドイツ国が彼らに悪いことをした限りでのみ、「ドイツの禍」になった。

＊迫害されることは全世界におけるユダヤ人の運命であり、彼らはどこでも虐待されてきたが、われわれが彼らを殺すことによって、われわれは自分たちが禍になった恐ろしい罪を背負いこんだ。

⑤ユダヤ人自身の責任

＊ドイツ国だけでなく、他の国々も不幸であり、ユダヤ人が他の国にいれば、そこで彼らはまた滅びるべきだ。ユダヤ人はユダヤ国家に。

＊ユダヤ人は大部分がドイツ人ではないので、彼らはドイツ民族の繁栄ではなくて、ユダヤ国民の繁栄だ。ユダヤ人は彼らの新しい故郷に止まるべきであり、反セム主義の新たな波紋を避けるために、補償金で満足すべきだ。

最後に、C「わからない」と答えた生徒（一一学年で一〇％、一三学年で六・六％）について考えると、強制収容所でのユダヤ人の大量殺戮はドイツ人どころか、人類が共有している前世紀最大の非人間的行為であるから、これを「わからない」と答えた生徒の真意は測りがたいが、これらの生徒の記述内容はどうであろうか[43]。

＊私や他の人に何かをしたユダヤ人を知らないし、ユダヤ人種はドイツ人種よりも悪くはない。

＊ドイツ経済にユダヤ人が損害を与えたかどうかについて、責任があるとは思わない。多くのまったく異なる意見を聞くし、それらから何らかのイメージも作れず、証明できる意見も聞かない。

＊ユダヤ人の宗教と財政について信頼に値する情報が欠けており、ドイツで生活しているユダヤ人の数は国家の危険となるには極めてわずかだ。

以上の調査結果から、ドイツ人にとってユダヤ人とは歴史的にいかなる意味を有しているかについて、「過去を克服」できていないと思われる約三〇％の生徒たちの対ユダヤ人認識の実態が知られた。そのもっともラディカルな記述を見ると、表現の仕方の違いはあっても、彼らのユダヤ人理解の基本的立場が戦前・戦中のナチス・ドイツの国策、「血と土」のイデオロギーに基づいた第三帝国構築論を引きずっている面があると考えてよいであろう。すなわち、「国際的な関係をとおして、たとえドイツの国家構成員であろうとも、ユダヤ人は良き国家市民にはなれない。彼らはまた第一にユダヤ人であるのだから、耳にするようにドイツ人ではない。危機の時代において国際主義はふさわしくないし、それからまたユダヤ人は敵側にいる。その上私は人種混合を拒絶する。」[44] この意見が戦後ドイツの歴史教育の欠陥を示しているのか、あるいは家庭と社会全体を含む環境的要因の影響であるのかどうかは明らかでないが、こうした価値観・人間観・世界観の所有者が今日のネオ・ナチズムの担い手になる危険性を孕んでいることは疑いない。

また、一見するとそれほどラディカルとは思えない立場の「どちらとも言えない」と答えた生徒たちも、ユダヤ民族に対して部分的に批判していることがわかる。この場合、生徒たちが東方ユダヤ人と西方ユダヤ人を区別していて、ヒトラーの「土の戦略」となった東側への侵略と密接に関連している東方ユダヤ人に対する嫌悪感が上回っていることには注意しておきたい。これもまた、完全には国家社会主義のイデオロギーを否定できていないことに通じている。その一方で、「ユダヤ人はドイツの禍である」という命題をそれほど重要ではないと見ている生徒は、ユダヤ民族が存在することにナチスの犯罪的な出来事の原因を帰しており、さらにユダヤ民族が世界中に散在せずに、イスラエルに定住するよう唱えているところには、ナチス・ドイツのとったユダヤ人の国外追放、移送と類似のレベルにある排外主義を唱えていることに等しいであろう。戦後処理問題としての移民の受け入れ政策が頓挫しつつある現代ドイツの国情には、その背後にこうした排外主義が根を張っているのかも知れない。

たしかに、ラーシュたちの本調査とほぼ重なる時期(一九六〇年秋)に、ハンブルク市が行った調査結果によれば、「ユダヤ人迫害にドイツ人として《共同の責任》を感じないもの（八八％）が感ずるもの（六％）より圧倒的に多い」[45]ことが報告されており、教育がこの問題に対して消極的になっている傾向が窺われる。これを宮田光雄は具体的な資料をもとにして歴史教科書の改悪と見ているが、ドイツ史の汚点としてのユダヤ人問題を消去したがる国民的心理がよく現れている典型的な例とも言えよう。すなわち、一九五八年の春に西ドイツ教員組合が行った戦後の国民学校の歴史教科書（一九四九年度版と一九五八年度版）にかんする比較によれば、「ユダヤ人迫害」は三ページ→一四行に、「宗教的迫害」は二ページ→四行に減少し、「抵抗運動」「強制収容所」についての記述はそれぞれ八ページ、五ページあったものが完全に消滅しているのである[46]。こうした背景が青少年の意識に大きく作用していることは疑いない。

それでもなお、これらの調査結果を全体的に見ると、生徒たちが公然と、あるいは心情的に反セム主義であるのかどうかは、厳密には断定しがたいと言わざるをえない。ユダヤ人だけでなく、そのほかの少数民族も、時代によって判断する者の批判や迫害や差別に晒されてきたことは否定できず、基本的には日本でもそうであるが、また多くの難民と移民を抱える国々がそうであるように、自民族が分割されるような事態には常に防御的にならざるをえないからである。その意味では、ドイツのギムナジウムの生徒たちの立場表明は必ずしも特異なものとは言えないのである。すなわち、この調査結果が教えてくれることは、ナチス・ドイツにとってのユダヤ人問題は、人間の尊厳と平和な世界の実現を目指す今日の世界的状況にあって人類共通の問題でもあり、国家や民族の歴史認識を左右する教育の責任を改めて確認させてくれるものなのである。ただし、国際平和と共生社会の実現が唱えられている現代、他者理解の道筋がどのように描かれる必要があるかの原理的論議は、「自他の差を最大にしようとする動機から差別が生まれる」[47]ことを考えると、教育は国家間・民族間の差異化には慎重でなければならない。

六　ユダヤ人の地位評価

ところで、設問に「正しくない」と答えた生徒（一一学年で六七・七％、一三学年で七三％）がもっとも多く、ドイツ史の中でのユダヤ人問題を正しい歴史認識に基づいて捉えているという意味では、戦後ドイツの歴史教育が基本的にはこの問題を正面から受け止めてきた成果と言えるであろう。その背景には、上述した教科書改悪の反省が活かされていることも無視できない。歴史教科書改善への努力が始まり、一九五九年度版と比較して一九六一年度版では、「第三帝国」については四三ページ→四九ページに、「ユダヤ人迫害と最終的解決」については三〇行→七〇行に増え、さらにニュルンベルク裁判と占領軍による非ナチ化政策を正当化しているのである[48]。そうした経緯を踏まえて、この生徒たちが歴史的観点から解答しているのかどうかを確認するためにも、その具体的な記述内容を見てみなければならない。解答にはユダヤ人に対する距離の取り方によって意見に多少の相違が見られるのである[49]。

①基本的人権・平等の立場

＊すべての人間は、白人、黒人、赤ないし黄色であれ、ユダヤ人、イギリス人、ドイツ人であれ、生きる権利をもっている。人間は他のすべての人間と同じで、すべての民族には良いものと悪いものが存在する。ヒトラーがドイツの禍なのである。

＊ユダヤ人はすべての人と同じ人間であり、ドイツの禍に罪があるという有力な理由は存在しない。ユダヤ人が他のすべての人間よりも悪いのではないし、他の人間と同じ権利を所有しており、すべての人間（黒人、ユダヤ人）は同等であり、人種に罪を押しつけてはならない。

＊すべての人種は生存権をもっているから、何ゆえに問題が議論されているのかがわからない。ユダヤ人は特性と悲しい歴史をもつすべての人と同じ人間である。何ゆえにドイツ［の禍］なのか。他の国にもユダヤ人がいるし、彼らはわれわれとまったく同じ人間である。

＊ユダヤ人は他のすべての民族と同じひとつの民族であり、すべての反セム主義は偏見に基づいている。人間はすべて平等だ。彼らの宗教とそれに結びついた生活様式によって、彼らは歴史の経過のうちで常に迫害されている。ユダヤ人はヒトラーが信じたごときドイツの禍ではない。

②ドイツ・ユダヤ人の承認

＊第一次世界大戦でドイツのためにドイツ人と同じく戦った。ユダヤかアーリアか、というヒトラーの理論は間違っており、すべての人間は平等で、人種区別は存在しない。

＊ユダヤ人とわれわれの間に本来このような区別をする根拠がわからないから、肯定できない。彼らは国家共

同体の中で一緒に生活しており、公共福祉のためにあるべく振る舞っていたし、指導者を信頼して国家の生活と構築にドイツ人と同じく良くも悪くも参加しているから、彼らもドイツ人と同じくドイツの禍には罪がある。

＊ドイツのユダヤ人は解放後ドイツで極めて素早く同化し、彼らの一部は熱烈な愛国者であって、ドイツのための戦争で戦い、ドイツの芸術と学問に大いに貢献した。ヒトラーのテーゼ＝「ユダヤ人はすべてのものに罪がある」は歴史的に支持できないし、憎しみと原始主義から吹き込まれたもので、少数の者はずっと前から自己の欠点と弱さを彼らに押しつけ、彼らに一切の責任があると利用した。

＊ユダヤ人はドイツで非ユダヤ人のごとくに振る舞ってきたし、ドイツの禍の罪はひとり国家社会主義である。ユダヤ人はドイツの禍ではなく、彼らはドイツ人として感じている。

③ユダヤ人の貢献の評価

＊ユダヤ人は知性によってわれわれには大いに有益（学問）であったし、文化的な点でも（特に音楽）われわれを豊かにしている。この命題は無教養の、感情の混乱した、不寛容な暴徒の意見であり、ユダヤ人はドイツの精神世界の活動的で高い倫理的要素を示している。

＊ユダヤ人はとりわけ学問においてドイツのために多くをなした。ユダヤの学者、教育学者、科学者はドイツの声望に寄与してきた。優秀な人たち（メンデルスゾーン、アインシュタイン、カフカ、ハイネ）は近代でドイツの精神的名声を促進した。

＊命題に反対だ！　多くのドイツのユダヤ人は著名な科学者と芸術家を生み出した、狂気じみた主張だ。ユダヤ人はドイツでの精神的生活に大きく関わってきた。なぜ？　ユダヤ人はドイツ国の「精神的エリート」だった。

④ユダヤ人の弁護

＊ユダヤ人は確かにわれわれとは全く別の精神性をもっており、彼らはまた時々（不純な手段で）やり手であるものの、ドイツの禍に罪があるとは思わない。彼ら自身はまったく順応してきたし、ユダヤ人憎悪は根拠のないもので、極めて不寛容を示している。

＊命題とは反対に、ユダヤ人は経済でドイツに躍進を与えてきたし、確かに高利貸しだったのでユダヤ人に凌がれるという不安だけをもったが、ユダヤ人憎悪は正しくない。ユダヤ人を非難できた唯一のことは、彼らが多くの重要な地位を占めていたことである。

＊この主張は決して正しくない。ユダヤ人は戦争前も後もドイツに損害を与えなかった。彼らが今日あるようにあること以外には何一つできず、彼らの運命がそうなったのであり、彼らの存在を安全にするために巧みな商人、売買人にならざるをえなかったから、そのことで彼らを非難することはできない。

＊ユダヤ人はいつでもドイツ国にとって、憎悪と凶暴をもたらした贖罪とみなされ、勤勉、信頼、計算する理性と訓練と自己支配といった典型的なユダヤの特性は、ドイツ人自身が所有していないのでいらいらさせるのだ。

＊禍について語れないのは、彼らは非常に多くの高い職務をもったけれども、この職務を正当に配分（ドイツ人七五％、ユダヤ人二五％だと思う）してもよいので、ユダヤ人迫害とガス殺害は必要ではなかった。
＊ユダヤ人は（経済で多くの重要な職務に就いているとは言え）国家に対して消極的にしか作用を及ぼしていないため、あまりにも小さな民族集団であった。個々のユダヤ人が早期にドイツ民族の憎悪を招いたことは正しいかもしれず、またドイツ民族に現実にこの若干のユダヤ人が害を与えたとしたら、この害は断然彼らに与えた害によって克服されているので、むしろヒトラーと彼の統治がユダヤ人の禍であったと言うことができた。
＊ユダヤ人の否定的な側面を一般化してはならない。ユダヤ人は土地を所有してはならなかったので、商人と実業家としての役割に駆り立てられたのであり、彼らが高い地位を手中にしたことで多くの人々に刺激を与え、それもドイツだけでなのではなく、ユダヤ人はドイツの禍ではない。

以上の調査結果からわかることは、この設問を否定した生徒が挙げている主たる理由は、「すべての人間の平等性」と、「ドイツに住んでいるユダヤ人はドイツ人と感じ、考え、行為していたこと」、また「ユダヤ人の文化的、政治的、経済的な業績の尊重」という点にある。換言すれば、人間としての基本的権利の承認、同化したユダヤ人の承認、そしてユダヤ人の優秀さの承認、という客観的観点からの冷静な判断を下していることにある。しかし、そうした生徒たちの意見の中には、否定しなかった生徒（前記三〇％の者）と比較して、必ずしも正しい歴史認識に基づいているとは言いがたいものもあり、やはりユダヤ人問題の複雑さを露見しているのである。このことは、命題を否定した同じ生徒が、別の設問では次のようにも書いていることからも窺い知ることができよう。すなわち、「個々のユダヤ人が、彼の両親がユダヤ人であったり、よりによってドイツに住んでいることのために可能であること。彼らはおそらく、彼らを部分的にもうけることに利用する彼らの極めて素早い理解能力によって好まれなかった。しかしそのことによって彼らを長らく一般的に呪うべき理由ではない。どこにでも黒い羊は存在する。」[50]

こうして、ラーシュたちは、少なくとも国家社会主義によってなされたユダヤ人問題の「最終解決」を正当化する生徒は存在しないことを確認している[51]。しかしまた、少数であるとしても、戦後の教育を受ける中で、いまだにドイツでのユダヤ人問題を自らの課題としてきちんと受け止めていない生徒がいることも明らかになった。したがって、命題を「正しい」および「どちらとも言えない」と解答した生徒たちが、合計して第七学年で約一五％、第一学年で約一四％はおり、彼らが公然とあるいは潜在的に、明らかに反ユダヤ主義的立場を示していることは、「過去の克服」がいかに困難な教育的課題であるかを物語っている。否むしろ、教育だけでは解決のできない深くて広い人類的問題なのかも知れない。今なお存続している誤ったナショナリズムへの同調に対して、「《客観的》真実の要請を軽視することは許されないが、必要なのは評価のための《内面的距離》であって、時間的なそれではない」[52]ことに傾注する教育が求められる。そしてこの調査の対象となった生徒たちが終戦直後に生まれた世代であり、現代ドイツの団塊の世代であることを想起するとき、親としてまた社会的に責任ある立場として次世代に与える影響も無視できず、本章の冒頭に指摘したネオ・ナチズムの現出が若者だけではないという指摘を再確認することになろう。池田浩士は戦後のドイツ人が過去を現在と切り離したがる政治的心情について分析しながら、「ナチズムの過去が、過ぎ去ったものとしてではなく生きた姿を現在のまえに現わすのは、過去を体験しなかった後世が、現在の現実のなかにあるまったく別の姿をとった新たなナチズムとの対決を、みずからの課題として引き受ける」[53]ことにかかっている、と指摘する。ナチズムの罪と罰の問題は今なお解消されていないのである。

注

1 H・キャントリル編『戦争はなぜ起るか』平和問題談話会編、岩波書店、一九五二年 一〇－一二頁。

2 五二年のルクセンブルク協定に基づき、ユダヤ人被害者のためにイスラエルに三十四億五千マルクが、五六年の連邦補償法に基づきナチズムの被迫害者に対して六七九億マルクが、ヨーロッパ十二カ国のナチス犠牲者に十億マルク、九〇年までに総額八六四億二七〇〇万マルクが支払われている。(粟屋憲太郎他『戦争責任・戦後責任 日本とドイツはどう違うか』朝日新聞社 一九九四年 七－八頁。)

3 同書 一七頁。

4 木佐芳男『〈戦争責任〉とは何か』中公新書 二〇〇一年 六〇－六一頁。

5 U. Herman, J. Oelkers (Hrsg.) : Erziehung und Nationalsozialismus. S.9-10

6 ibid., S.11

7　Rudolf Raasch : Zeitgechichte und Nationalbewußtsein. 1964 S.1
8　天野正治・木戸裕・長島敬記・高木浩子『ドイツ統一と教育の再編』成文堂　一九九三年　一八頁。
9　Raasch : a.a.O., S.2f.
10　ibid., S.4
11　ibid., S.5 ; Wolfgang Brezinka : Beziehung für die Welt von morgen. In : Neue Sammlung, 2. Jahrgang 1962, Heft1, S.19
12　Raasch : a.a.O., S.38-40　設問の43と38以外の10問は、正解の低い順番で挙げると以下のとおりである。
設問53　だれがオランダ人ファン・デル・ルッベに帝国議会［一八七一－一九一八年］に火をつけるよう頼んだか。
a フランス政府．b ドイツ共産党．c 世界ユダヤ教．d 国家社会主義者．e 委託者は知られていない．
設問85　ヒトラーはどのように子沢山の家庭に対して振る舞ったか。
a ヒトラーは一般的な出産制限の法律を公布した．b すべての子どものために両親は人頭税を支払わねばならなかった．c 五人以上の子どもをもつ家庭は一つの家を贈られた．d ヒトラーは高い子ども資金によって子どもの多い家庭を促進した．e 六人以上のこどものいる家庭は東側地区に移住させられた．
設問76　国家社会主義は精神病者に対してどのように振る舞ったか。
a 彼らを殺した．b 近代的な精神病院を建設した．c 彼らを更正施設に入れた．d 彼らを強制収容所に収容した．e 彼らを被験者として潜水艦の沈没試験に投入した．
設問29　ドイツ帝国アウトバーンの構築は何によって融資されたか。
a 輸出超過によって．b 模範的な経済計画によって．c 自動車統制によって．d ドイツ民族の倹約意志によって．e国債によって．

設問11　一九三六年のドイツへのオーストリアの合併はどのようにして生じたか。

a　ドイツ軍はドイツへの併合のためのオーストリアの国民請願に従ってオーストリアに進入した．b　オーストリアはロカルノ条約後アメリカからドイツに返還される．c オーストリア政府はドイツ帝国への吸収を懇願した．d ドイツ国防軍はオーストリアへと簡単に進入する。e オーストリアとドイツは国家条約において合併を決定する．

設問96　チェコスロバキアへのドイツの国防軍［一九三五－一九四五年］の進行はどのようにしてか。

a CSRがドイツへのチェコ住民の願望に思い致した．b CSRはイギリスとフランスの同意によって配置された．c ヒトラーはチェコ軍の不意を襲った．d チェコ国家大統領は第三帝国の庇護をヒトラーの圧力下で乞うた．e CSRはドイツへの諸民族の自己決定権に従って投票により生じた．

設問40　一九三九年のドイツ―ロシア条約に対する秘密追加議定書は次のような内容をもつ。

a ポーランド、バルト海およびバルカン半島での利害領域の区画．b 研究結果の交換．d 相対立するプロパガンダの調整．d スパイ活動の解消．e 軍隊受信機の共同発達．

設問53　「血と土」とは何か

a B・ブレヒトの脚本．b『ファウスト』でゲーテが扱かった問題．c 土地没収の根拠のための共産主義的学説．d 第一次世界大戦中に生じたフィンランド地方での闘いにかんする小説．e 遺伝素質と農民気質に関する国家社会主義的理論．

設問49　国家社会主義的な歴史理解とは何を意味するか

a 経済は決定的な歴史的推進力である．b 政治は決定的な歴史的推進力である．c 精神は決定的な歴史的推進力である．ｄ遺伝素質は決定的な歴史的推進力である．ｅドイツ民族は決定的な歴史的推進力である．

設問10　ヒトラーはなぜ反ボルシェヴィズムだったか。
ａ彼はボルシェヴィズムのうちにユダヤ的な支配体系を見たから．ｂ彼はスターリンを個人的理由から憎んだから．ｃ彼はロシア民族を劣等とみなしたから．ｄ彼はヴォルガ沿岸に定着したドイツ人を開放しようとしたから．ｅボルシェヴィズムはキリスト教を拒否したから．

13 Raasch : a.a.O., S.45
14 宮田光雄『西ドイツの精神構造』岩波書店　一九六八年　三九四頁。
15 同書、四五八頁。
16 Raasch : a.a.O., S.47-48
17 粟屋他『戦争責任・戦後責任　日本とドイツはどう違うか』一八〇頁。
18 宮田『西ドイツの精神構造』二五五頁。
19 Raasch : a.a.O., S.53-57
20 ハンナ・アーレント『政治思想集成1』「ファシスト・インターナショナルの種」(一九四五)斎藤純一他訳　みすず書房　二〇〇二年　一九一頁。
21 ヤスパース『根源的に問う』武藤光郎・赤羽竜夫訳　読売新聞社　一九七〇年　一八四頁。
22 宮田『西ドイツの精神構造』三〇二頁。
23 Raasch : a.a.O., S.S.73
24 宮田『西ドイツの精神構造』二一二頁。

25 Raasch : a.a.O., S.74
26 マルセル・リュビー『ナチ強制・絶滅収容所18　施設内の生と死』菅野賢治訳　筑摩書房　一九九八年　三〇—三一頁。なお、リュビーによれば、この絶滅という概念はジェノサイドとも言われ、それはなんらかの民族的集団、広義には多人数からなるなんらかの集団を、一定の方法に従い、短期間のうちに壊滅させることを意味する。言葉そのものは、ポーランドの法学者ラファウ・レムキンが初めて用いたもの。ドイツ人はEndlösung(最終的解決)、Vernichtung(無に帰すること)、アングロ・サクソン人は一九六〇年以来「ホロコースト」と定義されるとしている。同書、三一頁。
27 同書、三二頁。
28 Raasch: a.a.O., S.76f.
29 木佐『〈戦争責任〉とは何か』三八頁。
30 宮田『西ドイツの精神構造』一七九頁。
31 同書、九〇頁。
32 Raasch : a.a.O. S.77-85
33 木佐『〈戦争責任〉とは何か』三二－三三頁。
34 Raasch : a.a.O., S.85-89
35 キャントネル『戦争はなぜ起こるか』一三四頁。
36 Raasch : a.a.O., S..90f.
37 伊藤定良『ドイツの長い一九世紀―ドイツ人・ポーランド人・ユダヤ人』青木書店　一九八七年　一二二頁。
38 同書、一二七頁。

39 同書、一二四頁。
40 キャントネル『戦争はなぜ起こるか』一〇四頁
41 Raasch : a.a.O., S.105-107
42 ibid., S.119-127
43 ibid., S.127f.
44 ibid., S. ibid., S.104
45 宮田『西ドイツの精神構造』三〇八頁。
46 同書、四七五頁。
47 小坂井敏晶『民族という虚構』東京大学出版会　二〇〇二年　一七頁。
48 宮田『西ドイツの精神構造』四八九頁。
49 Raasch : a.a.O., S.107-119
50 ibid., S.130
51 ibid., S.129
52 宮田『西ドイツの精神構造』四八三頁。
53 池田浩士『虚構のナチズム「第三帝国」と表現文化』人文書院　二〇〇四年　三四頁。

第五章

ナチズムと教育の問題

——罪と罰——

「私たちの倫理は十戒が予見しなかった犯罪には対処することができない。」（H・アーレント）[1]

人間が同じ人間を差別し排撃する行為をどのように認識し、またそれを自分の問題として受け止めるための姿勢を育てるには、どのような教育が必要となるのだろうか。人類の歴史はつねに異質な他者の排撃と支配の歴史であったことを省みるとき、われわれの歴史認識の問題は、客観的事象を押さえるだけの歴史教育に依存することで十分であろうか。歴史的事実を可能な限り分明にして、そこから読み取れる歴史の意味と反省をもたらす努力が求められるけれども、歴史的事象の奥ないしは裏側に巣くうている精神の実体にまで認識が及ぶことは、たしかに困難を極める。しかしながら、この奥に潜んでいる歴史創造の精神、つまりヘーゲルに倣って意識の生成運動とみなすことのできる精神にまで歴史教育が目を向けて、人間の意識や本性に切り結んでいかなければ、正しい歴史認識は可能にはならない。歴史教育の目的は、結局は、人間の歴史的意識の実体を取り出して、そうした人間の意識の明暗部を認識させることである。これを人類の歴史に求めることが世界史の課題であり、グローバル時代の歴史認識の問題である。

前世紀は戦争の世紀とも言えるが、その中でも最大の非人間的な行為はナチス・ドイツのユダヤ人迫害であろう。その世界的犯罪に対して、戦後の歴史教育は犯罪的事象の奥と裏側に潜んでいた精神、つまり人間的意識の実体にまで迫って、この犯罪の意味を捉えてきたのであろうか。そのことの反省が人類の教育的努力として自覚されない限り、これからも人類は同じ類の犯罪を繰り返すであろうし、現実にその兆しが見られると言えないだろうか。過去の反省と克服の上に歴史は築かれていくものであるが、そのように人間を仕向けるものこそ教育の使命であろう。だからこそ、歴史的認識のための教育が必要とされる理由を、歴史の中に現れる人間性の問題として焦点化し、これを人間—非人間の問題で考えるとき、アーレントの次の指摘は貴重である。「自分自身の内で、そして世界の中で起こっていることについて語ることを通して、それを人間化(vermenschlichen)するのであり、そうした語りの中で、私たちは人間であることを学ぶのです。」[2] したがって、ナチス・ドイツが犯した他者の差別と殺戮に対して、その犯罪の奥に潜む人間精神の問題と、それへの反省のあり方を考察することは、現代世界の国家間、民族間の不安定な政治的・経済的な情勢を見るとき、世界と人類の歴史的将来に関わる現実的問題として、われわれ自身が取り組むべききわめて深刻な教育の課題として浮上してくる。

ユダヤ人としてナチスから迫害を受けてアメリカに亡命したフランクフルト社会科学研究所のホルクハイマーは、戦後まもなく「昨日の侵略戦争の諸経験が、あらゆる人民の心に深く刻みこまれて、はなれないようにすることこそは、あらゆる場面で教育にたずさわる人々の任務であり、その場面は、高等学校の歴史の教室からマス・コミュニケーションの大規模な機関にまで及ぶ」[3]と語った。そこでまず、ナチス・ドイツの人類的犯罪に対する歴史的認識の根底に、歴史を動かした人間精神の核心に迫ろうとする道を選ぶとすれば、犯罪に対する罪の意識の内実を明らかにすることが大切となる。次には、そのことを踏まえて、罪を断罪する罰の内容を検討することが避けられない。ヤスパースが『罪の問題』(一九四六年)を、アーレントが『全体主義の起源』(一九五一年)を書いた真の理由はここにある。果たして戦後ドイツの教育は第二次世界大戦での他者排撃の犯罪に対して、人間の精神的世界にまで踏み込んで、罪と罰の問題へと迫ることができたのであろうか。これをナチス・ドイツとユダヤ人との関係を手がかりにしながら明らかにしたい。

一　人間はなぜ罪を犯すのか

ナチズムの問題を取り上げると、人間の尊厳とは何か、人間はどこまで非人間的になることができるのか、という問いにぶつかる。人間の尊厳と幸福を第一義に考え、その実現のために寄与するはずの教育が、ナチズムの犯した諸々の犯罪に直面すると無力感に襲われるのは、まさにこの点にある。戦争の悲惨さと愚かさを説いてきた教育が、結局は全体主義に対しては力をもたず、むしろ戦争を煽り拡大することに加担する役割を果してきた事実がある。ナチス・ドイツにおいてユダヤ民族の地球上からの抹殺という、人間が抱いてはならないもっとも醜い思想を人間に植え付けることになった深層の理由は何であろうかと問わざるをえない。このことに教育学および教育学者が果たした役割と位置については第二章で述べたが、裏を返せば、そうした犯罪へと国民を駆り立て導いた歴史認識と価値観、世界観、そしてそれらを可能にした誤れる教育の怖さをしっかりと受け止めておかなければならないだろう。

このことは、単なる人間の倫理観、価値観の問題として処理できるほど単純な問題ではないかも知れない。人間が人間自身の存在の意味を否定する事象であり、倫理学や教育学の課題としてのみ論じるわけにはいかないからである。クローン人間の誕生が報告されている現実もまた、優生学的思想を背景にもつ限り、ナチスの人種政策との合わせ鏡として見ることができ、人間の尊厳が危機に見舞われている事情は変わらない。近代以降の進歩と快の追求・実現という欲望の体系が肥大化する中で、人間と地球の生態系の破壊に対して抑制作用の効かない人間の進歩至上主義的な歴史的生の本質とは何であるのかが、いまやわれわれに人類共通の無視できない問いとして突きつけられている。そうした問いを発せざるをえない非人間性の仮面の中身を垣間見るためにも、ナチス・ドイツの犯した罪とそれに対する罰の解明は一つの重要な手がかりを与えてくれるのである。フランスでのユダヤ人迫害の実態を中心に、強制収容所の問題を解明したリュビーは、『ナチ強制・絶滅収容所――十八施設内の生と死――』（一九九五年）で、現代の民族間・国家間の紛争も具体的手段を欠いたまま、原理原則のレベルにとどまっていて、解決の糸口さえ見いだせない状態を危惧しながら、その典型をナチス・ドイツの犯罪から捉え直そうとする。「いかにして、ドイツの文明的国民が強制収容所と絶滅収容所とを許容し得たのか」という素朴な疑問に続けて、リュビーは「有史以来のジェノサイドに加えて、悪の本能、殺害の本能、それも苦痛を与えながら殺害するという本能が、われわれの遺伝子に消し難く刻み込まれているのか」[4]と問いかけている。彼のこの問いに対して教育学はどう答えることができるのかを論及することが本章の目的となろう。

人間が非人間的となることに教育が果たす役割を批判的に捉えなおしてみよう。いわゆる人間性喪失の問題はすでに前世紀の中葉から洋の東西を問わず多くの思想家が追求してきたが、彼らの警告にもかかわらず、今日的情況の生起と重ね合わせるとき、理性の何と無力であったことかと感じざるをえない。第二次世界大戦で辛酸を舐めたはずの人間が、その後も今日に到るまで何ゆえに同じ轍を何度も踏むのか。その時異口同音に叫ばれるのが、未来を担う人間の形成に責任をもつ立場にある教育は何をしていたのか、教育の効果はないのか、という教育への批判である。この批判に対して、教育学の自己理解と自己弁明はどこまで許されるのか。もちろん、ポストモダンの教育思想が、近代が暗黙の前提にしていた教育万能論を批判したことに大きな意義を認めるとしても、こうした問題がナチズムの問題を扱うと、厳しい批判と共に突きつけられてくることは否定できない[5]。

第二次世界大戦に際してアメリカが、『人種。科学と政策』(一九四〇年)でナチスの人種主義に対して鋭い批判を書いているベネディクト(R.F. Benedict. 1887-1948)に、日本人の精神構造を分析させたことはあまりにも有名であるが、われわれもまたナチス・ドイツの国民的気質を知ることが大切な作業となろう。これはヒトラー個人の人間的気質を分析すること以上に、骨の折れる仕事となる。もちろん、社会学的に見て、社会的条件が人間の意識や精神を規定する面があることも無視できないが、いわゆる下部構造を正しく方向付けるものはどこまでも人間の側にあり、そうした上部構造が常軌を逸するとカオスを生み出すことになる。近代以降の戦争は、たいていは下部構造の混乱とその窮境打開の解決策として引き起こされたことを理由に取り上げることが多いが、ナチズムの犯罪はこの上部と下部との両構造が共に狂った状態のままで結びついて生じている。そうした一種のねじれ現象を解消しないままに、ナチ・イデオロギーと社会的混迷状態とが生み出した罪と言ってもよいであろう。しかし、問題生起の根拠はどこまでも上部構造にあろう。そのことを、「ドイツ民族の歴史的命運をナチス革命の実現のなかに見定め、おのれの決断をナチスへの政治的加担のなかで現実化させようとした」ハイデガーは、「民族の精神世界とは一文化の上部層でもなければ、まして有用なる知識や価値を生みだす工廠でもない。それは、民族の血と大地に根ざすエネルギーをば最深部において保守する威力、すなわち民族の現存をば、最奥かつ広汎に昂揚せしめ、ゆりうごかす威力なのだ。ただに、このような精神世界のみが民族の偉大さを保証する。」[6]と語って、ドイツ国民を煽っていたのである。哲学者としての反理性を表明すると、その力は政治性をもつようになる典型であろう。

一方、ヤスパースは、「体験から見た現在」と題する第三帝国時代にかんするハルプレヒト(K. Harpprecht. 1927-)と行った一九六二年の対話の中で、ドイツ的な国民性について問われて、次のように語っている。「ドイツ的なものは実に多種多様である。それが最善であるようなその時に、それは全然はっきりと自分をドイツ的だとは感じないのである」と言い、「民族を一定の性格を持った集団とすることは全く誤りです。ヒトラーとその一味が何千もの、いや何十万ものドイツ人の協力の下に、ユダヤ人を殺害したからといって、ドイツ人はユダヤ人を殺害したというのは、……真実でもない」という立場から、ドイツの国民性を特定の歴史的現象によって規定することには異を唱え、「ドイツ的なものとは……われわれが今日責任をもってわれわれの存在を実現する仕方であります。ドイツ的なものとはひとつの要請であって、そのようにある存在のことではありません」[7]と答えている。それでもなお、北方ゲルマン民族の神話に加担したドイツ人の問題は解決されていない。

世界史が示しているように、同一言語を共有し、文化や宗教そして生活形態において伝統を共有する民族の中で、特にドイツ民族だけが他の民族と比べて、潜在的にあるいは際立って野蛮であったわけではなかろう。隣人愛を説くキリスト教を信仰し、普遍的教養と人間性の調和的発展を重視した新ヒューマニズム(neuer Humanismus)思想を生んだ学問的風土をもち、批判哲学の立場に立って永遠平和の世界建設のための世界市民概念を唱えたカントや、普遍的知の絶対性や人倫の法則に国家の理想像を見いだしたヘーゲルを生み、さらに真・善・美・聖を唱える価値哲学の王国であるドイツの知性からすれば、ナチズムの発生を容易に是認する民族とは予想しがたいからである。もちろん、知識人と一般大衆との間にある隔たりを考慮したとしてもである。ナチスにより禁書とされたプレスナーの『市民時代末期のドイツ精神の運命』(一九三五年)は、戦後(一九五九年)『遅れてきた国民』して改めて出版されたが、その「まえがき」で次のように述べられている。「悪しきドイツと善きドイツという二つのドイツがあるのではなく、一つのドイツしかないのだということ、その最善のものが悪魔の策略によって悪しきものになったのだということ」を確信するがゆえに、「われわれはドイツの精神的遺産の最善のものから離れることはできないし、この最善のものに別れをつげ、それを過去のものとしてしまったら、われわれ自身を放棄することになってしまう。」[8] プレスナー自身もユダヤ人としてケルン大学を追放された一人であるが、彼が主張していることはドイツが近代の啓蒙主義を取り込めていないことによって、カント以降の優れたドイツ的精神が世俗化したことの指摘である。

しかし、この点にかんしてデューイ(J. Dewey. 1859-1952)が興味深い分析を行っている。デューイは第一次世界大戦でのドイツについて、ドイツ人および国家の特性を哲学的伝統との繫がりから分析した成果を三回の講演で語り、その内容が本質的にはナチ政権下でのものと変わらないことを表明している。すなわち、一九一五年に公にされた『ドイツ哲学と政治学』(German Philosophy and Politics)に、新たに「ヒトラーの国家主義における一元的世界」という論文を加えて、一九四二年に出版したのである。ここでは特にこの論文を中心にデューイの考えを述べておこう。

結論を先取りして言えば、デューイはヒトラーの思想と諸政策がドイツの哲学的伝統と密接に関連しており、ヒトラーが意識しているか否かに関係なく、「ドイツ人の教育者たる『理想主義』哲学者達を継承している」[9]と見ている。この理想主義哲学の典型としてドイツ観念論の哲学者たちを取り上げるが、それは理性的なものと現実的なものとの止揚によって、国民的統合が可能になるという観点が、期せずしてヒトラーの主張と一致するからである。そのためにデューイは、ヒトラーが再三唱えているドイツ人にとっての統一的「世界観」の回復という言葉に注目する。要するに、ドイツの復興は国民一人ひとりの精神を強固なものにして、それを統合した共同体を樹立することにより達成されるというのである。その際、ヒトラーが重視した人間の資質とは感性であった。『わが闘争』で語っているように、彼は知性を蔑視していたから、この考えは当然と言えば当然のことである。このことと関連して、デューイは、ヒトラーの主張が国民に受け入れられ、ナチス・ドイツの専横を可能にした理由として、「系統立った教育をうけたインテリ達が政治を忌避し、政治生活から程遠いところで生活してきたという事情」[10]にあると指摘する。まさに民主主義に絶対的な信頼を寄せるデューイならではの意見であろう。

しかし、そうした感性を彼はさらに原始的本能への回帰という、例の生(活)を支配する「血と土」の思想に結びつけていくわけである。これをデューイは、「『血と土』というヒトラーの哲学すべてを貫くモチーフ、……これらはすべて、彼のいわゆる『自然』への熱狂的信仰に由来する」[11]と言い、「シェリングの精神はヒトラーの教義や行為の中に体現されている」[12]、あるいはまた「[ヘーゲルの]理性なるものと、ヒトラーの本能依存との間には、まぎれもなく一脈通ずるものがあると考えざるをえない」[13]とまで言っている。もちろん、ヒトラーがヘーゲル哲学に精通していたとは思えないし、そのような痕跡があるなどと報告されていない。それでもなお、ヘーゲルをヒトラーに結びつける根拠を、デューイは次のヘーゲルの言葉から引き出してくる。「ドイツ人が、ひとたび怠惰の習慣を一掃すべく強制されるなら、また自ら行動へと目覚め、外的諸事物と接して自己の強烈な内的生命に気付くなら、その時には恐らく、彼らの教師(ナポレオン時代のフランス人)をも凌駕するであろう。」[14] このような理解の仕方はきわめて独創的に見えるが、ヘーゲルの政治哲学に展開された国家概念は、ヒトラーの民族共同体と一致する内容をもっていることも疑いない。ただし、ヒトラーが「民主主義原理をもって、多数決による統治、それゆえ『個性を単なる頭数』に屈服させる原理」[15]と考えていることに対しては、デューイは異議を唱える。デューイはヒトラーの反対する民主主義に対して、その主張が一部正しいと指摘しながらも、それが歪曲されて理解されている点を衝いて、真正の民主主義を唱え擁護している。その要諦は、自由な交わりと自由なコミュニケーションにあるというものであるが、それがいまだ未完成の状態にあることに批判的である。

ところで、最大の抵抗勢力はキリスト教会であったろう。ナチスの「国家絶対主義が、教会に対して自ら人間の唯一の宗教対象であると次第に強く主張するようになるに従い、教会は個人の権利とその自由、精神的なものに対する教会の権威と自然的秩序における私的共同体の権利、例えば家族の権利、この二つを宗教共同体の楯としてこれを擁護することが重要となった。……キリスト教から出た宗教の力は、共同体を守って個人主義に対し、また個人の利益を守って集団主義に対し対立して来た」[16]ことは言うまでもない。キリスト教の倫理観は戦争を罪とみなしているからである。事実、一九三四年一月二五日に、全ドイツのプロテスタント教会の代表的指導者たちがヒトラーに会って、ドイツ・キリスト者の帝国教会監督に抗議する覚書を手渡すことになり、その中にニーメラーがいたことは特記するに値する。と言うのは、「おそらくナチ・ドイツの全期間を通じて、ヒトラーと面と向かって渡り合った人間は、ニーメラーのほかなかったのではなかろうか」[17]とまで伝えられるほどの抵抗を示したからである。ヒトラーと正面から対決したプロテスタント教会指導者のニーメラーは、終戦の年の秋に自らの罪責の思いを語っている。彼は国家反逆罪に問われて逮捕監禁されたが、無罪判決の後、「《ヒトラーの特別囚人》として、敗戦の日までダッハウの強制収容所」に入れられていたにもかかわらず、「われわれは、教会としても、ナチ・ドイツの罪責から決して免れていない。……われわれを、ドイツ民族とドイツ国民の罪責に、全面的に、おそらくは決定的に関与した人間として扱うべきである」と敗戦後間もなく(一九四五年秋)に語った。そこからドイツ・プロテスタント教会は「シュツットガルト罪責宣言」を行うのである[18]。宗教者ニーメラーのドイツ人としての良心的告白は、ナチ政権が誕生するや公職を追われて幽閉の身にあった哲学者ヤスパースが、一九四六年に『罪の問題』を著してドイツ人として自らも国家的犯罪から免責されないと語っていることと一致している。もちろん、この両者以外にもドイツ人の良心を維持した人々はいるが、一九三三年から一九四五年までに大学や国家機関をはじめ、多くの領域で公の立場に居つづけた人たちの大部分は、戦後保身のための自己弁護に終始したと言えるであろう。

また、バルトもヒトラーに対する官吏宣誓を拒否したことにより、ボン大学を追放される(一九三五年)。バルトはナチ全盛期に強い姿勢で言明している。「教会の任務は人類に奉仕することではなく、またドイツ国民に奉仕することでもない。教会の任務はただ神の言葉に仕えることだけである。教会は特定の国家を信じない。教会は地上の凡ゆる人々に対して福音を伝える。教会はナチス国家でも、どこの国家であろうと教えを説く。しかしナチス国家の下では、またナチス国家の精神を以って教えを説くようなことはしないであろう。」[19] 彼はきっぱりとナチスの全体主義国家には反対する意思表明をしているのである。ナチスのユダヤ人迫害が強まるのを憂慮して、カトリック教会もピウスⅡ世がファシスト、反ユダヤ主義に対して警告を発しているが、効果がなかった。教皇は「キリスト教徒として反ユダヤ主義に参加することはできない。われわれは精神的にはユダヤ人なのだから」[20]と述べ、ヒトラーがイタリア王室を訪問するためにローマに来ても、会おうとはしなかったのである。ただ、ヒトラーが政権を掌握した一九三三年にヴァチカンとの間に結んだ政教条約が、「ヒトラーの威信を大いに高めたばかりでなく、彼の政権を初めて真に国際的に、条約締結に耐える政権として認めた」[21]ことは、やはりカトリック教会の認識には問題があったと言わなければならない。当時、カトリシズムの態度は、権力との融和を図ろうとする多数派と、公然とナチズム批判を展開する少数派に分裂していた。しかし、ヒトラーのポーランドをはじめ東方への侵略に伴い、被侵略国での多くのユダヤ人を抱え込むことの解決をするためのユダヤ人迫害がエスカレートすると、少数派に属したミュンスターの司教フォン・ガーレンがこれを殺人行為として司牧書簡で告発する（一九四一年四月三日）。フルダとリンブルクの司教も同じように告発するに及んで、ヒトラーは同年八月二四日にT４計画の中止を命じざるをえなくなるのである。その時までにすでに七〇、二七三名の犠牲者が出ていたと言われる[22]。

いずれにせよ、ナチス・ドイツは現実には人類に対する償いがたい非人間的犯罪に民族として手を染めたわけで、それを一部の為政者・指導者・権力者のせいにするには、想像を越えたその犯罪の質と量と範囲を考えると、事実が示すその非道さを説明することが困難となる。罰の問題として見れば、戦後処理の一つとしてなされている戦争犯罪者の裁きにも、この犯罪の責任をすべてヒトラーと一部の権力者、そしてナチ党員(特に親衛隊と突撃隊)に押し付けて、すべては上からの命令に従ったまでとの、国民的な責任回避の言動が目立っている。たしかに、戦後処理を問題にすれば、「ニュルンベルク人種法のコメンタールを書いたグロプケがアデナウアー内閣の官房長官を努め」ているというように、「一九五〇年代は……一般的に古き良き西欧の伝統を復活させることで、直接の過去から眼をそらせようとする、いわゆる『復古主義』が濃厚であった」[23]ことは見逃せない。そしてこうした流れが、戦後教育にどのように影響を与えたかについても、無関心でいることは許されないであろう。そうした罪と罰の問題は正義と公正の問題を惹起せずにはおかないし、教育学に正しい歴史認識を要請することになる。

一方で、「ほとんどのドイツ人が、自分たち自身を国家社会主義(ナチズム)に同化させていました。……おそらく国民の八五パーセントから九〇パーセントくらいでしょう」[24]という証言をどう考えたらよいのだろうか。ドイツ民族そのものが野蛮だったわけではないとしたら、国家社会主義というファシズム・全体主義のイデオロギーこそが問題となる。アーレントは「全体主義の悪に匹敵するほどの悪はない」[25]と言っているが、しかし同時に、このイデオロギーがドイツ人の民族的特徴と一致して現れたとは考えられないだろうか。ヒトラーの『わが闘争』全体を貫いて、ユダヤ人排撃の根拠となった人種論が強調される背景には、二千年の伝統的な歴史と文化そして社会構造をユダヤ人によって汚されているとの思いが色濃く出ている。ヨーロッパの歴史を見ると、確かにドイツはイギリスやフランスと比較して文化と政治・経済面で「遅れてきた国家」であり、進歩に対して手放しで歓迎する国民ではなかった。啓蒙主義思想が危険視され、フランス革命には距離を置いた歴史がそのことを教えている。一方では人間性を語り、他方では反対の野蛮が出てくるという矛盾を抱えた民族とでも言うのであろうか。それとも、オルポートが言うように、「戦争のための不可欠の条件は、人々が好戦的に指導者のもとに戦争を引起す前に、戦争を予期し、且つ戦争のための準備をせねばならぬということである。『戦争が人々の心の中に始まる』ということは、この意味にほかならない」[26]ということであろうか。ヒトラーがそうした人々の心を汲み取って、鍵十字の旗を振ったままでと言えるのだろうか。それとも、大衆の無知が救世主という名の独裁者を待望し、異常さに気づいた時には非人間的現実に飲み込まれていたと言うのであろうか。

戦争を生む人間の性向とは、そういう類のものであると納得してよいのだろうか。そもそも「人間の理性には、つまりギリシアの啓蒙以来の人間の誇りである能力には、はじめから他者を支配し、ときには抹殺し、消去することによって自己を維持する逆説的な事態が免れえないものとして備わっている」[27]ということなのだろうか。だとすれば、それを理性と呼ぶことができるのだろうか。

では一体、ドイツが取り組んだ戦後補償と戦争責任者の追及とは、ドイツ民族が道徳的・倫理的に失格者であると言われないための、また人間としての存在価値を守るために課された努力目標なのだろうか。これはヒトラーが唱えた存続すべきアーリア人と消滅すべきユダヤ人の思想を、善悪の次元から罪と罰の次元へと置換させたものでしかない。ナチス・ドイツのユダヤ人憎しから、戦勝国側のドイツ人憎しへと座標軸をずらしただけの罰の問題に結びつくようであれば、そのいずれもが人類が到達した最高の統治形態であり、また基本的人権と自由・平等の権利を認めた民主主義的な人間理解に対して矛盾してしまうだろう。たしかに、ジキルとハイドの比喩を用いて、セバスチャン・ハフナー(Sebastian Haffner. 1907-99)の論文「ドイツ国―ジキルとハイド」(一九四〇年)には、ジキルが一時的に鉱石破壊人ハイドに化けて、人格の意識下にまどろんでいる悪い本能に自由な道を開くがごとく、ドイツ人の内に歴史的危機の中で古代の攻撃的で野蛮な力が、他のよりよいドイツ人を押さえつけて、犯罪的目標に全民族を加担させようと目論むことが優勢になると述べている[28]。こうした比喩自体が実にドイツ的であるが、ドイツ民族を人類的犯罪に引きずり込んだ張本人はヒトラーであったと弁護してみても、やはり圧倒的多数のドイツ国民がそれに加担したという事実は拭い去れない。その意味でナチズムを一掃してドイツ民族を被害者とみなす立場と、加担した民族全員にも罪があるから全員を罰するという考え方とが出てくることになる。はたして、ドイツ民族はジキルとハイドの両面性をもっていて、ジキルに魂を売り渡したのだろうか。ポストーネの言葉を引用すれば、「ヨーロッパユダヤ人の絶滅を説明できないナチズムの分析は、その名に値しない」と言われ、徳永恂も「ナチスの歴史上の真に革命的な意義は、一九三三年の政権獲得にではなく、むしろホロコーストにある」[29]と書いている。まさにホロコーストの主たる担い手は親衛隊であったが、国家社会主義時代の一二年間で五五〇万人が強制収容所に抑留されて、そのうちの七九・四五％が死に至らせられたという事実は、国民の何らかの協力なしには不可能である。したがって、ユダヤ人絶滅という犯罪に対する判断をめぐって、ニュルンベルク軍事法廷は苦慮することになる。いわゆる「犯罪者国家」（ヤスパース）による「人類に対する犯罪」（アーレント）だからである。

二　罰のシナリオ

戦争そのものに対する裁定は戦場での無慈悲な行為とは関係なく、敗戦国に弁護の余地を多少は残しつつも、基本的には戦勝国によって一方的に決定されるのがつねである。しかし、第二次世界大戦では人類史上で前代未聞の強制収容所での実態が暴露され、ユダヤ人の大量殺戮に対してはいかなる弁護の余地もなかったであろう。しかも絶滅収容所での真実が明るみになればなるほど、戦勝国対敗戦国という軍事裁判の枠を越えざるをえない事態に当惑することになる。それは国内法も国際法も裁けない性質の犯罪だからである。実定法の原則に基づく裁判が、自然法でしか裁けないような性質の犯罪にぶつかったわけである。「収容所で起こったことは、犯罪という法的概念を超えている。……収容所は、それまで地上に存在したことのない絶対的きわまる非人間的条件 condicio inhumana が実現された場にほかならない――つまるところこれが、犠牲者にとっても後世に残された者たちにとっても重要なことである。

……収容所とは何か、その法的―政治的構造はどのようなものか、なぜこのような出来事が起こりえたのか？」[30]という素朴な疑問に対する答えが見つからないのである。だが、敢えてその答えを見いだそうとすれば、次のようになる。すなわち、「強制収容所が歴史上類のないものとして強調されるのは、収容所を支配した冷酷な暴力とそこでの生存の悲惨さのためばかりではない。それが同じ一つの『内部』と化した世界で、国家の権力によって『存在しないもの』として生み出された『外部』であり、擬似的にであれ生物学的理論にもとづいて『人間』に境界線が引かれ、生きるべき者たちと抹消すべき者たちが截然と区別されて、なおかつその抹消のプロセスが、『無』の生産」[31]に他ならなかったからである。罪の深さ、深刻さが伝わるのは、この一事をもってしても十分であろう。そこには理性のかけらも見られず、ゲルマン神話のティウが悪神ヴォータンに天上へと追放された時から始まっていたことでもある。裁かれる当事者のドイツ人たちには、ヘルダーリン（F. Hölderlin. 1770-1843）の次の言葉に代弁されているドイツ的精神の暗部は、はたしてどのように響くのであろうか。「私はドイツ人のような引き裂かれた民族を考えることはできない。職人は君を見るが人間を見ず、司祭は君を見るが人間を見ず……昔から野蛮人は、勤勉と学問をとおして、また宗教によってさえ野蛮となったし、すべての神聖な感情を徹底的に無能にしてしまった。」[32]

一九三三年五月一日ドイツの大学のある総長が祝辞でこう述べたと言われている。「東側での数十万のユダヤ人の溺死、焼失、銃殺について、ウサギ狩りのようだと犯行者は物語る。……かようなハレンチな行為がドイツ人によって行われ、このような野蛮人が『政治的な理由』から承認されている。そしてこのことは特に教養のある、『愛国主義的』上流階級において、『国民的ドイツ』によってなされ、そして——婦人たちによってなされた。こうしてドイツ国は深く沈下してしまった。ヒューマニズムは野蛮からは切り離される。われわれは野蛮という尊称を担うべく高慢なのである。」[33] こうした反省的言明は枚挙しようと思えば暇が無いほどあろうが、反対に知識人・教養人がドイツ国民を野蛮へと駆り立てた演説も無数にある。山本尤は『近代とドイツ精神』(二〇〇〇年)で、そのようなナチ政権を学問の世界から支え煽った三人の大学教授、K・シュミット、E・クリーク、M・ハイデガーの言説と活動について、他の関連著書には見られない厳密かつ詳細な分析をしている[34]。これまでもこの三人については折りに触れて取り上げてきたが、ここでもその代表者としてハイデガーのフライブルク大学での総長就任演説(一九三三年五月二七日)を取り上げておこう。それは彼が戦後のドイツの学界に及ぼしてきた影響力を無視できないからだけでなく、日本の哲学研究にも大きな意味をもっていたからである。

すでにナチスに入党していたハイデガーは、ヒトラーこそドイツ民族の歴史的負託に応える偉大な統率者であると表明しているが、学生たちに向って彼は次のように説くのである。「全ドイツの学生の務めと奉仕……。第一の務めは、民族共同体への献身である。……第二の務めは、他の諸民族のただなかにおける、国家の名誉とさだめにかかわるものである。そこで要求されるのは、知と能力とで保証され、訓練によってひきしめられた、究極的な献身の用意である。将来、この務めは国防奉仕のかたちで、全学生の現存を包括し、浸透するものとなる。学生の第三の務めは、ドイツ民族の精神的負託にかかわることである。ドイツ民族がおのれの命運に就くのは、自らの歴史を、人間の現存がもついっさいの世界建設の威力のしめす明るみへなげこむときであり、かくて自らの精神世界をつねに新たにかちとるときである。」[35] こうしてハイデガーは国防と学問とを同格のものとみなし、まさに国家社会主義のイデオロギーの擁護者となるのである。しかも肝心なことは、シュミットほどの変わり身も問題ではあるが、ハイデガーは戦後もこうした自らの思想性に対して公の反省を示していない事実にある。

この時期のハイデガーの思想的立場については、その信奉者であったペゲラー(O. Pöggeler. 1928-)さえも近年になってナチズムとハイデガーとの関係を否定し切れずに、「フライブルク版ナチズム」を認めざるをえなくなっている。すなわち、ペゲラーは「ハイデガーは総長時代、なんとかヒトラーと個人的な接触を持とうと試みている」ことも、「指導者ハイデガーは、……学内の粛清や追放に加担した」[36]と公言できるまでにはなっている。しかし、同時に、「政治とは単に人間の転換を求めるだけでなく、人間が自分の行為の帰結を恐れるゆえに自分の行為を規制し行為に規範を課するしかないことを容認せねばならない。この点を見据えた一貫した政治的な姿勢を確立することが、ハイデガーにはついぞなかった」[37]と結論づけるとき、ペゲラーが今なおハイデガーの弁護にこだわっていると疑わざるをえないのではないか。

こうした罪のシナリオに対して加えられた罰のシナリオを戦後負わされることになったドイツの青年たちは、ドイツ民族を新たに理解し直すために、自分たちの祖父母や両親が犯した罪に対して、自分たちの未来とドイツ文化再興のために説明を求めたであろう。とりわけ、野蛮な民族として烙印を押された歴史的十字架を背負わねばならなかったことは、すべての国民と同様、苦痛以外の何ものでもなかったであろう。敗戦後の人々にとっても、過去の事実を直視して、真実を知ることから生れてくる不安が罪の意識へと結びつきながら、「他の人間が犯した犯罪に対する道徳的責任の一部を自分たちも負っていることを自覚して、これを表明しようとしたドイツ人たちも多く、……当時のドイツで書かれたものの中で『反省』という言葉ほど頻繁に出てくるものはない」[38]とも言われる。そこで、このことを物語っているドイツ語に「生命の嘘、間違った人生観（Lebenslüge）」という言い方がある。つまり、普通の人間が「精神的に生きていけるために、生きつづけるために、自分に嘘をつくこと」によって、心の重荷を軽減しようとすることを意味している言葉である[39]。そのために多くのドイツ人はナチズムについては口を閉ざすことになった。たしかに、このことは国家社会主義について語ることに蓋をした「国民的な記憶喪失」であるが、本音の部分では「人びとが自己の罪責に正面からあい対し集団的罪責として認識することができなかったからであり、またひとつには、自分たちの妻や子供の上に投下されたナフサ爆弾（焼夷弾）や多くの人間の国外追放、国家の解体、一九四五年以後のロシアの政策などによってつけは十二分に払ったという意識を抱いたからである」と考えれば、それは「みずからの過去を認め、みずからの姿を明確に認識する勇気を欠いた昨日と明日の間の未決状態……の常態化なのである」というプレスナーの分析は正しいと言わざるをえないであろう[40]。

しかし、六〇年代後半から七〇年代にかけて、ドイツ国民は戦後しばらくタブーであったナチス時代について話すことができるようになる。たしかに「一九六〇年代の半ばまで、ナチスの過去はドイツ社会で抑圧され、正面から論議されることはなかった。……ドイツにはこういうスローガンがありました。『私たちは何も知らなかった。』」[41]というわけである。それでもホロコーストの悪夢を忘れるドイツ人はおらず、そこではナチスだけでなく普通のドイツ人も「ヒトラーの意に沿って自発的にユダヤ人の迫害や虐殺に加わった」[42]計画的犯罪であったことを、いまや否定しなくなったのである。だから、ナチス時代を体験していない若い世代は、かえってナチス・ドイツの犯した罪を相対的に判断することができるのであるが、しかし「過去の克服」の意味としては、相変わらず「ドイツの過去」とは言わずに、「ナチスの過去」と言う。このことは、一九八八年五月に西ドイツの民間機関が行った「ナチス戦争犯罪を今後も追及する必要があるか」との質問に対して、五七％が「あくまで追求する必要がある」と答えているところにも表れている[43]。もちろん、この五七％という数字をを高いと見るか、低いと見るかは、意見の分かれるところではある。例のカギ十字旗は刑法で禁じられているにもかかわらず、戦争を度外視すればヒトラーは偉大な国家指導者であったと評価する人々が四人に一人はいるという調査結果もある[44]。ここにも罪の自覚を促す教育の役割が省みられなければならないであろう。すなわち、「ナチスの過去への反省から、人権意識、異なった人種・宗教などへの寛容な心を育てることに力が入れられてきた」[45]とは言うものの、過去への反省が歴史認識としては必ずしも成功していないのではないかという疑問が残るのである。この点については第四章で詳述されているので、繰り返すことはせずに、罪のシナリオに話を戻すことにする。

周知のように、戦後ドイツは東・西エルベ川領域に分割され、野蛮の代償＝罰として地理的制裁にまで及ぶ負荷を受け入れることになる。しかし、かつて東エルベ領域はプロイセンにあり、そこではドイツ帝国を創設するフリードリッヒ大王時代に反プロイセン的ドイツ人を迫害していたという過去があり、ドイツで生じた野蛮はドイツ的ではなく、プロイセン的であるとの解釈がなされたりするのも事実である。ナチス・ドイツの軍国主義それ自身は、歴史を見ればプロイセン民族のものだというわけである。ジーマー(L. Siemer. 1888-1956)の論文「ドイツ民族と軍国主義」(一九四六年)は、その点を指摘する。すなわち、「東エルベ人はスラヴ的でゲルマン的な遺伝子を自己の内にもっている。パーセンテージを正確に言うことは不可能であり、特にこのパーセンテージはほとんどすべての東エルベ人では異ならざるをえなかった。……民族の全体性は、ゲルマン・スラヴ的な混合であり、民族としてかような混合の特徴を担っている。」[46]

一般的に、プロイセン人はスラブ人から苦しみに対する傾向を、ゲルマン人から活動性への衝動をもっていると言われてきた。そして一方では「ロシア的農民《ムシク》」への素質を、他方では支配者への素質をもっていて、ドイツ帝国を築いたように「永遠の侵略者」とか「殺人鳥」とも呼ばれるようになった。その中核となったのがブランデンブルク、ポメルン、プロイセンである。しかし、それらは貧しい地方であり、真の境界をもたず、固有の精神的特性をもたない地方である。ここで精神的特性をもたないという意味は、聖人も殉教者も出していない国のことであり、このような国においては、キリスト教徒は信仰の犠牲として死を賭することもなかった[47]。その一方で、ゲルマン民族の由来と性格についての言説も無視できない。すなわち、「ゲルマン人の生活は、土地経済と戦争との結びつきを基礎にして成り立っていた。……戦争は狩猟・牧畜・農耕による土地利用と結合して、ゲルマン人の生活の基礎を成していた」がゆえに、「ゲルマン人はすぐれて尚武の民であった。戦争がすべての中心をなし、貴族が民衆に優っている最大の徳は勇気であるとされた」[48]とも言われる。

もちろん、ナチス・ドイツがゲルマン民族の領土拡大を図って東側への侵略をもってその牙を剥いた背景には、日本が植民地支配のためにアジアに侵略を開始したこととは、基本的に質が異なる点がある。その中で敢えて類似した一例を挙げるなら、方法は違っているが、ナチス・ドイツがポーランドやルーマニアあるいはロシアの地に自民族の居住地を確保する野望を抱いていたのと同様に、わが国でも軍事的目的を兼ねた農村窮乏の打開を図る満蒙開拓団(三〇万人)による農業移民政策がなされている。いずれにせよ、啓蒙絶対君主のフリードリヒ大王(Friedrich. d. Grosse. 1712-86)から鉄血宰相ビスマルクを経てヒトラーに至るまで、「ドイツ近代精神を、対抗する二つの精神、すなわち『ポツダム精神』と『ワイマール精神』……プロイセン主義とシノニムのポツダム精神が、その概念の内包に国家主義・軍国主義・絶対主義などの否定的契機をともなっていること」[49]は確かなようである。これをもう少しわかりやすく言えば、トーマス・マンが『文化と社会主義』(一九三〇年)の中で指摘しているドイツ的なものの解釈と重なる。すなわち、「ドイツ的と呼ぶことのできる精神の態度は、保守的な『文化概念』と革命的な『社会観念』との(ギリシアとモスクワとの)いわば同盟と協約であろう」[50]ということである。

以上のような観点を取り入れながら、戦勝国はドイツをプロイセン化することによって、ドイツ民族が野蛮へと沈下していった原因とみなしたのである。しかし、戦勝国側の考えは、指導者たちに対しては厳格に罰するという以外の点で必ずしも一致していたわけではない。「ナチズムの本質、したがってナチズム根絶のための、最良の手段に関する連合国の考え方の間には、様々なずれがあった。イギリスはナチズムを一種の病気と見、健康を取り戻させるには、菌排出者をとり除けば十分だとし、フランスは、ビスマルクとヒトラーの間に一種の連続性を見、ナチズムを、『ヒトラーにおいて最も危険な形で具現したプロイセン的本質』とし、ドイツ統一国家と全体主義国家との関連を指摘し、単なる刑罰を越えて、プロイセン及びドイツの統一を打ち砕かない限り刑罰も効果はない」[51]という主張であった。このような連合国側の鑑定に対して反対や修正を求める意見があったけれども、大筋ではプロイセン的特質論が受け入れられたのである。

こうして国家社会主義的独裁、強制収容所、ユダヤ人迫害が結局は客観的事実として突きつけられたのである。事実に勝る根拠はないということであろうか。しかもこれらの事実にコミットした集団的な罪と責任という観点では、学校教育が果した役割は否定しようがないし、いわば教育をとおしてドイツ人が非人間性への道を滑り落ちていったというイメージを与えることは否定できないであろう。だとすれば、この忌まわしいイメージを払拭する努力も、教育に負わされた罰であり責任である。非道な民族という道徳的に価値を引き下げられた印象から、ドイツ国民の意識を救い出す課題に取り組むことが、戦後教育の優先事項となったのである。ただし、そこに問題がないわけではなかった。こうした「過去の克服」問題は、まず支配的権力に奉仕し服従することを義務としていた教師や親自身にとって、表面化しえない罪責感を要求することにもなるからである。それゆえ、「古い世代の教師と同じく、両親たちのなかには、なおナチズムの過去から断絶しえず、またその責任をみずから引き受けることを欲しないものが少なくない。したがって、子供たちにナチズムの真相をあかすことにたいして、父兄側からの根強い抵抗が存在する」[52]という困難が付きまとうのである。

三　戦後ドイツの罪と罰の教育

ドイツが過去を直視し、非ナチ化を決意した政策には、制度改革、法の制定、反ナチス教育の徹底などがあるが、その中でも司法の最高機関として一九四九年に西ドイツ基本法(ボン基本法)に対応して連邦憲法裁判所が設置された。基本法の第一条一項は「人間の尊厳は不可侵。これを尊重、保護することはすべての国家権力の義務」とあり、この規定を守るために連邦憲法裁判所はある[53]。一方、戦後ドイツの教育課題の一つは、教授政策面から見れば、ナチズムの国家社会主義的イデオロギーに対して、青少年たちが世界市民として思考し行動できるための民主的な教育課程を計画することであった。悪しきドイツのイメージを払拭し、歴史的過去の克服を目指すものでなければならなかったのである。そのための教育計画を策定すると共に、とりわけ教師は歴史教授において社会的・国家的に規定された教育目標に義務を負うこととなり、正しい歴史認識を事実に基づいて教授するだけでなく、日常的な生活全体が未来と結びつく青少年の心と知の形成に配慮する必要があった[54]。学問的にも教育の専門家は教師たちにそのための知を提供する歴史的真理の提供者でなければならず、それと同時にドイツ国民の価値の引下げによる世界からの蔑視に対して青少年を庇護する導き手でなければならなかった。

しかし、その場合に、戦後教育の努力目標の中に含まれているものには、ナチス・ドイツが犯した罪の問題に対する正しい認識を養うことがある。そこで注意しなければならないことは、「過去の克服」に関与する教育の使命を正面から受け止めて、「三文ヒューマニズムの心情的吐露の問題ではなく、真に批判的な知的議論によって規範的に根拠づけられる事柄」[55]として、どこまでも理性的対応がなされることである。そうは言っても、罪の問題ばかりをあまりにも先鋭化しすぎると、教育的効果に関係する生徒の学習意欲の低下をもたらすことに対する懸念もありうるであろう。否むしろ、反発すら引き起こしかねない。そのために、「教科書にナチス時代の侵略行為が記載されながら、教室では教員が積極的に取り上げない学校が多数あった」し、「ナチス時代にふたをして早く忘れたい人々が少なからずいたことを示す」[56]ような事象が多くある。はたして、ナチス・ドイツの罪と向き合うというこの目標は、実現できているのであろうか。

第四章で取り上げたラーシュらが行った調査を手がかりに分析してみよう。

調査は生徒たちがどのようにナチス・ドイツの罪の問題に反応するかを確認することから始められる。その設問は、「戦勝者は、ドイツ国を人間性への犯罪で起訴する権利をもっていない」である[57]。そして戦勝国がドイツを起訴する権利があることを無条件に認めている生徒は四〇％弱（一一学年：三八・一％ 一三学年：三五・九％）であり、「わからない」を含めて六〇％以上が認めているとは言いがたい。

1．設問が「正しい」と答えた生徒、つまり戦勝国に起訴する権利を認めていない主たる理由としては、「戦争は戦勝国も殺戮の罪を犯しているのだから、起訴される立場でもある」「ユダヤ人迫害問題はロシアにもあり、アメリカでの黒人問題やイギリスの南ア戦争（一八九九―一九〇二年）と基本的人権の侵害では同じである」「ハンガリーもロシアもドイツ人を含む他国民に残虐行為をしている」「強制収容所はイギリスもフランス（アルジェリア）もロシア（シベリア）にもあり、ドイツだけでないし、それも上層部が知っていただけだ」「ドレスデンの空爆や広島・長崎の原爆を起訴するのは誰か」といったように、必ずしも起訴する権利が戦勝国にはない理由を書いている。要するに、①ドイツ国（人）だけが特別悪いわけではなく、戦勝国も残酷な犯罪を犯しており、他者を裁く権利は誰も有していないこと、②犯罪はいつの時代もあったことであり、純粋に道徳的な民族はいないのだから、「自分の頭のハエを追え」ということ、③「勝てば官軍」は正しくないこと、という具合に、戦争による犯罪は国際的なもの、どの民族にも共通の罪であるという理解がまずある[58]。

次に、戦勝国に起訴する権利を認めていない別の理由として、ドイツ民族全体の犯罪としてではなく、一部の指導者とナチ親衛隊に罪を帰せるものもある。「ナチ政権は国家社会主義的指導者の策略によって成立したのであり、ユダヤ人迫害も強制収容所もドイツ国民の大部分は知らなかった」（八五％）。だから、「犯罪をドイツ国と同一視して集団的罪と見てはならないし、犯罪の残酷さについては教育されていない」「ナチスに反対した抵抗集団もおり、人間性への罪を貫徹したのは少数にすぎなかったし、その頂点にアドルフ・ヒトラーがいた『指導層』に罪がある」。要するに、起訴すべき犯罪は国民に強制したナチスにあり、事実を知らされていないドイツ国民全体に対してではないというのが理由である。そしてナチスの犯罪について教育されていなかったという弁護が目立つ[59]。

なお、勝者は敗者を裁いてはならないという意見もある。

2．一方、設問は「正しくない」、つまり戦勝国に起訴する権利を認める立場に立つ生徒（一一学年：二〇・九％　一三学年：二六・九％）の理由は何なのか。まず挙げられることは、①六〇〇万人のユダヤ人を絶滅したこと、②世界戦争を企んだことは犯罪であり、ドイツ国民はこれを阻止できたはずだという反省、③ナチ政権を選択し、ヒトラーの決定を承認した国民すべてに共同責任があること、そのために処罰されるのは当然という意見である。それゆえ、国民が知らなかったとしても、ユダヤ人迫害により人間性への罪を犯したことには厳しく受け止め、ドイツ人が犯罪者を裁く能力はなく、プロパガンダによって熱狂させられ戦争に共に関わってきた点を重視している。これらの理由は、何と言ってもユダヤ人に対する犯罪は先例を見ない人間性への犯罪であり、野蛮への逆戻りだという指摘であるが、しかしその場合でも、ロシアが裁く側にいることには否定的であることは指摘しておきたい[60]。

同じく、戦勝国にドイツを起訴する権利があると考える理由として、ユダヤ人問題＝強制収容所＝人間性への罪という文脈は変わらないが、しかし集団的罪に対しては弁明しているものも多い。すなわち、①ドイツ民族の大部分は当時戦争を望まなかったが、阻止できなかった、②多くの者はユダヤ人虐殺を予期しなかった、③勝者も人間性に対する罪を犯した（ソ連のユダヤ人迫害、イギリスが強制収容所を発明したこと）、④戦争自体が犯罪なのだから、戦勝国も自らを検証すべきだ、というようにである[61]。

3．次に、「どちらとも言えない」と解答した生徒（一一学年：三五・五％　一三学年：三一・九％）がもっとも多いことから、戦後ドイツの歴史教育の課題を知る手がかりとなる。これに属する意見の大半は、歴史的過去を取り上げて、ナチス・ドイツが犯したのと類似の罪を犯した国々の例を挙げている。すなわち、①ユダヤ人迫害、黒人差別、強制収容所についてであり、戦勝国のいずれもが自国の過去の犯罪を無視すべきではないこと、②戦争中には両方の側で卑劣さが生じたし、戦勝国もドイツの諸都市を爆撃してドイツ人も被害者になっていること、③ドイツと国家社会主義政府を同一視できないし、多くの国民は知らなかったこと、④ユダヤ人の処刑と精神病者の殺戮とは人類への犯罪だったが、この人間性への犯罪は第三帝国の独裁者がしたことで、ドイツ民族の大部分は、「集団的罪」という概念に対しては防衛する、⑤人間性への犯罪を理由に全民族を起訴することはできない、⑥特殊にドイツ的出来事ではなく、他の国家の将校も戦争犯罪ゆえに絞首刑に値する、⑦罪の大小を問うべきで、深く後悔している時には起訴できない、⑧残虐行為に対する責任はドイツ人とユダヤ資本に分けられ、ユダヤ資本は民族の経済的窮乏に対してわずかしか責任意識を示さず、独裁者を活気づけたに違いなかった、である[62]。

4．最後に、「わからない」と答えた生徒（一二学年：三・四％　一三学年：二・二％）は、戦争国両方に罪があるがゆえに、何とも言えないという。これは戦後教育でナチスの犯罪も戦争犯罪として一般化されて取り扱われていることを示していることである[63]。

以上の調査からわかることは、戦後ドイツの歴史教育はナチス・ドイツの犯罪について概ね事実を伝えており、それゆえにドイツには罪があることを青年たちは否定してはいないと言ってよいであろう。しかし、その反面で、罰については無条件でこれを認めることには異議があり、その背景には同じく歴史教育で他国の過去の罪と相殺するように教授していることがわかる。また、ニュルンベルク裁判の結果に影響されていると思われる意見、つまり罪はヒトラーおよび一部の人間に帰せられるべきもので、集団としての国民には罪がないとする意見が多い。たしかに、ニュルンベルク裁判では、裁判規定の第八条に「被告が自国の政府または上官の命令に従って行動したという事実は、被告をその責任から免れしむるものではないが、裁判所が、公正と認めた場合には、減刑の根拠と見なされる」[64]とある。上官の命令に従わなければ死を意味したから、命令にやむなく従わざるをえなかったとの弁明は、一部の指導者だけに罪を被せることを防止しようとしているとも言える。しかし、免責も考慮されているから、そこには教育による「歴史的過去の克服問題」の受け止め方を難しくしている面がある。このことを端的に示している証言を見てみよう。「戦後、半世紀もドイツという国がその歴史に背を向けていたという事実が理解できません。家庭の団らんで、ドイツ人は何を話していたんでしょうか？　子どもたちに何を教えていたんでしょうか？　彼らは国家としての回想をしないのでしょうか？　国家として真実を知るための教育をしないのでしょうか？」[65]という言葉には、国家のプライドを庇護するために画策される教育の危険な一面が集約されている。

ここで確認しておくべきことがある。それは戦後のドイツを占領した連合国の四大国が、その占領政策にドイツの非ナチ化を第一の目的にはしていなかったことである。すなわち、「占領地区に着任した軍政長官たちは、二つの課題に直面した。この混沌に秩序をもたらすこと、民主化のために、長期的展望を持つ措置を講じること」[66]という、国家再建を第一義とする占領政策を遂行しようとしたことである。その意味では、教育に期待された問題は民主的国家を建設するための精神的側面での再教育にあったと言ってよいであろう。これまで明らかにしてきたように、ヒトラーは青少年たちに国家の未来を託して、彼らを軍隊式の厳格な教育の中で育ててきたのであるから、占領国による再教育計画は青年たちを民主主義者にするための教育を重視するものであった。そこで米・英・ソ・仏の国々は、自国の教育理念を押し付けることになり、とりわけ民主主義的教育を掲げる英・米・仏が自国の教育制度を導入するのである。もともと、ドイツを四分割して統治する連合国の方針は、それぞれの占領地区で異なる影響を及ぼすことにならざるをえなかったし、ドイツの青少年たちはその影響をもろに受けることになる。一例を挙げれば、「ドイツにおけるフランスの文化事業は、立派な教育アカデミーから、マインツ大学の設立に至るまで、……教科書編纂から、金科玉条のフランス式高等卒業試験の導入に至るまで、他の占領地区の文化事業よりもはるかに多面的であった」[67]と言われる。そうした教育施策を確かなものにしたものに、青少年たちの狭いドイツ視野を世界に向けさせる正しい国際社会への目を養うという、今日的言葉で言えばグローバル化の働きかけがあり、過去への反省を世界的視野から可能にするための教育内容の構築がある。それが教科書の問題である。

正しい歴史的認識を育成することによって「過去の克服」を目指す試みとして、国際的視野に立った教科書編纂の問題はヨーロッパでは大きな成果を挙げている。その代表的な活動として指摘されるのが、ゲオルグ・エッカート(G. Eckert. 1912-74)が主宰したブラウンシュヴァイクの国際教科書研究所である。「第二次世界大戦の責任はどの国にあるかとの世論調査研究所が定期的に行なっている質問に、一九五二年以来六七年までに『ドイツ』という答えが三二%から六二%まで絶えず増大し」[68]ているという事実が、この研究所の存在意義を示している。

一方、知識人たちはどのように戦後に対峙しているのかも触れておきたい。

四　戦後の知識人と教育学の課題

知識人たちは、自分たちの考える意味世界の実現可能性をナチズムの思想運動に期待したが、それは悪夢で終わった。E・ノルテ（E. Nolte. 1923-）は「哲学とナチズム」（一九八八年）で、ナチズムと関係していた哲学者を列挙しながら、例えば「ゲオルグ・ジンメルやマックス・シェーラーの戦争に関する著作の多くの言い回しや生の哲学一般の本質的な特徴は、それらがナチズムの発想や思想動向におどろくほど近い」[69]と言う。もちろん、生の哲学、その流れに沿った精神科学的な諸学問が、ナチズムの思想に関係していることは指摘されてきたので、今さらの感がしないでもないが、ノルテがハイデガー学徒であることを考えると興味が深い。彼が挙げているナチ哲学者の内でも、特に三名（H・ハイゼ、A・ボイムラー、H・シュヴァルツ）について詳述する中で、当時の哲学界がいかに歪んでいたかを明らかにしている。すなわち、「ハンス・ハイゼが一九三五年に『カント研究』の編集を引き継いだ」が、「一九四二年と一九四三年に四二号と四三号が発行された。しかし、以前はこの雑誌は高級であるとみなされていたのだが、非常にみすぼらしい印象を与え、……刈り取りの終わった畑のようであった」。そして「結局『ドイツ的な』ドイツ人だけではひとつの哲学の雑誌のランクと水準を維持できなかった」と分析しながら、「この雑誌は一九五三年に再び発行されたが、再刊第一号以来の執筆者の半分以上が亡命者や外国人であり」[70]と言うように、カント研究ひとつをとってみても、いかに多くの哲学者がナチ政権に迎合していたかがわかる。このことはわが国においても同様であっただけでなく、戦後の日本人のドイツの哲学や教育学にかんする研究の大半も、そうしたナチ時代を支えた思想とナチズムとの関係には蓋をして、ひたすら著作の論理的側面だけを解釈して紹介することで満足してきたと言わざるをえない。

思想は時代の生み出す子どもであると言ってしまえばそれまでであるが、ドイツでは八〇年代からハイデガーとナチズムとの関係が真剣に研究課題となり、同様に教育学でもナチ教育学の研究が大きな位置を占めてきていることに無関心を装うことができなくなっている。小笠原道雄を中心として「精神科学的教育学とナチズムの問題」が取り扱われてきていることも、その背景には戦後の教育哲学研究の空白部を埋める試みと考えてよいだろう[71]。ただし、ノルテが、ナチズムに関係してもハイデガーはすぐに自分の誤謬を洞察しているのだから、気づいていなかった者より、あるいはナチズムとは無縁で現実と乖離していた哲学者よりはましであったと「私は信じている」と吐露するような醜態は、断固退けなければならないだろう。それでは犠牲者たちは浮かばれない。

悪夢であったことの自覚は道徳的・歴史的な反省を呼び起こすことになる。ナチ政権下に書かれたプレスナーの『市民時代末期のドイツ精神の運命』（一九三五年）が、戦後右のような反省を含めて新たな序文をつけた『遅れてきた国民』（一九五九年）と改題されて出版されたことも、その一例である。プレスナーはその序文の中で「みずからの過去を認め、みずからの姿を明確に認識する勇気を欠いた昨日と明日の間の未決状態」の「常態化」を憂い、「過去への回顧からなにかが期待できるのは、その回顧が国民意識の源泉に目を向け、国民意識を形成するにいたった歴史的要素をつかみ出してくる場合であろう」[72]と述べている。このことにかんする学校教育面での考察は前章で見たとおりであるが、知識人のみならず、われわれ自身の生き方をはたしてどのように定位づけたらよいのだろうか。

戦前・戦中の歪んだドイツ・ナショナリズム批判への意図的なねらいが見え過ぎの観がしないでもないが、戦後の連邦共和国におけるマス・メディアへの知識人の登場回数を調べた研究によれば、アドルノやホルクハイマーをはじめ、左翼的な立場の知識人が群を抜いている。一九四五年から九〇年までのあいだに知識人がラジオやテレビに登場した回数は、アドルノが合計で一九四回、ホルクハイマーが一九回、つまりフランクフルト学派とその周辺の人物が中心であり、それ以外にはハイデガーの四六回、ヤスパースの四一回となっている。しかし、六〇年代末以降は左翼知識人がマスコミへの登場回数を増やし、連邦共和国の現状を批判してふたたび普遍的な理念を述べるようになったと言われる[73]。

人間の自由を決定的要因に据える人間性へのまなざしから見えてくる自己教育を重視し、デマゴーグや一方的な情報操作に惑わされることのない開かれた理性の復権に努めることこそが、再び人類的罪を犯さないための教育的課題であろう。民主主義国家を謳うアメリカでさえも、日系二世の人たちが、第二次世界大戦時に三〇万人も収監された強制収容所（現在アメリカ人の七〇％がその存在すら知らないと言われる）の存在を次世代に伝えていく記念館を建設して、不幸な過去の克服に努力をしている。その一方でなお、世界的にアウシュヴィッツの教訓を知らない人のいない今日、イラクのアブグレイブ刑務所内で起きた米軍兵士によるイラク人収容者の虐待は、いかなる戦争も人間性を尊重することはない罪であることを教えている。世界は今、個人の自由、国家の自由とは何かを問いかけられているのであり、そのことに教育学（者）も無関心を装うことはできないし、歴史的犯罪に対する責任を免れようとするいかなる言い訳もしてはならないであろう。自由は過去問題の矛盾を反省的に引き受けた上で、前向きに未来を創造する力である。この力を形成するところにこそ、教育の役割があると言わなければならない。

注

1　ハンナ・アーレント『アーレント政治思想集成2』齋藤純一・山田正行・山野久美子訳　みすず書房　二〇〇二年。（「社会科学のテクニックと強制収容所の研究」一九五〇年　四〇頁。）

2　ハンナ・アーレント『暗い時代の人間性について』仲正昌樹訳　情況出版　二〇〇二年　四九頁。

3　H・キャントネル『戦争はなぜ起るか』平和問題談話会訳　岩波書店　一九五二年　二〇七頁。

4　マルセル・リュビー『ナチ強制・絶滅収容所18　施設内の生と死』菅野賢治訳　筑摩書房　一九九八年　三九五－三九六頁。

5　Rudolf Raasch : Zeitgeschichte und Nationalbewußtsein. 1964. Luchterhand. S.130

6　ハイデガー　カッシーラー『三〇年代の危機と哲学』清水多吉・手川誠士郎編訳　平凡社　一九九九年　一三六頁、一一一頁。

7　ヤスパース『根源的に問う』武藤光朗・赤羽竜夫訳、読売新聞社　一九七〇年　二八五－二八六頁。

8　ヘルムート・プレスナー『ドイツロマン主義とナチズム　遅れてきた国民』松本道介訳　講談社学術文庫　一九九五年　一四頁。なおプレスナーは「ヒトラーの指揮のもとにドイツ人が犯罪を犯したということ、しかもその犯罪とは、キリスト教時代に他のいかなる支配機構も犯さなかったような、ボルシェヴィズムの最もひどい時代においてすら犯されなかったような犯罪である、人間の到達できる最も低劣な罪や恥辱にまで達した犯罪である」（四一頁）と述べてもいる。

9　John Dewey : German Philosophy and Politics.1942.『ドイツ哲学と政治―ナチズムの思想的淵源』足立幸男訳　木鐸社　一九七七年　一五-一六頁。

10　同書、三九頁。

11　同書、三七頁。

12　同書、三六頁。

13　同書、四一頁。

14　同書、四二頁。

15　同書、四二頁。

16　A・ラトレイユ　A・シグフリード『国家と宗教』仙石政夫・波木居齋二訳　岩波書店　一九五八年　六九頁。

17　宮田光雄『アウシュヴィッツで考えたこと』みすず書房　一九八六年　四九頁。

18　宮田光雄『ナチ・ドイツと言語―ヒトラー演説から民衆の悪夢まで―』岩波新書　二〇〇二年　二〇二-二〇四頁。

19　ラトレイユ　シグフリード『国家と宗教』四四頁。バルトの抵抗姿勢は強固なものであった。ヒトラーに迎合的なスイス政府に逆い、「一九四〇年四月七日、バルトはさまざまな傾向を持った政治家たちと一緒に、地下組織である『国民抵抗運動』を創設した」と言われる。（エーバーハルト・ブッシュ『カール・バルトと反ナチ闘争』雨宮栄一他訳　新教出版社　二〇〇二年　九七－九八頁。
20 同書、一七三頁。
21 K・ヤスパース『哲学的自伝』重田英世訳　ヤスパース選集14　理想社　一九六五年　一二二頁。
22 リュビー『ナチ強制・絶滅収容所18　施設内の生と死』二五頁、三七頁。
23 粟屋憲太郎他『戦争責任・戦後責任』朝日新聞社　一九九四年　一二五頁、一二八頁。
24 木佐芳男『〈戦争責任〉とは何か』　中公新書　二〇〇一年　一〇四頁。
25 アーレント『アーレント政治思想集成2』齋藤純一・山田正行・山野久美子訳　みすず書房　二〇〇二年　七六頁。
26 キャントネル『戦争はなぜ起るか』三五頁。
27 粟屋他『戦争責任・戦後責任』一五二頁。
28 Raasch:a.a.O.,S.132
29 徳永恂『フランクフルト学派の展開　二十世紀の思想的断層』新曜社　二〇〇二年　一五五頁。
30 ジョルジョ・アガンベン『人権の彼方に』高桑和巳訳　以文社　二〇〇〇年　四三頁。
31 同書、一五六－一五七頁。
32 Rudolf Degkwitz : Das alte und das neue Deutschland. Hamburg, 1946. S.191. In : Raasch : a.a.O., S.133
33 Denkwitz : a.a.O., S.24. In : Raasch : a.a.O., S.133
34 山本尤『近代とドイツ精神』未知谷　二〇〇〇年　一五六頁以下参照のこと。
35 ハイデガー　カッシーラー『三〇年代の危機と哲学』一一三－一一四頁。

36 A・ゲートマン＝ジーフェルト　O・ペゲラー編『ハイデガーと実践哲学』下村鍈二・竹市明弘・宮原勇監訳　法政大学出版局　二〇〇一年　二二頁、二三頁。

37 同書、五三頁。

38 アルフレート・グロセール『ドイツ総決算―一九四五年以降のドイツ現代史』山本尤・三島憲一・相良憲一・鈴木直訳　社会思想社　一九八一年　七八－七九頁。(以下『ドイツ総決算』)

39 木佐『〈戦争責任〉とは何か』二一七頁。

40 プレスナー『ドイツロマン主義とナチズム』二七頁。

41 木佐『〈戦争責任〉とは何か』一五七頁。

42 同書、一五八頁。

43 野村二郎『ナチス裁判』講談社　一九九三年　二八頁。

44 木佐『〈戦争責任〉とは何か』六－七頁。アレンスバッハ世論調査研究所によるヒトラーに対する西ドイツ国民の評価の変遷が調査されている。

45 同書、一七二頁。

46 Laurentius Siemer: Das deutsche Volk und der Militarismus. In: Die neue Ordnung, 1946, Heft2, S.159. In: Raasch, S.134f.

47 Otto Heinrich v.d. Gablentz, Die Tragik des Preußentums. In: Deutsche Rundschau, 1946, Heft2, S.100f. In: Raasch. S. 135

48 江藤恭二『ドイツの心』講談社新書　一九八〇年　三五頁。

49 同書、六四頁。

50　同書、一七四頁。
51　グロセール『ドイツ総決算』六九－七〇頁。
52　宮田光雄『西ドイツの精神構造』岩波書店　一九六八年　四八四頁。
53　野村『ナチス裁判』　二二二頁。
54　Raasch : a.a.O., S.137
55　粟屋他『戦争責任・戦後責任』一六〇頁。
56　野村『ナチス裁判』二二四頁。
57　Raasch : a.a.O., S.139
58　ibid., S.139-144
59　ibid., S.145-150
60　ibid., S.152-158
61　ibid., S.159-161
62　ibid., S.162-172
63　ibid., S.172-3
64　グロセール『ドイツ総決算』七三頁。
65　木佐『〈戦争責任〉とは何か』七七頁。
66　グロセール『ドイツ総決算』八四頁。
67　同書、八九頁。
68　同書、三一六頁。

69　ゲートマン＝ジーフェルト　ペゲラー編『ハイデガーと実践哲学』四五〇頁。
70　同書、四五三頁。
71　教育哲学会第四六回大会（二〇〇三年十月、京都大学）でのラウンドテーブル「教育思想家と戦争責任──精神科学的教育学派とナチズムの問題」（小笠原道雄企画）で取り上げている。
72　プレスナー『ドイツロマン主義とナチズム　遅れてきた国民』二七頁。
73　城達也『自由と意味』世界思想社　二〇〇一年　八〇頁。

参考文献一覧

1　相場覚『心理学入門』放送大学教育振興会　一九九三年
2　プレプク・アニコー『ロシア、中・東欧ユダヤ民族史』寺尾信昭訳　彩流社　二〇〇四年
3　ジョルジョ・アガンベン『人権の彼方に　政治哲学ノート』高桑和巳訳　以文社　二〇〇〇年
4　アスムス『ナチ弾圧下の哲学者　リヒャルト・クローナーの軌跡』島田四郎・福井一光訳　玉川大学出版部　一九九二年
5　ハンナ・アーレント『アーレント政治思想集成Ⅰ　組織的な罪と普遍的な責任』齋藤純一・山田正行・山野久美子訳　みすず書房　二〇〇二年
6　ハンナ・アーレント『アーレント政治思想集成Ⅱ　理解と政治』齋藤純一・山田正行・山野久美子訳　みすず書房　二〇〇二年
7　ハンナ・アーレント『イェルサレムのアイヒマン』大久保和郎訳　みすず書房　二〇〇〇年
8　ハンナ・アーレント『革命について』志水速雄訳　筑摩書房　一九九五、二〇〇〇年
9　ハンナ・アーレント『暗い時代の人間性について』仲正昌樹訳　情況出版　二〇〇二年
10　ハンナ・アーレント『全体主義』大久保和郎・大島通義・大島かおり訳　みすず書房　一九七二 - 一九七四年
11　ハンナ・アーレント『人間の条件』志水速雄訳　ちくま学芸文庫　一九九四年
12　粟屋憲太郎他『戦争責任・戦後責任　日本とドイツはどう違うか』朝日新聞社　一九九四年
13　池田浩士『虚構のナチズム　「第三帝国」と表現文化』人文書院　二〇〇四年

14 伊藤定良『ドイツの長い一九世紀―ドイツ人・ポーランド人・ユダヤ人』青木書店　二〇〇二年
15 岩波講座『世界歴史25』岩波書店　一九七〇年
16 R・ヴィガースハウス『アドルノ入門』原千史・鹿島徹訳　平凡社ライブラリー　一九九八年
17 M・ウェーバー『支配の諸類型』世良晃志郎訳　創文社　一九八五年10版
18 H-U・ヴェーラー編『ドイツの歴史家』第5巻　ドイツ現代史研究会訳　未来社　一九八五年
19 エウジビェータ・エティンガー『アーレントとハイデガー』大島かおり訳　みすず書房　一九九六年
20 江藤恭二『ドイツのこころ』講談社新書　一九八〇年
21 大澤武男『ユダヤ人とローマ帝国』講談社　二〇〇一年
22 大嶋仁『ユダヤ人の思考法』ちくま新書　一九九九年
23 木佐芳男『〈戦争責任〉とは何か』中公新書　二〇〇一年
24 H・キャントネル『戦争はなぜ起るか』平和問題談話会訳　岩波書店　一九五二年
25 草森紳一『絶対の宣伝(2)　宣伝的人間の研究　ヒットラー』番町書房　一九七九年
26 M・クラウル『ドイツ・ギムナジウム二〇〇年史　エリート養成の社会史』望田他訳　ミネルヴァ書房　一九八六年、一九八八年
27 E・R・クルツィウス『危機に立つドイツ精神』南大路振一訳　みすず書房　一九八七年
28 グルンベルガー『第三帝国の社会史』池内久訳　渓流社　二〇〇〇年
29 アルフレート・グロセール『ドイツ総決算―一九四五年以降のドイツ現代史』山本尤・三島憲一・相良憲一・鈴木直訳　社会思想社　一九八一年
30 A・ゲートマン＝ジーフェルト　O・ペゲラー編『ハイデガーと実践哲学』下村鍈二・竹市明弘・宮原弘監訳

法政大学出版局　二〇〇一年
31　『現代思想』「ハンナ・アーレント」青土社　一九九七年七月
32　小坂井敏晶『民族という虚構』東京大学出版会　二〇〇二年
33　阪上孝編『変貌するダーウィニズム─進化論と社会─』京都大学学術出版会　二〇〇三年
34　坂越正樹『ヘルマン・ノール教育学の研究　ドイツ改革教育運動からナチズムへの軌跡』風間書房　二〇〇一年
35　佐藤唯行『アメリカのユダヤ人迫害史』集英社新書　二〇〇〇年
36　J・P・サルトル『ユダヤ人』安堂信也訳　岩波書店　一九五六年　一九七七年(二八刷)
37　マーティン・ジェイ『永遠の亡命者たち　知識人の移住と思想の運命』今村仁司・藤澤賢一郎・今竹喜一郎・笹田直人訳　新曜社　一九八九年
38　A・シーグフリード『ユダヤの民と宗教』鈴木一郎訳　岩波新書　一九六七年
39　カール・シュミット　カール・シュルテス『ナチスとシュミット』初宿正典・岡田泉・服部平治・宮本盛太郎訳　木鐸社　一九七六年
40　城達也『自由と意味』世界思想社　二〇〇一年
41　杉谷雅文『リット』牧書店　一九五六年
42　ルイス・スタイナー『アドルフ・ヒトラー』永井淳訳　角川文庫　一九九九年　二九版
43　J・P・スターン『ヒトラー神話の誕生』山本尤訳　社会思想社　一九八三年
44　数土直紀『理解できない他者と理解されない他者─寛容の社会理論─』勁草書房　二〇〇一年
45　『ダーウィニズム論集』八杉龍一編訳　岩波文庫　一九九四年

46 田代尚弘『シュプランガー教育思想の研究―シュプランガーとナチズムの問題―』風間書房　一九九五年
47 徳永恂『フランクフルト学派の展開　二十世紀思想の断層』新曜社　二〇〇二年
48 Th・ドブジャンスキー『遺伝と人間』杉野義信・杉野奈保野訳　岩波書店　一九七三年、一九八一年
49 エンツォ・トラヴェルソー『マルクス主義者とユダヤ問題　ある論叢の歴史（1843-1943）』宇京頼三訳　人文書院　二〇〇〇年
50 長尾龍一『リヴァイアサン』講談社学術文庫　一九九四年
51 中西喜久司『ナチス・ドイツと聴覚障害者』文理閣　二〇〇二年
52 野田宣雄『ドイツ教養市民層の歴史』講談社　一九九七年
53 野田宣雄『ヒトラーの時代』（上・下）講談社学術文庫　一九七六年
54 野村二郎『ナチス裁判』講談社　一九九三年
55 ハイデガー　カッシーラー『三〇年代の危機と哲学』清水多岐吉・手川誠士郎編訳　平凡社　一九九九年
56 ユルゲン・ハーバーマス『哲学的・政治的プロフィール』（上）小牧治・村上隆夫訳　未来社　一九八三年
57 原暉之「反ユダヤ主義とロシア・ユダヤ人社会―革命前ロシアの一側面―」『思想』六四二号　一九七七年　一二月
58 原田一美『ナチ独裁下の子どもたち』講談社　一九九九年
59 E・バリバール　I・ウォーラースティン『人種・国民・階級』若森章孝他訳　大村書店　一九九七年
60 平井正『ヒトラー・ユーゲント　青年運動から戦闘組織へ』中公新書　二〇〇一年
61 カール・ビンディング　アルフレート・ホッヘ『「生きるに値しない命」とは誰のことか』森下直貴・佐野誠訳著　窓社　二〇〇一年

62　エバーハルト・ブッシュ『カール・バルトと反ナチ闘争　一九三三―一九四五年　ユダヤ人問題を中心に』雨宮栄一他訳　新教出版社　二〇〇二年
63　フランクル『夜と霧』池田香代子訳　みすず書房　二〇〇二年新版
64　ヘルムート・プレスナー『ドイツロマン主義とナチズム　遅れてきた国民』松本道介訳　講談社学術文庫　一九九五年
65　ルドルフ・ヘス『アウシュヴィッツ収容所』片岡啓治訳　講談社学術文庫　一九九九年
66　J・W・ベンダースキー『ユダヤ人の脅威　アメリカ軍の反ユダヤ主義』佐野誠・樋上千寿・関根真保・山田皓一訳　風行社　二〇〇三年
67　松浦寛『ユダヤ陰謀説の正体』ちくま新書　一九九九年
68　丸山高司『ガダマー　現代思想の冒険者たち12』　講談社　一九九七年
69　エーリカ・マン『ナチズム下の子どもたち　家庭と学校の崩壊』田代尚久訳　法政大学出版局　一九九八年
70　トーマス・マン『ゲーテとトルストイ』山崎章甫・高橋重臣訳　岩波文庫　一九九二年
71　カール・マンハイム『変革期における人間と社会』福武直訳　みすず書房　一九九〇年10版
72　宮田光雄「教育政策と政治教育―ナチ・ドイツの精神構造―」『思想』六六四号　一九八一年六月
73　宮田光雄「ナチズムの成立と崩壊―《人間の疎外としてのファシズム》」『疎外の時代(1)』講座近代思想史Ⅶ　弘文堂　一九五九年、六一年
74　宮田光雄『ナチ・ドイツと言語―ヒトラー演説から民衆の悪夢まで―』岩波新書　二〇〇二年
75　宮田光雄『西ドイツの精神構造』岩波書店　一九六八年
76　村瀬興雄『ナチズム　ドイツ保守主義の一系譜』中公新書　一九六八、一九九九年

77 ジョージ・L・モッセ『フェルキッシュ革命』植村和秀・大川清丈・城達也・野村耕一訳　柏書房　一九九八年
78 ジョージ・L・モッセ『ユダヤ人の〈ドイツ〉　宗教と民族をこえて』三宅昭良訳　講談社　一九九六年
79 カール・ヤスパース『根源的に問う』武藤光朗・赤羽竜夫訳　読売新聞社　一九七〇年
80 カール・ヤスパース『戦争の罪を問う』橋本文男訳　平凡社　一九九八年
81 カール・ヤスパース『哲学的自伝』重田英世訳　ヤスパース選集　理想社　一九六五年
82 カール・ヤスパース『ハイデガーとの対決』ハンス・ザーナー編　児島洋・立松弘孝・寺邑昭彦・渡辺二郎訳　紀伊国屋書店　一九八一年
83 山口定『ナチ・エリート』中公新書　一九七六年
84 山下肇「ユダヤ・ルネサンスの群像―近代ドイツ・ユダヤ精神史覚書―」『思想』六一六号　一九七五年一〇月
85 山本秀行『ナチズムの記憶』山川出版社　一九九五年
86 山本尤『近代とドイツ精神』未知谷　二〇〇〇年
87 エリザベス・ヤング＝ブルーエル『ハンナ・アーレント伝』荒川磯男・原一子・本間直子・宮内寿子訳　晶文社　一九九一年
88 湯浅泰雄『ユングとキリスト教』人文書院　一九七八年
89 湯浅泰雄『ユングとヨーロッパ精神』人文書院　一九七九年
90 米本昌平「優生思想から人種政策へ―ドイツ社会ダーウィニズムの変質―」『思想』六八八号　一九八一年一〇月
91 米本昌平・松原洋子・橳島次郎・市野川容孝『優生学と人間社会　生命科学の世紀はどこへ向かうのか』講談

社現代新書　二〇〇〇年
92　A・ライヒヴァイン『自己形成の教育』長尾一三二訳　明治図書　一九八九年
93　ウォルター・ラカー『ドイツ青年運動―ワンダーフォーゲルからナチズムへ―』西村稔訳　人文書院　一九八五年
94　A・ラトレイユ　A・シグフリード『国家と宗教』仙石政夫・波木居齋二訳　岩波書店　一九五八年
95　ピエール・リシュ『ヨーロッパ成立期の学校教育と教養』岩村清太訳　知泉書館　二〇〇二年
96　ローゼンベルク『二十世紀の神話』丸川仁夫訳　三笠書房　一九三八年

（付記：参照させていただいた著者・訳者・出版社に厚く御礼申し上げます。）

あとがき

本書を書くことになったきっかけは、四年前に東北大学から上智大学に研究の場が移ったことによって、上智大学がもっている国際的雰囲気に接したことと深く関係している。本書との関連で言えば、大学の学術季刊雑誌『ソフィア』に「国際化時代と教育的課題——精神的公共性の育成をめぐって——」(第50巻第1号)、「教育問題としてのグローバリゼーション」(第51巻、第1号)を、また日本ヤスパース協会誌『コムニカチオン』の50周年記念号に「ヤスパースとアーレント」を、そして学科紀要に「グローバル化時代の個性と教育」といった一連の論文を発表してきたことがある。就任一年目も終わりに近い頃、上智大学教育社会学研究会での話を依頼され、思いつきで「ナチズムと教育の問題」と題して引き受けてしまい、その時に話題を提供するために軽い気持ちで準備したことがナチズムに取り組む端緒となった。

その後一年以上も放っておいた当時の原稿を偶然見直す機会があり、世界を震撼させているテロや中東での紛争が激化するにつれて、こうした世界的混乱の風景がナチスの問題と重なって感じられるようにもなった。そこでこの一年半にナチズム関係の本を手当たり次第に読み漁り、ドイツから文献を取り寄せたりしながら資料を作成していくうちに、本書のような構成に至ったのである。しかし、素直に表明しておかなければならないことは、ナチズムにかんする著書の多さに圧倒されたこと、とりわけ「原風景」として抽出したナチスのユダヤ人に対する人種問題では、ユダヤ教やユダヤ人にかんする理解を求められ、人種論については遺伝学や優生学関係の著書も無視できないという困難さである。ナチズムとの関係で戦後ドイツの政治や教育を考える際には、宮田光雄氏の『西ドイツの精神構造』を超える研究はまず不可能であると確信すると共に、本来宮田氏の研究は教育学者が行うべきことであると強く反省させられた。そのことも本書執筆のささやかなきっかけとご了解いただければ幸いである。

さらに、まだ取り組んではいないが、一九三五年以降に書かれたヤスパースの著作は、彼のナチス体験を考慮しない限り、正しい理解が可能にはならないと考えるようになった。教育学関係書の『大学の理念』にしても、あるいは「実存理性」を唱えた意味も、そうした文脈で捉えない限り、彼の哲学思想はリアリティを失ってしまうであろう。これまでの自分の研究姿勢を恥じるばかりである。この点については今後の課題である。

なお、本書はもっとコンパクトなものにするつもりであったが、「原風景」としての人種論にまで触れざるをえなくなった関係で、多少発展させてしまった感がある。それにもかかわらず、触れられなかった問題はあまりにも多く、本書が書下ろしであることも言訳にならない。それでも本書がこのような形で日の目を見たのは、東信堂社長の下田勝司氏から励まされ、そのご好意を無にしたくなかったことにある。これまでも『教育関係の再構築』『教養の復権』『洞察＝想像力』（翻訳）とお世話になっているが、今回も下田氏の温かい人間性に支えられたことを感謝し、御礼申し上げます。

二〇〇四年一月

著　者

マ行

ヤ行

ラ行

ハ行

サ行

タ行

ナ行

人名索引

著者紹介

増渕幸男（ますぶち　ゆきお）

1945年生まれ

上智大学大学院博士課程満期退学、教育学博士（慶應義塾大学）

日本女子大学教授、東北大学教授を経て、現在、上智大学文学部教授

主要著書

『教育学の論理』以文社、1986年、『ヤスパースの教育哲学研究』以文社、1989年、『教育的価値論の研究』玉川大学出版部、1994年、『教養の復権』（共著）東信堂、1996年、『「問い」としての教育学』（編著）福村出版、1997年、『近代教育の再構築』（編著）福村出版、2000年、『シュライアーマッハーの思想と生涯―遠くて近いヘーゲルとの関係―』玉川大学出版部、2000年、『現代教育学の地平―ポストモダニズムを超えて―』（編著）南窓社、2001年、ほか。

主要訳書

K・ヤスパース『教育の哲学的省察』以文社、1983年、O・F・ボルノー『解釈学研究』（共訳）玉川大学出版部、1991年、K・ザラムン『カール・ヤスパース』以文社、1993年、H・プレーガー『シュライアーマッハーの哲学』（監訳）玉川大学出版部、1998年、D・スローン『洞察＝想像力―知の開放とポストモダンの教育―』（共訳）東信堂、2000年、D・スローン『知の扉を開く』（共訳）玉川大学出版部、2002年、ほか。

ナチズムと教育―ナチス教育政策の「原風景」―　　※定価はカバーに表示してあります。

2004年11月20日　　初　版第1刷発行　　〔検印省略〕

著者©増渕幸男／発行者 下田勝司　　印刷・製本／中央精版印刷

東京都文京区向丘1-20-6　郵便振替00110-6-37828　　発行所

〒113-0023　TEL(03)3818-5521　FAX(03)3818-5514　株式会社 東信堂

Published by TOSHINDO PUBLISHING CO., LTD.

1-20-6, Mukougaoka, Bunkyo-ku, Tokyo, 113-0023, Japan

E-mail：tk203444@fsinet.or.jp　http://www.toshindo-pub.com/

ISBN4-88713-567-X　C3037　